내가 먼저
나를 아껴야

남도 나를
아껴 준다

이지영 지음

내가 먼저
나를 아껴야

남도 나를
아껴 준다

삶의 무게를

반으로 줄이는

마음 수업

스몰빅라이프

머리말

내 삶의 마지막 순간까지
함께할 사람은 결국 나다

전래동화 콩쥐팥쥐 이야기에는 '밑 빠진 독에 물 붓기'를 다룬 대목이 있다. 계모는 콩쥐에게 구멍이 뚫린 항아리를 물로 가득 채우라고 시킨다. 하지만 당연하게도 물은 붓는 족족 구멍으로 새어 나갈 뿐이다. 실의에 빠진 콩쥐에게 두꺼비가 다가와 말한다. 자신이 몸으로 항아리의 구멍을 막아줄 테니, 물을 채우라고 말이다. 그리하여 콩쥐는 밑 빠진 독에 물을 가득 채울 수 있었다.

심리학자인 나에게 이 대목은 한 사람이 다른 사람과 관계를 맺으며 살아가는 과정의 은유로도 읽힌다. 모든 사람은 마음 한구석에 구멍이 뚫려 있다. 우리는 관심이나 사랑, 인정이나 칭찬 등으로 이를 채우고자 애쓴다. 하지만 마음을 가득 메울 것만 같던 만족이나 행복도, 시간이 지나면 이 구멍을 통해 줄줄 새어 나간다. 그래서 우리는 자주 불안을 느낀다. 이 순간 우리 마음의 구멍을 막고 불안을 달래주는 것이 바로 타인의 존재다. 그래서 우리는 가족 및 친구와 친목을 다지거나, 학교나 직장 등 다양한 조직에 소속되며 고통을 나누고 위로를 받는다. 서로가 서로의 '밑 빠진 마음'을 막아줄 두꺼비가 되는 것이다.

하지만 인생은 길다. 그리고 인간관계란 어디로 튈지 아무도 모른다. 그렇기에 아무리 든든한 조력자라 해도 불안할 때마다 늘 곁에 있으리라고 기대할 수는 없다. 결국 모든 인간은 언젠가 혼자가 된 자신을 마주한다. 나 역시 그랬다. 특히 우리 부모님은, 자식이란 낳으면 알아서 자라는 것이라고 생각하는 분들이었다. 덕분에 내 인생은 오랫동안 '맨땅에 헤딩'이었다. 그 시절 부모들이 대부분 그랬다고는 하지만, 어린 나로서는 막막하고 힘든 일이 아닐 수 없었다. 지금 돌이켜보면 나는 그런 갑갑함을 들여다보고 해소하고 싶은 마음에 심리학이라는 길에 들어섰던 것 같다.

그렇게 사람의 마음에 대한 공부를 오랜 기간 하다 보니, 한 가지 확실하게 알게 된 것이 있다. 아무리 홀로 남은 외로운 순간이라도, 나와 함께하는 존재가 하나는 남아있다는 사실이다. 그 정체는 바로 '나'다. 사람은 감정을 느끼고 행동하는 존재이기도 하지만, 그런 자신의 감정과 행동을 되돌아보는 존재이기도 하다. 즉, 삶에서 느껴지는 불안을 이해하고 보듬어 줄 최고의 조력자는 바로 자기 자신이라는 뜻이다.

물론 이 과정은 조금 어렵다. 그동안 물 흐르듯 자연스럽게 느껴졌던 감정과 생각에 제동을 걸고 다른 관점에서 바라보아야 하기 때문이다. 이 책은 바로 그런 어려움을 돕기 위해 쓰였다. 다음 장부터 펼쳐질 이야기들은 누구나 한 번쯤 마주하게 되는 삶의 다양한 고충을 심리학의 시각에서 바라보고 해법을 제시한 글들이다. 어느 날 갑자기 혼란스럽고 당황스러운 순간이 당신의 인생을 두드릴 때, 이 책을 읽은 기억이 든든한 버팀목이 되길 바란다.

이 책을 다 읽고 나면, 마음속 구멍이 조금씩 메워지는 것을 느낄 것이다. 또 자신의 마음을 스스로 돌볼 수 있는 사람이 되어서 삶의 근원적인 불안과 허무 앞에서도 버틸 수 있을 것이다. 나아가 자기 안의 파도가 잔잔히 잦아들면, 놀랍게도 타인과의 관계 역시 술술 풀리기 시작할 것이다. 풍랑이 지나간 섬에 비로소 배들이 드나들듯 말이다. 요컨대 자신을 아끼며 타인을 챙기는 사람은, 거꾸로 그 타인에게 아낌을 받는 존재가 되는 것이다.

이처럼 나를 아끼며 채우는 자존감과, 타인과 더불어 채우는 연대감은 험한 세상을 헤쳐 나갈 두 다리와 같다. 어찌 보면 이 책도 그런 결과물이다. 이 책이 나오기까지 정말 많은 분의 도움과 사랑을 받았다. KBS1 라디오에서 '뉴스브런치 부설 심리연구소' 코너를 함께했던 정용실 아나운서, 김준영 작가, 김진이 작가, 남정미 서평가, 그리고 편집에 정성을 다해 주신 출판사 여러분께 감사를 보낸다. 무엇보다 남편과 다은이를 비롯한 가족들, 친구와 동료들, 그리고 아이를 키우며 함께 버티고 성장해 온 귀한 엄마들에게도 깊은 사랑을 전하려 한다. 힘든 순간마다 어깨를 맞대며 내 일처럼 도와준 당신들이 없었다면 지금의 나는 없었을 것이다. 마지막으로 지금 이 글을 읽고 있는 그대에게도 감사와 사랑을 전하고 싶다. 이 책이, 어쩌면 자신에게 소홀한 시간을 보내고 있을지도 모르는 그대를 보듬어주길 진심으로 바란다.

차례

| 머리말 | 내 삶의 마지막 순간까지 함께할 사람은 결국 나다 | 004 |

1장 내가 가장 먼저 챙겨야 할 사람은 나다

나를 믿는 사람에게 불가능은 없다 | 자신감 — 013
자신을 사랑하는 사람은 쉽게 상처받지 않는다 | 자기애 — 023
나를 대하는 태도가 내 인생을 결정한다 | 자존감 — 032
깊은 인연 하나가 얕은 인연 백 개보다 낫다 | 애착 관계 — 045
대화는 말이 아니라 마음을 듣는 것이다 | 공감 — 054
혼자가 편한 게 아니라 상처받기 싫은 거였다 | 관계 맺기 — 063
처음부터 잘하려고 애쓰지 마라 | 완벽주의 — 073
불안이란 이름의 허깨비에 속지 마라 | 불안 — 081
삶이란 불확실한 것을 받아들이는 것이다 | 용기 — 090
내가 찾는 것들은 늘 내 곁에 있다 | 행복 — 096

2장 스쳐 지나갈 것들에 매달리지 마라

나를 해치는 열정은 열정이 아니다 | 번아웃 — 105
혼자서도 잘 지내야 둘이서도 잘 지낸다 | 고독 — 115
몸에 힘을 빼면 마음속 두려움도 걷힌다 | 공황 — 124
불쾌한 감정을 내 안에 쌓아두지 마라 | 우울 — 133
무기력할 땐 '하고 싶은 것'부터 하라 | 무기력 — 145
나 자신을 잘 알아야 결정하기도 쉬워진다 | 선택장애 — 153
잠을 잘 자야 인생도 잘 풀린다 | 불면 — 162
즐겁게 살고 싶다면 작은 일에 기뻐해라 | 허무 — 174
당신의 가치를 남이 재단하게 두지 마라 | 자살 — 184

3장 나를 지킬 줄 알아야 관계도 지킬 수 있다

내 인생의 고삐를 남에게 넘겨주지 마라 │ 동조와 다름 ── 195
남의 떡이 크든 작든 내 떡을 즐겨라 │ 시기심 ── 203
내가 남을 믿어야 남도 나를 믿어준다 │ 불신 ── 212
마음이 통하려면 약간의 거리를 두어라 │ 소통 부재 ── 219
사람은 누구나 타인이 어렵다 │ 사회불안 ── 227
남보다 잘하지 않아도 괜찮다 │ 비교 ── 236
진실과 사실은 다르다 │ 오해 ── 243

4장 내가 나를 아껴야 남도 나를 아낀다

인생을 다스리려면 감정부터 다스려라 │ 분노 ── 253
서로 조금씩 물러나는 관계가 오래간다 │ 결혼 불안 ── 260
나를 사랑할 줄 알아야 남도 사랑할 수 있다 │ 사랑 불안 ── 268
사람은 붙잡으려 할수록 멀어진다 │ 질투 ── 275
몸이 아프다면 마음부터 살펴라 │ 신체화 ── 284
모든 치유에는 시간이 필요하다 │ 트라우마 ── 291

1장
내가 가장 먼저 챙겨야 할 사람은 나다

나를 믿는 사람에게
불가능은 없다

자신감

자신감 있는 사람이 호감을 얻는다

어릴 적 하준 씨는 또래보다 체격이 작고 내성적인 성격 때문에 늘 주눅이 들었다. 친구들의 키가 부쩍 자라며 운동장에서 공을 차고 뛰어놀 때도, 하준 씨는 혼자 남겨져 책과 씨름하는 시간이 많았다. 거친 놀이에 서툴고 체력이 부족한 하준 씨를 친구들이 잘 끼워주지 않았기 때문이다.

하준 씨는 처음엔 자신이 부족하다는 생각에 더욱 움츠러들었지만, 혼자만의 시간은 어느새 그에게 남다른 장점을 선물해주었다. 다른 사람의 이야기를 귀담아듣고 공감하는 능력이 자랐고, 조용히 책에 몰입하며 학업에도 점점 더 높은 성취를 이루었다.

시간이 흘러 대학에 진학한 하준 씨는 새로운 다짐을 했다. 더 이상 스스로를 작고 부족한 사람으로 여기지 않기로 한 것이다. 대신 자신만의 강점을 떠올렸다. '나는 친구들의 이야기를 잘 들어주고, 공감도 잘해줄 수 있어. 또, 거친 운동은 잘 못해도 탁구나 볼링처럼 정교한 운동이라면 누구 못지않게 잘하잖아.' 이렇게 자신이 잘할 수 있는 것을 생각하자 자신이 꽤나 괜찮은 사람 같았다.

마침내 하준 씨는 사람들 앞에서 자신의 이야기를 편안하게 꺼냈고, 친구들의 고민에도 적극적으로 귀 기울였다. 그러자 놀라운 일이 일어났다. 친구들이 그와 함께 있는 시간이 즐겁고 편안하다고 말해준 것이다. 특히 이야기를 잘 들어주고 따뜻한 공감을 건네는 하준 씨의 매력은 많은 사람의 마음을 움직였다. 어느덧 하준 씨 주변에는 그를 따르는 친구들이 하나둘 늘어났고, 그는 여자 친구들 사이에서 '인기남'이라는 소리를 듣는 것은 물론, 남자 친구들에게도 편하고 믿음직한 친구로 인정받을 수 있었다.

자신감이란 무엇인가

자신감은 한마디로 스스로를 믿는 마음이다. 예컨대 발표를 잘 해낼 수 있으리라는, 친구와 좋은 관계를 만들고 유지할 수 있으리라는, 미래를 잘 꾸려나갈 수 있으리라는 믿음 등을 말한다. 그러나 자신감은 상황에 따라 굳건하거나 흔들릴 수 있으며, 사람에 따라 자신감이 생기는 영역이 다를 수도 있다.

자신감과 유사한 개념으로 자기효능감과 자존감이 있다. 이

중에서 자기효능감은 자신감과 비슷하면서도 조금 더 구체적인 개념인데, 자신감이 스스로의 전반적인 능력에 대한 믿음이라면, 자기효능감은 자신이 특정한 문제를 해결할 수 있다는 믿음이다.

한편 자존감은 자신감보다 조금 더 넓은 개념이다. 심리학 연구에 따르면, 자존감은 자기가치, 능력, 소속감이라는 세 가지 기둥으로 이루어진다. 이 세 가지를 스스로 높이 평가하는 사람은 자존감이 높고, 그렇지 않은 사람은 자존감이 낮다고 볼 수 있다. 자신감은 자존감의 세 기둥 중, 능력이라는 하나의 기둥에 대한 평가다. 즉 자신의 성취 능력, 문제해결 능력, 독립적 사고력 등을 높이 평가할 경우 '자신감이 높다'고 평가할 수 있다. 이처럼 자신감은 건강한 자존감을 위한 필수 요소인 셈이다.

자신감이 있는 사람은 타인에게 더욱 매력적으로 보이는데, 그 이유는 이들이 편안하고 밝은 표정을 지으며, 적당한 크기의 목소리로 자연스럽고 솔직하게 말하기 때문이다. 또 고개를 들고 상대의 눈을 바라보며, "그래", "해 보자", "하고 싶어" 등의 긍정적인 언어를 자주 사용하는 것도 이들의 매력을 더해준다. 반면, 자신감이 부족한 사람은 "못 해", "불가능해", "안될 거야"와 같은 부정적인 표현을 사용하며, 이는 불쾌한 감정을 유발하고 행동에 영향을 미쳐 매력을 떨어지게 만든다. 이처럼 자신감은 자기 자신뿐만 아니라 타인과의 관계에서도 중요한 역할을 하며, 이는 삶의 질을 향상시키는 데 중심적인 요소가 된다.

자신감을 가지면 생기는 변화

생각은 감정을 만들고, 그 감정은 우리의 행동을 좌우한다. 긍정적인 생각은 희망이나 즐거움 같은 유쾌한 감정을 불러일으켜 창의적인 행동, 친절한 행동, 목표지향적 행동으로 이어지게 한다. 반면, 부정적인 생각은 불안, 분노, 우울과 같은 불쾌한 감정을 유발하고, 결국에는 상황에 부적절한 행동이나 목표에 도움이 되지 않는 행동을 하게 만들기도 한다. 예를 들어 발표를 망치면 안 된다는 생각이 너무 강한 사람을 떠올려 보자. 그런 사람은 오히려 청중의 부정적 피드백에 온 신경을 집중하게 되고, 그 결과 불안이 증폭되어 말을 심하게 더듬거나 발표를 포기하는 결정을 내릴 수도 있다.

이러한 이유로 자신감을 갖는 것이 중요하다. 자신감은 '할 수 있다'는 믿음에서 비롯되기 때문에, 긍정적인 사고와 대범한 행동을 가능하게 한다. 그리하여 자신감이 있는 사람은 문제나 어려운 상황에서 망설이지 않고 적극적으로 나서고, 원하는 결과를 얻을 가능성도 높다. 또한 타인에게 친절하고 편안하게 다가가 호감을 얻으며 좋은 인간관계를 형성할 수 있다. 반면, 자신감이 부족한 사람은 늘 부정적인 결과를 예상하며 불안해하고 망설이기 때문에 좋은 기회를 놓치거나 사람들과의 관계에서 어려움을 겪을 가능성이 크다.

심리학에서 말하는 '자기충족적 예언'이라는 개념은 자신감의 중요성을 잘 보여준다. 자기충족적 예언이란, 미래 상황에 대한 예측이 사람의 행동을 무의식적으로 변화시키고, 실제 결과에도 영향을 미쳐 기대한 바가 현실이 되는 현상을 의미한다. 예를 들어, 자신이 호감형이라고 생각하는 사람은 쾌활하고 적극적으로 행동하게 되어 실제로 타인에게 호감을 살 가능성이 커진다. 반면, 자신이 부족하며 못났다고 생각하는 사람은 소심하고 위축된 모습을 보여, 실제로 타인에게 그러한 평가를 얻게 된다.

이러한 현상이 생기는 이유는, 사람들이 타인을 판단할 때 그리 엄격하고 꼼꼼하지 않기 때문이다. 우리는 자기 자신에 대해서는 굉장히 깐깐하게 평가하곤 한다. 왜냐하면 내 과거의 미숙함과 마음속의 불안함을 잘 알고 있기 때문이다. 하지만 타인은 다르다. 타인은 그러한 정보가 없을 뿐만 아니라, 알게 되어도 지금은 중요하지 않다고 생각하기 때문에 이를 염두에 두지 않는 경우가 많다. 그 대신 타인은 내가 드러낸 단편적인 모습에 기반해 나를 어림짐작하여 반응하는 경향이 있다. 즉 내가 겉으로 드러낸 모습이 곧 타인이 나를 판단할 기준이 된다. 이 때문에 자신감이 있느냐 없느냐가 타인과의 관계에서 매우 중요해진다. 자신감은 단순히 내 능력에 대한 믿음에서 그치는 것이 아니라 현실의 인간관계에도 영향을 미치는 강력한 힘인 것이다.

그러나 자신감이 항상 긍정적으로만 작용하는 것은 아니다. 때로는 과도한 자신감이 다른 사람들에게 불편함을 주거나 상처를 줄 수 있다. 특히 자신의 외모나 능력, 성취 등에 열등감을 가지고 있는 사람들은 자신감이 넘치는 사람을 보면서 '나는 저 사람에 비해 아무것도 아니다'라며 자신을 비하할 수 있다.

따라서 진정한 자신감이란 타인의 감정을 배려하고 존중하는 태도를 동반할 때 더욱 빛난다. 배려 없는 자신감은 자칫 교만으로 비춰질 수 있으며, 상대를 존중하지 않고 자기 과시만 하는 꼴이 될 수 있다. 그런 이유로 자신감을 가질 때는 동시에 겸손함과 배려심을 갖추는 것이 중요하다.

자신감은 어떻게 형성되는가

자신감은 반복된 경험을 통해 학습된다. 특히 성장 과정에서 부모나 주변 사람들로부터 받는 피드백은 자신감 형성에 결정적인 영향을 미친다. 어릴 때부터 "넌 할 수 있어", "잘했어", "역시 너답다"와 같은 긍정적인 피드백을 들으며 자란 사람은 자연스레 "나는 충분히 할 수 있어"라는 자기 믿음을 가지게 된다.

경험 역시 자신감을 형성하는 중요한 요소다. 작은 성공 경험이라도 계속 쌓이면 "내가 이것도 해냈으니 저것도 해낼 수 있겠지"라는 생각이 들며 자신감이 커진다. 처음에는 사소한 일을 성공적으로 해낸 경험이라 할지라도, 점차 다른 영역으로 자신감이 확장되어간다. 한 번 성공한 경험은 자신감이라는 뿌리를 튼튼히 만들어 주고, 다음 도전을 가능하게 하는 디딤돌이 된다. 이렇게 긍정적인 학습과 지속적인 성공 경험이 쌓일수록, 자신감은 점점 더 견고하게 다져진다.

그렇다면 반대로, 건강한 자신감 형성을 방해하는 요인은 무엇일까? 첫 번째로, 타고난 기질 때문일 수 있다. 어릴 때부터 수줍음이 많고, 긴장이나 불안을 잘 느끼는 사람들이 그렇다. 이런 사람들은 긴장과 불안에 민감하게 반응하여, 같은 상황이라도 다른 사람들에 비해 두려움을 더 크게 느낀다. 또 위험한 것에 대해 과도하게 두려움을 느끼며 회피하는 경향이 강하다.

두 번째로, 양육 과정에서 양육자가 보인 과도한 걱정 때문일 수 있다. 부모들은 아이를 걱정한다. 그래서 아이가 감당할 수 없을 만한 일로부터 아이를 격리하고자 한다. 문제는 이것이 다소 지나칠 때다. 예를 들어, 유치원생인 아이가 가스레인지를 다루려 한다면 이를 제지하고 어른인 부모가 대신 해 주는 것이 적절할 것이다. 그러나 중학생, 고등학생, 어쩌면 성인이 되어서까지 부모가 이를 대신한다면 어떨까? 물론 부모는 걱정과 사랑으로 한 선택이겠지만, 이 과정에서 '아이가 스스로 감당할 수 없을 것'이라는 마음이 아이에게 전달된다. 그 결과, 아이는 스스로를 낮잡아 평가하며 자신감이 부족해지게 된다.

세 번째로, 완벽주의자인 양육자의 기준이 너무 높기 때문일 수 있다. 아이가 스스로 성취감을 느낄 새도 없이, 어른인 부모 자신의 기준에 맞추어 실패라는 낙인을 찍는 것이다. 이 경우, 아이는 매우 좌절하여 실제 성과의 크기와는 상관없이 자신감이 부족해지게 된다. 종종 능력이 뛰어나고 잘난 사람들 중에서도 스스로에 대한 자신감이 없는 경우가 많은데, 대개 이런 성장 환경에서 비롯되는 경우가 많다.

네 번째로, 성장 과정에서 충분한 피드백을 받지 못했기 때문일 수도 있다. 한마디로 부모가 무관심한 경우다. 그러나 어린아이는 이를 부모 탓으로 돌리지 못한다. 그 대신 자신이 부족하고 못나서 부모가 관심을 보이지 않는다고 생각하게 된다. 이처럼 자신감 형성은 기질과 성장 환경의 복합적인 영향을 받는다.

자신감을 키우는 방법

하지만 너무 걱정할 필요는 없다. 자신감은 근육처럼 후천적인 노력을 통해 키울 수 있다. 그렇다면 구체적으로 어떤 방법을 통해 자신감을 키울 수 있을까?

우선, 현재의 자신을 있는 그대로 수용해야 한다. 타인이 뭐라고 하든, 혹은 나를 평가하는 타인이 얼마나 잘났든 나 자신을 있는 그대로 인정하는 것이다. 그리고 그런 자신에게 괜찮다고 말해 보자. 만약 이것이 어렵다면, 우선 자신의 장점부터 찾아보는 게 쉬울 수도 있다. 생각만 하는 것보단 말이나 글로 표현해 보는 게 좋고, 주변 친구나 가족에게 물어보는 것도 좋다. 그러고 나서 자신의 단점 또한 찾아 보고, 그대로 수용하는 연습을 하자. 만약 키가 작다는 단점이 떠오른다면, "작아도 괜찮아"라고 말하는 것이다.

이때 단점을 다른 각도에서 바라보는 게 중요하다. 만약 일손이 느리다는 단점이 떠오른다면, "그만큼 꼼꼼하잖아"라고 표현해 보는 것이다. 이처럼 아주 조그만 발상의 전환만으로도 그동안 자신을 괴롭혔던 두려움이 사라지는 경우가 있다. 그러니 우선 자신의 가장 대표적인 단점을 세 가지 정도 종이에 적고, 이를 다른 관점에서 바라보면서 의외의 장점으로 바꾸어 생각해 보도록 하자.

또한 자신감이 생기면 무엇을 이루고 싶은지 목표를 정하는 것도 좋다. 무슨 일을 이루고 싶고, 그것을 실제로 이룬다면 내 삶에 어떤 변화가 생길지 생각해 보는 것이다. 물론 이 과정이 두렵고 걱정스럽게 느껴질 수도 있다. 그렇다면 좋은 방법이 있다. 내가 자신감을 갖지 못하게 방해하는 두려움을 마주해 보는 것이다. 이를 위해 자신이 무엇을 두려워하는지 구체적으로 낱낱이 적어 보자. 머릿속에서는 너무도 두려웠던 것이, 말이나 글로 꺼내 놓고 보면 생각보다 사소해 보일 때가 있다. 이는 우리 마음이 두려움을 부풀리는 경향이 있기 때문이다. 그러나 피하지 않고 맞서게 되면 오히려 두려움은 줄어든다.

이렇게 두려움 자체를 견디는 연습이 필요하다. 두려움이나 불안은 시간이 지나면 점차 사그라지게 돼 있다. 내 안의 두려움을 마주하면서 숨을 크게 들이쉬고 내쉬는 것을 천천히 반복하는 호흡법도 두려움을 줄이는 걸 돕는다. 내 몸의 모든 부분이 모자람 없이 알차게 움직이고 있다는 사실에 집중해 보라. 그것만으로도 두려움이 많이 가실 것이다.

이때 자기 긍정의 생각을 계속 되뇌는 것이 도움이 된다. 자신의 성취를 스스로 비웃지 않고, "괜찮아", "할 수 있어", "아주 좋아"라고 말해 주자. 반드시 성공할 필요는 없다고, "실수해도 괜찮아"라고 말하는 것도 좋다. 두려움을 견뎌낸 경험은 자신에게 자부심과 만족감을 준다. 앞서 말했듯 자신감은 반복된 경험을 통해 학습되는 것이다.

마지막으로, 자신감을 연기하는 것 또한 추천하고 싶다. 되고 싶은 내 모습이나 멋진 롤 모델을 상상하며 마치 그 사람이 된 것처럼 연기해 보는 것이다. 똑같은 행동이라도, 연기라고 생각하면 시도하기 쉽다. 잠깐 다른 사람이 된 것처럼 말도 더 자신 있게, 행동도 더 크고 적극적으로 취해 보자. 부담스럽다면 편한 공간에서 친한 사람들과 함께 있을 때 시도해 보는 것도 좋다. 그러다 보면 내겐 어울리지 않는다고 생각하던 모습이 어느새 맞춤복처럼 어울리게 되었음을 느낄 수 있을 것이다.

추가로, 자기계발 및 동기부여를 도와주는 책이나 강연을 접하는 것도 도움이 된다. 명사들의 뜻깊은 명언은, 가까이 두고 자주 접하는 것만으로도 큰 도움이 된다. 이를 자주 가지고 다니는 소지품에 써 붙이거나, 스마트폰의 배경화면으로 설정하는 것도 좋다. 마지막으로 내가 좋아하는 명언을 소개하며 마칠까 한다. 아일랜드 출신의 극작가이자 노벨문학상 수상자인 사뮈엘 베케트는 이렇게 말했다고 한다. "또 실패했는가? 괜찮다. 다시 실행하라. 그리고 더 나은 실패를 하라."

자신을 사랑하는 사람은
쉽게 상처받지 않는다

자기애

스스로를 사랑하는 사람은 강하다

다은 씨와 강현 씨는 모두 30대 초반의 직장인으로, 같은 학교를 졸업해 같은 회사에 다니는 친구 사이다. 그러던 어느 날, 다은 씨가 오랫동안 준비해 온 프로젝트가 무산되는 일이 생겼다. 그 과정에서 다은 씨는 상사에게 심한 비난을 받기도 했다.

전에 비슷한 경험이 있었던 강현 씨는 다은 씨가 걱정되었다. 그때의 기억이 강현 씨에겐 퇴사까지 생각할 만큼 큰 상처로 남았기 때문이다. 다은 씨 역시 깊이 상심했을 것으로 생각한 강현 씨는, 오랜 친구에게 커피를 하자 건네며 안부를 물었다.

그런데 아주 의외의 대답이 돌아왔다. 다은 씨는 아무런 상처도 받지 않았던 것이다. 그녀는 오히려 "내게 거는 기대가 컸던 모양이야"라며 상사를 두둔하기도 했다. 그 뒤로도 다은 씨는 여전히 쾌활하게 팀원들과 인사를 나눴으며, 자신을 비난한 상사도 예의 바르게 대했다.

그러고 보면 다은 씨는 학창 시절부터 의기소침했던 적이 거의 없었다. 일이 바빠 힘든 무렵에도 매일 깔끔한 옷차림에 반듯한 헤어스타일을 유지했고, 퇴근하고 나면 언제나 헬스장에 들러 몸을 가꿨다. 강현 씨는 그런 다은 씨를 보며 '자신을 사랑할 줄 아는 사람은 이렇게나 강하구나'라고 생각하게 되었다.

자기애란 무엇인가

자기애, 즉 나르시시즘은 스스로를 사랑하는 것을 뜻한다. 종종 나르시시즘이 유난스럽거나 재수 없는 것인 양 이야기되기도 하지만, 꼭 그렇지만은 않다. 오히려 건강한 삶을 위해 적당한 자기애는 필수다.

자기애는 어떻게 만들어질까? 심리학에서는 자기애가 부모의 사랑을 본뜬 것이라고 본다. 아이는 양육 과정에서 부모로부터 깊은 사랑과 보살핌을 받는데, 이 과정을 통해 자신이 소중하고 의미 있는 존재라는 사실을 경험한다. 자신이 사랑과 인정을 받을 만한 사람이라고 알게 되는 것이다. 즉 사람은, 부모가 나를 사랑하는 모습을 본떠 자신을 사랑하는 법을 배운다.

이렇게 형성된 자기애가 바로 단단하고 높은 자존감의 비결이다. 실패와 실망을 겪더라도 크게 좌절하지 않고 계속 희망을 품으며, 성공했을 때 긍지와 기쁨을 누리는 사람은 누구나 적절한 자기애를 가지고 있다.

그러나 자기애가 형성되는 과정에서 충분한 인정과 사랑을 받지 못하면, 결핍된 자기애를 충족하고자 지나치게 매달리는 경우가 생긴다. 이렇게 형성된 성격을 자기애적 성격이라고 하는데, 이들은 타인에게 칭송과 사랑을 요구하며, 상대가 뜨뜻미지근한 반응을 보이면 끊임없이 이를 확인받으려 한다. 자신의 장점을 과시함으로써, 자신이 사랑받을 만한 사람임을 인정받고자 하는 것이다. 그러나 이들은 사실 자신을 있는 그대로 사랑하지 못해 자존감이 낮고, 자존심만 강한 경우가 많다.

자기애 과잉의 문제점

자기애가 과잉된 사람들은 다양한 문제를 겪는데, 특히 대인관계에 문제가 발생하기 쉽다.

첫째, 거만하고 지나친 자기과시 때문에 타인과 갈등을 빚기 쉽다. 이들은 권력욕과 성취욕이 높기 때문에, 타인을 자기 마음대로 통제할 수 있는 지배적인 지위를 차지하고자 한다. 이를 위해 자신을 과시하고, 때로는 실제보다 과장하여 타인을 속이기도 한다. 또한 성공에 대한 포부가 크고 열망이 강해, 경쟁의식을 심히게 불태우다가 심한 말을 내뱉어 인간관계에 금이 가는 경우도 있다.

둘째, 공감 능력이 부족하다. 이들의 신경은 온통 자기 자신에게 쏠려 있기에, 타인의 상처나 입장을 이해하지 못한다. 그러다 보니 상대의 감정을 파악하지 못한 채 거침없이 말하고 행동하여 상처를 주곤 한다. 만약 상대방이 이에 문제를 제기해도, 자신의 판단이 옳다고 생각하여 무시하거나 부정하기도 한다. 당연히 상대는 이에 서운함과 불쾌함을 느끼므로, 인간관계가 오래 이어지기 어렵다.

셋째, 인간관계를 맺더라도, 그 관계가 건강하지 못한 경우가 많다. 타인을 오직 자신의 인정 욕구를 채우는 수단으로 착취하고 이용하는 경향이 강하기에, 인격적이고 친밀한 관계를 맺는 데 서툴다. 그 결과 이들 주변에는 피상적인 관계가 대부분이다. 오히려 이런 나르시시스트의 성격을 이용해 자기 이득을 취하려는 사람의 표적이 되기도 한다. 요컨대 아첨꾼과 간신배가 몰려들기 쉽다는 것이다.

넷째, 사회적 규칙을 위반할 가능성이 높다. 타인이 나의 자기애적 욕구를 채워주지 않거나, 나의 자존감을 위협할 때 특히 그러하다. 상대가 나의 부탁을 거절하거나, 기대한 만큼의 애정과 칭찬을 주지 않았을 때 이를 용납하지 못하는 것이다. 혹은 나보다 더 주목받는 사람에게 분노와 적대감을 품는 경우도 있다. 이는 강한 복수심으로 이어져, 폭언이나 직간접적 보복을 행사할 수도 있다. 이 경우에도 이들은 규칙을 위반하는 스스로를 당당하게 여기며, 오히려 자신에게 특별 대우를 해 달라고 요구하기도 한다.

마지막으로, 자기애가 과잉된 사람은 스스로도 힘들다. 감정

기복이 심하기 때문이다. 이들은 평소 기분이 좋아 보이며, 불안이나 우울과는 거리가 멀어 보인다. 그러나 자기애가 적절한 사람이 감정의 고저 차가 그리 크지 않은 데 비해, 자기애가 과잉된 사람은 부정적 반응을 받았을 때 극심한 스트레스를 받는다. 타인의 부정적 반응을 자신에 대한 위협으로 받아들여 방어적인 태도를 보이는 것이다. 이로 인해 이들은 오히려 더 깊은 우울을 겪기도 한다.

자기애적 성격 문제가 생기는 이유

자기애적 성격 문제는 주변 사람뿐만 아니라 자신까지 힘들게 한다. 그렇다면 이러한 문제를 해결하기 위해선 어떻게 해야 할까? 그 전에, 자기애적 성격 문제가 생기는 이유를 조금 더 자세히 살펴 보자. 그 속에서 힌트를 발견할 수 있을 테니 말이다.

앞서 간략히 말했듯, 자기애 성향은 양육 과정에서 형성된다. 일반적인 경우, 갓난아이는 부모의 무조건적인 사랑을 통해 욕구를 충족하며 자신이 전능한 존재라고 생각한다. 배고프면 젖이 생기고, 추우면 포대기가 생기며, 배변을 하면 어느새 사라진다. 세상 모든 것이 나를 바라보며 자신이 원하는 것을 이루어준다고 생각하는 것이다.

그러나 점차 성장하고 사회적 관계를 형성함에 따라 훈육이 시작된다. 뜻대로 할 수 없는 것이 생기고, 부모나 주변 어른들로부터 야단맞는 일도 많아진다. 그뿐만 아니라 아이의 정신이 발달하면서 점차 다양하고 고차원적인 욕구를 가지게 되기에, 부모가 이를 온전히 해결해 주지도 못한다. 이로써 아이는 좌절을 배운다. 자신이 그리 전능하거나 완전하지 않으며, 대단한 존재가 아니라는 사실을 배우는 것이다.

나아가, 무엇이든 할 수 있을 것 같아 보였던 부모 또한 전지전능하지 않고 불완전하다는 것을 알게 된다. 이처럼 인간은 성장 과정에서 자신과 양육자를 포함한 인간의 불완전함을 받아들이고, 불완전하더라도 사랑할 수 있다는 사실을 깨닫게 된다. 이것이 바로 건강한 자기애다. 즉 건강한 자기애를 형성하기 위해서는 양육자의 적절한 돌봄과 더불어 적절한 좌절이 모두 필요한 것이다.

이러한 과정에서 자기애적 문제가 생기는 원인을 엿볼 수 있다. 첫째, 자기애적 욕구가 과하게 충족될 때다. 부모가 아이의 욕구를 좌절시키지 않기 위해 아이가 잘못된 행동을 해도 꾸짖지 않거나, 아이의 억지스러운 요구를 일일이 들어주었던 경우가 대표적인 예다. 다시 말해, 자기애적 욕구가 제대로 좌절되어 본 경험이 없을 때 문제가 생기는 것이다. 이 경우 아이는 세상이 자신을 중심으로 돌아간다는 확신을 유지하게 되면서, 타인이 자신을 위해 존재하기라도 하는 듯 자기중심적인 모습을 보인다.

둘째, 자기애적 욕구가 심하게 좌절되었을 때도 자기애적 문제가 발생한다. 양육자가 아이를 차갑고 무정하게 대하거나, 구타나 방치 등의 학대를 저지른 경우가 대표적인 예다. 다시 말해 자기애적 욕구를 제대로 충족해 본 경험이 없을 때 문제가 생기는 것이다. 이 경우 아이는 현실을 외면하며, 이상적인 사랑을 받는 자기 자신의 이미지를 만들어낸다. 심리학에서는 이를 '거대자기'라고 부르는데, 현실의 비참함을 잊기 위한 일종의 생존 전략인 셈이다. 이들은 거대자기라는 허상을 유지하기 위해 주변 사람들의 인정과 칭찬을 더욱 강렬하게 추구하며, 이를 위해 부모가 조금이나마 인정해 주었던 자신의 장점을 크게 부각한다. 그리고 부모 대신 이를 충족해 줄 대리인을 찾는다. 친구, 연인, 동료 같은 상대에게 자신을 사랑해 달라고 끊임없이 요구하는 것이다.

하지만 이들의 진짜 속내는 겉모습과 완전히 다르다. 어린 시절 부모의 무관심으로 인해 스스로가 '사랑받을 만한 가치가 없는 사람'이라는 생각이 굳어져 버렸기 때문이다. 그래서 이들은 자존감이 낮고 애정을 갈구한다. 그뿐만 아니라 내면에는 자신에게 애정을 주지 않았던 양육자에 대한 분노가 있다. 이것이 해소되지 않는 경우 부모가 아닌 타인에 대한 불신으로 이어지기에, 사람들을 잘 믿지 않고 관심이나 애정도 부족한 모습을 보인다.

자기애적 성격 문제의 해법

위에서 살펴본 것처럼, 건강한 자기애를 형성하기 위해서는 욕구의 충족과 좌절이 균형을 이뤄야 한다. 자신의 결점을 인정하고 불완전한 존재임을 받아들이되, 그럼에도 불구하고 자신을 사랑하는 것이 진정으로 건강한 자기애이다. 이러한 균형을 이루지 못하고 거짓된 자기 모습을 만들어 연기하며 살아가서는 끝없는 문제에 부딪힐 뿐이다. 이들에게 정말 필요한 것은, 어릴 적 제대로 충족되지 못했던 자기애적 욕구를 제대로 충족하는 과정이다.

이를 가능케 하는 최고의 약은 이해와 공감이다. 어린아이가 부모의 사랑을 통해 자기애를 배우듯, 타인에게 진실로 수용되는 경험을 통해 자신을 수용하는 방식을 배울 수 있다. 자신의 모습을 그대로 수용하고 사랑하면서, 어린 시절 깊이 남은 상처를 회복하고 균형 잡힌 자기애를 회복하는 것이다.

이때 중요한 것은 비록 어린 시절 부모나 주변 사람들의 사랑을 충분히 받지 못했더라도, 스스로 가치 있고 사랑하는 작업을 통해 자기애를 채울 수 있다는 점이다. 일단 자신을 못마땅해하고 미워하며 비난하는 말을 멈추고, 스스로 좋아하고 사랑한다고 말해 보자. 이를 녹음해서 반복적으로 듣는 것도 좋다. "지영아, 사랑해", "지영아, 좋아해", "넌 참 괜찮은 사람이야", "넌 참 멋져"와 같이 자신의 이름을 부르며 말한 칭찬을 녹음해서 수시로 듣다보면, 처음엔 조금 어색할지 몰라도 갈수록 스스로가 진정으로 사랑받을 만한 사람이라고 느낄 수 있을 것이다. 또한 자신이 부족하거나 못난 것처럼 여겨진다면, 스스로를 감싸 안고 토닥이며 "괜찮아", "그 정도면 잘했어"라고 반복해서 말해 보라. 점차 스스로를 받아들일 수 있게 될 것이다.

어린 시절 자기애의 결핍이 있는 사람에게 자기애를 채우는 과정은 굉장히 힘들 수 있다. '밑 빠진 독에 물 붓기'처럼 계속 부어도 채워지지 않아 지치고 힘들다. 하지만 여러 임상 경험을 통해 장담할 수 있다. 밑 빠진 독도 언젠가 가득 찰 수 있다고 말이다. 채우고자 하는 의지가 있고, 사랑을 끊임없이 부어 넣는다면 신기하게 어느 순간 공허했던 가슴이 채워지는 느낌이 든다. 자신을 진정으로 사랑하여, 더 이상 타인의 인정에 목매지 않게 되는 것이다. 그러니 지금부터라도 나 자신, 나아가 소중한 사람들이 가진 결핍에 사랑을 마구마구 쏟아 보자. 늦은 때란 없다. 부모라면 지금부터라도 자녀에게 사랑을 표현해 보자. 또한 자신에게 아낌없이 애정과 인정을 표현해 보자.

그러나 한 가지 당부할 것이 있다. 아무리 사랑을 쏟아도 상대에게 달라지고자 하는 의지가 없다면, 차라리 거리를 두는 게 나을 수 있다. 알맞은 지식과 노하우를 가진 전문가가 아니라면, 그들의 방어 기제와 착취적인 인간관계 방식에 오히려 우리 자신이 고통받게 될 수 있기 때문이다. 이들을 무시하거나 관계를 벗어나려 해도, 상대가 더 집착하며 달라붙을 수도 있고 말이다. 그러니 자기애적 문제를 가진 사람을 보았다면, 가능한 한 거리를 두는 편이 좋다. 꼭 만날 수밖에 없다면, 무시하거나 적대하기보다는 인정하고 존중한다는 신호를 보내자. 억지로 비위를 맞춘다는 생각보다는, 상대의 마음속 어린아이를 돌봐 준다는 생각으로 말이다.

나를 대하는 태도가
내 인생을 결정한다

자존감

자존감은 역경을 헤쳐나갈 힘이다

수진 씨는 대학에 들어가자마자 엄마를 지병으로 잃었다. 너무 당황스럽고 세상이 무너지는 듯 주저앉고만 싶었다. 그 즈음 아빠의 사업 또한 어려워져 대학 등록금조차 내기 힘들 정도로 집안 형편이 어려워졌다. 대학생이 되어 동아리와 미팅 등 즐거운 대학 생활을 꿈꾸던 수진 씨는 이제 학비와 생활비를 벌기 위해 아르바이트를 시작해야 했다. 친구들과 놀지 못했고 학업과 일을 병행하느라 잠 자는 시간조차 부족했다.

그러나 수진 씨의 표정은 늘 밝았고 다른 사람들에게 친절했다. 그 이유는 수진 씨 마음 안에 자신을 늘 예뻐해주고 사랑해주었던 엄마의 목소리와 태도가 자리하고 있었기 때문이다. 수진 씨의 엄마는 어릴 때부터 수진 씨에게 한없는 지지를 보내주었다. "수진아, 넌 참 특별해", "수진이는 참 소중해", "다 괜찮아, 수진이 곁에는 늘 든든한 엄마가 있으니까"라고 말이다. 그래서인지 수진 씨는 스스로에게 늘 당당했고 자신이 소중하고 괜찮은 사람이라고 생각했다.

그 덕분에 수진 씨는 어릴 때부터 친구들 사이에서 성격 좋고 괜찮은 아이로 통했다. 여자 친구 뿐 아니라 남자 친구들도 수진 씨를 좋아했고, 친해지고 싶어했다. 학창 시절 친구 관계에서 힘든 일이 생겨도 곧잘 제자리를 찾았다. 하루는 그런 수진 씨를 오래 지켜봐 온 친한 친구가 조심스레 물었다. "힘들지 않아? 나라면 주저앉고 말았을 거야." 그러자 수진 씨는 방긋 웃으며 이렇게 대답했다. "물론 힘들지. 가끔 답답해서 울고 싶은 때도 있어. 하지만 난 소중하고 그 무엇도 나를 흔들어 무너뜨릴 순 없어. 난 이겨낼 거야. 그리고 확실한 건 지금의 내 삶도 행복하다는 거야."

자존감이란 무엇인가

자존감이란 자신을 존중하는 마음이자, 자신을 대하는 태도라고 할 수 있다. 이러한 자존감은 크게 두 가지 측면으로 구성된다. 하나는 인정 욕구인데, 이는 한마디로 성취나 능력 면에서 자신이 가치 있는 존재임을 인정받고자 하는 욕구다. 다른 하나는 애정 욕구로, 이는 즉 관계 속에서 자신이 사랑받을 만한 존재임을 확인하고자 하는 욕구다.

자존감이 낮아진다는 것은 이러한 두 가지 욕구가 좌절되었음을 의미한다. 먼저 인정 욕구가 좌절되었을 때를 생각해 보자. 다른 사람에게 비교당하거나 비난받을 때, 혹은 시험에 떨어지거나 낮은 평가를 받았을 때 인정 욕구가 좌절된다. 자신의 성취가 별로 가치 없다고, 능력이 인정받지 못하는 것 같다고 생각되기 때문이다. 이처럼 자신의 능력이 제대로 인정받지 못했을 때 자존감이 낮아진다.

다른 한편으로, 자신이 사랑받지 못한다고 생각했을 때 자존감이 낮아질 수도 있다. 가족이나 친구, 연인 등 가깝고 친밀한 사이에서 인격적으로 존중받지 못하거나, 상대가 무관심하여 아무런 반응도 돌아오지 않을 때 그렇다. 예컨대 따돌림을 당하거나 데이트 신청을 거절당했을 때 등이다. 즉 스스로가 사랑받을 만한 사람이 아니라는 생각이 들 때 자존감이 낮아질 수 있다.

이처럼 자존감은 살면서 수많은 사건을 겪으며, 그 경험을 어떻게 받아들이냐에 따라 자존감이 높아지거나 낮아질 수도 있다. 타고나거나 고정된 것이 아니라는 얘기다. 그 대신, 자존감은 수많은 상호작용을 거치며 조금씩 쌓아나가는 것이다. 이후 겪는 상처가 될 만한 경험을 어떻게 처리하고 얼마나 빨리 치유하여 회복하느냐도 자존감에 달려 있다. 자존감을 차곡차곡 단단히 쌓아 온 사람은 상처가 될 만한 경험을 해도 덜 휘둘리고 금방 회복할 수 있지만, 자존감이 낮거나 튼튼하지 않은 사람은 사소한 실패나 거절에도 크게 휘둘리고 무너지기 마련이다. 이렇듯 자존감은 이 세상을 살아가는 힘이자 기둥이며, 또한 내 눈앞에 놓인 상황을 해석하고 받아들이는 렌즈이기도 하다.

자존감, 자존심, 자기애의 차이

자존감과 자존심은 혼동되기도 하지만, 다른 개념이다. 자존감은 스스로를 존중하고 소중하게 생각하는 마음이라면, 자존심은 다른 사람들 앞에서 괜찮은 사람으로 보이고자 하는 마음이다. 요컨대, 두 마음이 향하는 대상이 다르다. 자존감의 대상은 오직 나 자신이기에 '높다' 혹은 '단단하다'라는 표현을 쓰지만, 자존심의 대상은 타인이기에 '세다'라는 표현을 쓰는 것이다. 그래서 자존심이 센 사람도 자존감이 낮을 수 있다. 또, 자존감이 높지만 자존심이 세지 않은 사람도 있다. 자신이 이미 스스로를 존중하고 소중히 생각하니, 타인이 나를 어떻게 보는지는 별로 중요한 문제가 아니기 때문이다.

한편 자기애는 자신을 사랑하는 마음이다. 사람은 양육 과정에서 자신을 향한 부모의 사랑을 보며, 자신을 사랑하는 법을 배운다. 자신이 사랑받을 만한 존재라는 사실을 깨닫는 것이다. 이렇게 자기애를 배우는 과정에서 자신을 존중하는 마음이 단단해진다. 다시 말해, 자기애는 자존감을 형성하고 이루는 중요한 요소라고 볼 수 있다.

그런데 어린 시절 자기애적 욕구가 좌절되면, 부족한 자기애를 타인에게 갈구하며 애정을 확인받고자 한다. 이 과정에서 자신을 마땅히 사랑받을 만큼 대단한 사람으로 부풀리기도 하는데, 이런 경우가 자존심은 강하고 자존감은 낮은 전형적인 예시라고 볼 수 있다. 이와 달리 건강한 자기애를 지닌 사람은 실패에도 불구하고 견고하고 지속적인 희망을 유지할 수 있으며, 성공 앞에서 솔직한 긍지와 기쁨을 누릴 수 있다. 이렇듯 건강한 삶은 적절한 자기애와 자존감이라는 말이 끄는 쌍두마차라고 할 수 있다.

자존감이 낮은 사람들의 특징

그렇다면 나의 자존감이 단단한지 아닌지는 어떻게 알 수 있을까? 다음 몇 가지를 확인해 보자.

첫째, 자존감이 낮은 사람들은 자존감을 확인받기 위해 다양한 것들에 매달린다. 특히 내면적인 요소들 보다는 다른 사람들 앞에서 돋보일 수 있는 외면적 요소에 매달리는 경우가 많다. 화려한 외제차나 명품 옷처럼 말이다. 물론 이런 물건을 사는 것 자체가 나쁘다는 의미는 아니다. 그러나 이것으로 자신의 초라한 내면을 지나치게 감추려 한다면 고통이 시작될 뿐이다. 타인의 복종과 인정을 얻기 위해 돈이나 사회적 지위에 과하게 집착하거나, 타인의 칭찬이나 애정을 받고자 심한 다이어트를 하며 형편에 맞지 않는 치장을 한다면 말이다. 이를 통해 일시적으로 자신의 모습을 감출 수는 있을 것이다. 그러나 이를 통해 자기 자신마저 속여넘기기란 불가능하며, 타인 역시 언젠가 그 민낯을 발견하게 될 것이다.

둘째, 자신감이 부족한 경우가 많다. 자신감은 자기 생각을 믿는 마음인데, 이것이 부족하니 주변 사람들의 말에 쉽게 흔들린다. 또한 자신의 판단을 외부에 표현하거나 이를 행동으로 옮겼을 때, 사람들이 비웃거나 일을 그르칠까 봐 크게 두려워한다. 자신의 능력을 스스로 인정하지 못하기 때문에, 자신을 믿지도 못하는 것이다.

셋째, 타인의 눈치를 많이 본다. 낮은 자존감을 조금이라도 높이기 위해 주변 사람들의 반응에 매달리기 때문이다. 이들은 타인이 자신을 좋아해 주기를 바라며 그들이 원하는 바를 충족해 주고자 애쓴다. 그러면 자신에게도 인정과 애정이 돌아올 것으로 믿기 때문이다. 그러다 보니 타인이 무엇을 원하는지, 또 어떤 반응인지 눈치를 살피느라 늘 피곤하다.

넷째, 자존감이 낮은 사람은 스스로에게 가혹하다. 은연중에 자신은 즐겁거나 행복할 자격이 없다고 생각해 스스로 지나치게 엄격해지거나, 일부러 원하는 걸 포기하기도 한다. 이처럼 자신을 존중하는 마음이 부족하기에, 타인이 자신을 무시하더라도 그것이 부당함을 쉽게 깨닫지 못한다. 그러다 보니 누군가 자신에게 함부로 대하거나 무리한 요구를 해도 거부하기 힘들어한다.

다섯째, 낮은 자존감을 감추고자 회피적이거나 방어적인 태도를 보인다. 상대방에게 차일까 봐 자신이 먼저 이별을 통보하는 경우가 대표적인 예다. 그 밖에도 타인이 상처를 줄까 봐 처음부터 고슴도치처럼 공격적인 모습을 보이거나, 일부러 차갑게 무시하는 경우를 생각해 볼 수 있다.

자존감이 중요한 이유

자존감이 낮은 이들은 '완벽한 자기 자신'에 대한 환상이나 강박을 품는 경우가 많다. 그러나 이를 실현하지는 못한다. 자기 얘기 같다고 생각되는가? 하지만 당신뿐만이 아니다. 우리는 모두 완벽하지 않고, 불완전하며 부족한 존재이다. 당연하다. 신이 아니라 인간이기 때문이다.

그러나 우리는 종종 이를 받아들이지 못한다. 마치 부족한 면이 있어서는 안 되는 것처럼 말이다. 그 결과 점점 더 그것에 집착하게 되고, 이는 삶의 다른 부분에도 영향을 미치게 된다. 이러한 문제를 심리학에서는 콤플렉스라고 부른다.

외모를 예로 들어 보자. 실제로 외모는 인간관계에서 가장 처음 접하는 요소로, 자존감을 형성하는 데 중요한 역할을 한다. 단순히 친구나 연인 관계에서의 호감뿐만 아니라, 취직 면접 등 능력이 중요한 자리에서도 유리하게 작용하니 말이다.

그래서 자신의 외모에 집착하는 '외모 콤플렉스'가 생기는 사람이 많다. 이들의 부정적인 태도는 외모와 무관한 다른 면모, 즉 생각이나 행동 및 감정에도 영향을 미친다. 자신의 외모를 비관하며 '외모 때문에 따돌림을 당한다', '외모 때문에 인정받지 못한다' 같은 피해의식을 갖기도 하고, 반대로 타인의 외모에 지나치게 집착하며 비난하거나 흠결을 찾아내려 눈에 불을 켜기도 한다.

하지만 진정으로 타인에게 거부감을 불러일으키는 것은 외모 그 자체가 아니라, 외모로 인해 비틀린 태도다. 주변 사람들로서는 답답하고 환장할 노릇이 아닐 수 없다. 외모 말고 다른 면을 보려고 해도, 너에겐 다른 좋은 점이 많다고 말해주려 해도 듣지 않고 오히려 온갖 이야기를 전부 외모 이야기로만 끌고 가니 말이다.

물론 부족한 부분을 인정하고 받아들이는 것은 어려운 일이다. 머리로는 알고 있다 해도 감정적으로 수용하기는 쉽지 않을 수 있다. 그럴 땐 이것을 떠올려 보자. 사람들은 부족한 점을 황급히 감추려는 사람보다, 부족한 점을 인정하고 당당하게 구는 사람에게 더 큰 호감을 보인다는 사실 말이다.

자존감은 어떻게 형성되는가

자존감이 낮은 사람은, 어린 시절 부모에게 조건에 따른 사랑을 받았을 가능성이 크다. "공부 잘 하니 예쁘네", "엄마 말 잘 들었으니 착한 아이네"라고 조건을 달아 사랑과 칭찬을 주는 것이다. 이를 심리학에서는 '조건부 가치'를 부여한다고 표현한다.

그 결과 자녀는 은연중에 자신이 있는 그대로 사랑받고 인정받을 만한 사람이 아니라, 그런 조건을 충족시켰을 때만 괜찮은 사람이라고 생각하게 된다. 그러다 보면 사랑과 인정을 얻기 위해 자신도 모르게 부모나 어른들, 친구나 주변 사람들이 원하는 바를 충족시키려 애쓰게 된다. 하지만 이래서는 아무런 조건도 충족하지 않은 나 자신을 존중하기는 어려워지며, 타인의 인정에 매여 허덕이게 될 수 있다.

그 밖에도 성장 과정에서 자존감이 낮아지는 요인은 다양하다.

주변 사람들에게 폭력이나 방치 등의 학대를 받는 경우가 대표적인 예다. 자신이 어째서 이리도 고통스러운 일을 겪게 된 건지 이해하고 싶은데, 어린아이는 인간에 대한 충분한 이해가 없고 세상에 대한 정보나 지식이 부족하다 보니 그 원인을 자기 자신에게로 돌리는 것이다. 자신이 나쁘고 못나서 이런 일이 일어났다고 말이다.

한편 부모의 성급한 양육 스타일이 문제를 낳기도 한다. 자녀가 화를 내거나 우는 등 감정적으로 불안정한 반응을 보일 때, 성급한 부모는 "왜 화를 내? 이게 그렇게까지 화낼 일이야?", "왜 울어? 울 일 아니야. 울지 마!"라고 말하기도 한다. 또한 자녀의 판단이 미흡하게 느껴지고, 그로 인해 좌절을 겪게 될까 노심초사하며 대신 판단이나 결정을 내려주는 경우도 많다. 그래야 아이가 조금이라도 덜 고생할 것으로 생각하기 때문이다.

그러나 이는 사실 자녀의 감정이나 생각, 판단을 무시하는 행동이다. 이렇게 매사를 부모가 대신 정해 주면, 결국 자신의 감정, 생각, 판단을 믿지 못하게 된다. 자신에 대한 믿음이 부족하니, 자신이 무언가를 해낼 수 있으리란 생각도, 사랑받고 인정받을 만한 존재라는 자각도 불가능하게 된다. 이처럼 자존감이 낮아지는 이유는 다양하다.

자존감을 높이는 방법

심리학계에선 다양한 심리치료 이론들이 저마다 자존감을 회복하는 방법을 제시한다. 하지만 그 핵심은 비슷하다. 상대를 솔직하고 진실된 자세로 대하고, 무조건 있는 그대로 존중하고 수용하며, 공감하는 태도로 이해하고 반응해야 한다고 말이다. 그래야 자존감이 낮은 상대도 자신을 있는 그대로 바라보고, 그런 자신을 인정하며 소중히 여길 수 있다. 자신을 허심탄회하게 수용해주는 사람이 한 명이라도 있다면, 누구나 자존감을 회복하여 거친 세상에 맞설 힘을 얻을 수 있다.

특히, 자존감이 낮은 사람들로 하여금 상처에서 벗어나게 해주는 열쇠가 있다. 그것은 바로 "네 잘못이 아니야"라는 말이다. 상처받은 사람들 대부분은 고통 속에 허우적대다 자기 자신을 탓하기 마련이기 때문이다. 심지어 겉으로는 주변 사람이나 환경을 탓하고 울부짖는 것처럼 보이는 사람 중에도, 내면을 들여다보면 은연중에 자신을 탓하고 비난하는 사람들도 적지 않다. 이런 사람들은 자신도 모르게 스스로 상처를 자극하게 되므로, 더욱 상처에서 벗어나기 쉽지 않다. "네 잘못이 아니야"라는 말에는 한 인간을 상처의 구렁텅이에서 꺼내줄 수 있는 힘이 있다.

게다가 이 말은 자기 자신에게 스스로 건네주는 것도 큰 도움이 된다. 그러니 만약 아픈 상처로 인해 자책과 비난의 늪에 빠져 있다면, 소리 내어 "내 잘못이 아니야"라고 말해 보자. 정말로 당신의 잘못이 아니다. 세상일은 수도 없이 많은 요소가 얽혀 일어나며, 누구도 그 흐름을 마음대로 통제할 수 없다. 다시 말해, 지금 그 아픔이 100% 당신의 책임만은 아니라는 뜻이다. 말로는 부족하다면, 빈 종이를 가득 채우며 반복해서 써 보자. 말은 반복할수록 마음속에 굳게 자리 잡으면서 강력한 힘을 발휘한다.

아울러, 상처받은 경험으로부터 자신을 분리하는 것이 자존감 보호에 도움이 된다. 이를 쉽게 설명하자면, 내가 겪은 사건이 곧 나 자체는 아니라는 사실을 깨닫는 것이다. 당신이 무슨 일을 겪었든, 그것이 당신이라는 사람을 규정하지는 않는다. 오히려 그럴 힘은 당신 자신에게 있다. 우리는 무슨 일이 있더라도 변함없이 자기 자신을 소중하게 생각하고 대해야 한다.

이제 마음이 편해졌는가? 그렇다면 자존감을 회복하는 구체적인 방법을 소개할 테니 따라해 보자. 우선 자신에 대한 인식을 수정하는 것부터다. 첫째, 당신의 장점을 50가지 찾아 적어 보라. 손가락이 예쁘다거나, 이야기를 잘 들어준다는 것 등 작은 것까지 구체적으로 찾아 적는 게 좋다. 물론 혼자 50가지를 전부 채우기는 어려울 것이다. 그럴 땐 주변 사람들에게 도움을 청하라. 다른 사람의 입을 통해 자신의 장점을 듣는 경험은 자존감을 높이는 데 효과적이다. 거절당할까 두려워할 필요는 없다. 사람들은 의외로 타인에게 긍정적인 인상을 품고 있지만, 표현할 기회를 찾기 어려워 말하지 않는 경우가 많다. 이 과정은 자기도 몰랐던 장점들을 발견하며 긍정적인 자기 인식을 갖게 하며, 관계를 돈독하게 만들어 자존감을 높인다.

또한, 작성한 장점 리스트를 매일 여러 차례 반복해서 되뇌어 보라. 우리가 훈육 등의 과정에서 반복적으로 들었던 소리가 자신도 모르게 마음에 영향을 미쳤듯, 이제는 우리가 원하는 생각을 반복해 되뇌어 머릿속에 자리 잡게 만드는 것이다. 이때 각 장점을 읽으며, '나는 그런 나를 좋아해', '그런 나는 괜찮은 사람이야'라고 덧붙여 보라. 훨씬 자존감을 높이는 데 도움이 된다. 이제 우리는 어린아이가 아니므로, 스스로 자신에 대한 태도를 결정할 수 있다. 내 자존감은 결국 내가 알아서 채우는 것이다.

둘째, 자신의 단점, 즉 받아들이기 어려운 자신의 모습 리스트도 작성해 보자. 그리고 각각에 대해 "그런 나를 받아들인다", "그런 나여도 괜찮아"라고 반복해서 되뇌어 보라. 자존감은 있는 그대로의 모습을 스스로 인정하고 받아들일 수 있을 때 단단해진다. 사람들은 당당한 사람을 알아보고 호감을 보인다. 실제로 부족한 부분을 인정하려는 용기는 대단히 특별하고 멋진 능력이며, 당신이 스스로 생각하는 단점은 타인이 보기엔 생각보다 사소하다. 오히려 타인은 당신이 자신 없어 하는 것을 귀신같이 빠르게 알아차린다. 그러니 가슴을 펴고 자신의 단점을 있는 그대로 마주하자. 그러면 다른 사람들의 태도뿐만 아니라, 삶의 질 자체가 달라질 테니 말이다.

이 작업은 생각보다 오래 걸릴 수 있다. 그만큼 자기 수용은 어려운 부분이다. 그래서 노력과 시간이 필요하다. 휴대폰의 메모장이나 소지할 수 있는 수첩 등을 가지고 다니며, 매일 시간이 날 때마다 수시로 보며 자신이 받아들이기 어려운 측면을 받아들이도록 노력해 보자. 그러다 보면 점차 자신도 모르게 그런 나를 괜찮다고 받아들이고 있는 자신을 발견하게 될 것이다.

나아가, 자신에게 상처를 준 사람에게 아무런 사과도 받지 못했다면, 자신이 듣고 싶은 말을 직접 스스로에게 해 주는 것도 좋다. 이 방법은 타인에게도 사용할 수 있다. 내 곁의 사랑하는 사람이 적절한 사과를 받지 못했다면, 상대가 듣고 싶어 할 사과의 말을 내가 대신 건네주는 것이다. 단순한 말에 불과해 보여도, 듣고 싶은 말을 듣는다는 것은 대단한 치유 효과를 발휘한다. 물론 꼭 사과가 아니더라도 된다. 상대가 상처를 딛고 일어날 수 있도록 아낌없는 사랑과 칭찬, 격려를 건네는 것이다. 이것이 어쩌면 우리가 사랑하는 사람에게 줄 수 있는 가장 커다란 선물일지도 모른다.

결국 자존감이 단단해지기 위해선 지금 이대로의 자신을 사랑하고 믿어 주어야 한다. 진정 자신을 믿는다면, 눈앞의 불확실함 속으로 자신을 던져 보라. 자신이 부모라면, 불안하더라도 자녀에게 결정을 맡겨 보라. 잘 해내지 못하면 어떻고, 조금 넘어지면 어떤가. 그 과정에서 당신은 새로운 것을 배우고 성장하여, 끝내 혼자 힘으로 일어서는 법을 배우게 될 것이다. 그 결과가 어떠하든, 스스로 도전하고 그 책임을 감당해 본 경험 자체가 자신을 뿌듯하고 자랑스럽게 여기도록 도울 것이다. 그렇게 당신은 하루하루, 더 강한 사람이 될 것이다.

깊은 인연 하나가
얕은 인연 백 개보다 낫다

애착 관계

우리에겐 마음을 터놓을 수 있는 대상이 필요하다

열 살 은우는 얼마 전, 서울을 떠나 시골 마을로 이사 왔다. 목사인 아빠와 단둘이 살고 있는 은우는, 세 살 때 갑작스럽게 엄마를 잃었다. 아빠는 혼자 은우를 키우면서도, 교회 일로 늘 바쁘게 지냈다. 최근에는 시골 마을 쪽에서 교회 자리를 제안받아, 아빠는 주저 없이 이사를 결심했다.

하지만 아빠는 은우와 함께 있을 때도 말이 거의 없었고, 다정하게 안아주는 일도 드물었다. 무뚝뚝하고 때때로 차갑게까지 느껴지는 아빠 곁에서, 은우는 언제나 외로움을 안고 지냈다. 전학으로 인해 서울에서의 친구들과도 연락이 뜸해졌고, 새로 온 마을엔 또래 친구조차 거의 없었다.

그러던 어느 날, 은우는 집 근처를 서성이는 떠돌이 개 한 마리를 발견했다. 이상하게도 그 개가 자꾸 마음에 걸렸던 은우는 조심스럽게 아빠에게 개를 키우자고 졸랐다. 말없이 고개를 끄덕인 아빠 덕분에, 은우는 마침내 작은 생명 하나를 곁에 두게 되었다. 그 개에게 엄마의 이름과 자신의 이름에서 한 글자씩 따 '소은'이라는 이름을 붙였다.

은우는 소은이와 매일을 함께했다. 함께 밥을 먹고, 함께 놀고, 학교에서 있었던 속상한 일이나 아빠에게 느끼는 서운함도 소은이에게 털어놓았다. 그렇게 소은이는 은우에게 가족이자 친구, 그리고 비밀을 나눌 수 있는 단 한 명의 존재가 되었다.

소은이 덕분에 변화도 찾아왔다. 소은이를 예뻐하던 이웃집 할머니와 가까운 사이가 되었고, 마을에서 또래 친구도 새로 사귀게 되었다. 마음을 털어놓을 누군가가 있다는 사실 하나만으로, 은우의 세계는 조금씩 따뜻해지고 있었다.

애착이란 무엇인가

애착이란 누군가와 지속적으로 강하게 연결되어 있다는 정서적 유대감을 말한다. 단순한 호감이나 친밀함 이상으로 마음을 기댈 수 있는, '우리'라는 울타리를 형성하는 관계다. 인간이라면 누구나 관계 안에서 살아가고, 그 관계를 통해 소속감과 인정, 사랑을 받고 싶다는 기본적인 욕구를 지닌다. 애착은 이 욕구들을 충족시켜 준다. 누군가와 함께 있다는 안정감, 그 안에서 사랑받고 있다는 확신은 개인의 자존감을 키우고, 세상을 살아갈 힘이 된다.

애착의 힘은 단지 감정적인 유대에 그치지 않는다. 애착 대상이 곁에 있다는 사실만으로도 우리는 세상을 덜 두려워하고, 더 용감하게 나아갈 수 있게 된다. 이처럼 애착 대상은 우리에게 '안전 기지'가 되어준다. 마음이 힘들고 외로울 때 돌아갈 수 있는 곳, 실패해도 괜찮다고 말해줄 존재가 곁에 있다는 확신은 새로운 도전과 관계를 가능하게 만든다. 외톨이였던 은우가 개 소은이와 관계를 맺으며 이웃과 친구를 만나고, 마을 사람들과의 관계를 조금씩 확장해 갈 수 있었던 것도 바로 이런 심리적 기반이 있었기 때문이다.

애착 대상은 사람일 수도, 동물일 수도 있다. 심지어 인형일 수도 있다. 누구든 나를 있는 그대로 받아들여주고, 거기 있어 주는 존재라면 무엇이든 애착 대상이 될 수 있다. 그러나 그중에서도, 엄마는 가장 원초적이고 강력한 존재다. 엄마는 세상과 처음 연결되는 통로이자, 자존감의 뿌리를 만들어 주는 사람이기 때문이다. 아이는 엄마로부터 자신이 사랑받는 존재라는 확신과 함께, 엄마가 자신을 상처받지 않도록 보호해줄 것이라는 믿음을 갖는다. 그래서 엄마와의 애착이 결핍될 때, 아이는 세상을 믿고 살아갈 기반 자체가 없어지는 셈이다.

은우 역시 그랬다. 세 살 무렵 겪은 엄마와의 사별은 은우에게 메워지지 않는 공허함을 남겼을 것이다. 그래서 더욱, 은우에게는 애착을 대신할 대상이 간절했으리라. 개 소은이는 그런 은우 곁을 조건 없이 지켜 주었고, 은우는 그 품 안에서 서서히 마음을 회복해 갔다. 물론 누구도 엄마의 자리를 완전히 대신할 수는 없다. 하지만 이처럼 우리가 살아가면서 만나는 다양한 관계들은 그 공백을 조금씩 메우는 역할을 할 수 있다. 친구, 선생님, 반려동물, 혹은 나를 따뜻하게 이해해 주는 연인 등이 그렇다. 그렇게 누군가와 정서적으로 연결될 수 있다는 것만으로도, 사람은 다시 살아갈 용기를 얻게 된다.

애착은 어떻게 형성되는가

애착은 관계 속에서 서로의 기본적인 욕구를 충족할 때 형성된다. 사람은 사랑과 인정을 받고 싶어 하는 마음을 타고난다. 무엇보다 이해받고 싶어 하고, 공감받고 싶어 한다. 상대가 내 이야기를 듣고, 내 마음을 알아줄 때, 이해와 공감을 받으며 비로소 '우리는 연결되어 있다'고 느낀다. 칭찬이나 격려의 말, 다정한 눈빛, 포옹이나 손잡기 같은 정서적, 신체적 접촉은 이런 연결을 강화하는 도구가 된다. 그러므로 주변에 아무리 사람이 많아도 진심을 나누지 못하면 오히려 더 고독하고 외롭다. 반대로 짧은 만남이라도, 진심이 오가고 이해와 공감을 나눌 수 있다면 깊은 유대가 생긴다. 이런 정서적 연결이 반복되며 애착은 서서히, 그러나 단단히 형성된다.

하지만 때로는 이 애착이 지나쳐서 집착으로 흘러가기도 한다.

애착은 나를 지탱해주는 관계지만, 그 관계가 무너질까 봐 두려워지면 오히려 나를 뒤흔들기도 한다. 누군가를 잃을까 봐, 사랑이 식을까 봐, 관심이 줄어들까 봐 마음이 불안해지면, 우리는 점점 상대에게 매달리게 된다. 애착 대상의 상실은 인간이 두려워하는 근원적인 공포이기 때문이다.

그 결과 처음에는 애정이었던 것이, 점점 소유하고 통제하려는 욕구로 변하는 것이다. 그렇게 되면 애착은 따뜻한 유대가 아니라, 상대를 조이는 올가미가 되기 시작한다. 즉 집착은 애착이 왜곡된 형태다.

마음속 깊은 곳에서 버려지거나 잃어버릴지도 모른다는 두려움이 꿈틀거릴 때, 사람은 애착 대상을 붙잡으려고 안간힘을 쓴다. 이때 애착은 더 이상 안전 기지가 아니다. 상대의 말 한마디, 표정 하나에 일희일비하며 과도하게 반응하게 되고, 이 불안은 결국 상대방에게 부담을 준다. "지금 누구랑 있었어?", "왜 연락이 늦었어?"라는 질문은 진심을 확인하고 싶은 마음이지만, 자주 반복될수록 상대에게는 무거운 짐이 된다. 이렇게 되면 오히려 관계는 멀어지고, 원하는 애착도 더 멀어져 간다.

결국 집착은 애착을 붙잡고 싶다는 절박함에서 비롯되지만, 그 절박함이 관계를 무너뜨리는 역설로 작용한다. 진짜 애착은 함께 있을 때 편안하고, 떨어져 있어도 신뢰할 수 있는 관계다. 과한 애착은 그 자체로 불안을 드러낸다. 그 불안을 다스리지 못하면, 애착은 관계를 지켜주는 대신 관계를 침식시킬 수 있다.

애착 유형이 나뉘는 과정

이와 같이 모든 애착이 건강하게 자라는 것은 아니다. 사람마다 애착을 형성하는 방식에는 차이가 있다. 어떤 사람은 관계 속에서 안정감을 느끼며 타인과 깊은 관계를 맺고, 어떤 사람은 가까운 관계 자체를 불편해하거나 끊임없이 상대를 의심하며 불안에 휩싸이기도 한다. 이처럼 애착의 형태는 다양하고, 그 뿌리는 대개 어린 시절의 양육 경험 속에 깊게 자리 잡고 있다.

가장 바람직한 형태는 안정 애착이다. 안정 애착을 가진 사람은 관계에서 기본적인 신뢰를 느낀다. 애착 대상이 곁에 없으면 일시적인 불안은 느낄 수 있지만, 곧 돌아올 것이라는 믿음으로 다시 마음을 가라앉힌다. 이들은 "나는 혼자가 아니다"라는 감각을 내면에 품고 있어서, 관계가 멀어져도 쉽게 흔들리지 않는다. 안정 애착은 사랑과 신뢰의 기반이 되고, 새로운 도전 앞에서도 흔들림 없는 자아를 유지하게 해준다.

반면, 회피적 애착은 양육자에게 거부당하거나, 감정 표현에 무심한 환경에서 자란 아이들에게서 주로 나타난다. 애착 행동을 보일 때마다 상처를 입거나 무시당했던 경험은 아이에게 다음과 같은 전략을 가르친다. "기대하지 말자. 혼자서 버티는 수밖에 없다." 그래서 이들은 겉으로는 아무렇지 않은 듯 보이지만, 정서적 거리를 두고 사람들과 깊이 관계 맺는 걸 피하려 한다. 스스로 강하다고 느끼려 애쓰지만, 그 속에는 '마음을 보여줬다가 다칠까봐' 하는 두려움이 자리하고 있다.

불안 애착(양가적 애착)은 일관되지 않은 양육 환경에서 생긴다. 어떤 때는 한없이 따뜻하다가도 어떤 때는 매섭고 차가운 부모 밑에서 자란 아이는, 부모의 사랑을 언제 받을 수 있는 것인지 예측하기 어렵다. 그래서 이들은 사랑받고 싶다는 마음을 과하게 드러내는 동시에, 상대가 언제든 떠나버릴 수 있다는 불안에 사로잡혀 끊임없이 상대를 확인하고 통제하려 한다. "지금 나를 사랑하는 거 맞아?", "왜 바로 답장을 안 해?" 같은 질문은, 실제로는 사랑을 요구하기보다 불안을 견디지 못해 나오는 반응이다. 이런 반응은 오히려 상대방을 지치게 하고, 관계에 거리감을 만들기 쉽다. 결국 애착 욕구는 충족되지 않고 좌절되며, 그로 인한 분노가 다시 관계를 흔드는 악순환이 반복된다.

이처럼 애착은 단지 관계의 유형뿐만 아니라, 세상을 대하는 태도까지 결정한다. 어떤 애착 유형을 가지느냐에 따라 우리의 애정을 주고받는 방식, 상처를 견디는 방식, 외로움을 다루는 방식이 모두 달라진다. 그리고 그 애착의 뿌리는 어린 시절, 우리가 처음으로 사랑을 배웠던 관계 속에 깊이 스며 있다.

건강한 관계를 맺기 위한 방법

요즘 사람들은 관계 맺는 일에 점점 더 서툴러지고 있다. 친구와의 갈등, 연인과의 반복되는 불안, 가족과의 거리감 속에서 공허함을 느끼는 이들이 많다. 겉으론 잘 지내는 것 같지만, 마음 깊은 곳에선 "나는 혼자인 걸까?"라는 두려움을 품고 살아간다. 그

바탕에는 애착의 문제, 다시 말해 누군가와 깊이 연결되어 있다는 감각의 부재가 자리하고 있다.

우리가 살아가는 데 가장 필요한 심리 상태는 '정서적 안정감'이다. 누군가와 정서적으로 연결되어 있다는 감각, 즉 내 곁에 누군가 있다는 믿음이 있어야 사람은 불안정한 세상에서 버틸 수 있다. 그렇기에 건강한 애착을 형성하고 유지하는 일은 단순한 감정 문제가 아니라, 우리의 생존과도 직결되는 문제다. 안정된 애착은 삶의 기반을 마련해 주고, 위기를 이겨낼 힘이 되어준다.

그러나 애착 대상을 언제나 곁에 둘 수는 없다. 사람은 떠날 수 있고, 관계는 변할 수 있다. 그러니 중요한 건 그 사람을 늘 곁에 두는 것이 아니라, 함께했던 시간과 감정이 내 마음 안에 단단히 자리잡게 하는 것이다. 곁에 있는 동안 진심을 나누고, 충분히 사랑하고, 깊이 연결된 경험이 있다면, 그 사람이 물리적으로 곁에 없더라도 우리는 여전히 그 관계에서 안정감을 느낄 수 있다. 이것이 내면화된 애착이다. 몸은 떨어져 있어도 마음은 함께라는 감각이 있을 때, 사람은 더 이상 두려움에 휘둘리지 않는다.

한편 사람들은 종종 이별이 두려워 만남 자체를 기피하기도 한다. 상처받는 것이 두려워 혼자가 편한 척하는 것이다. 하지만 이러한 공포를 극복하는 가장 좋은 방법은 바로 용기를 내어 다가가는 것이다. 상처받을까 봐, 버림받을까 봐 애초에 다가가지 않는다면, 애착은 자라지 않는다. 오히려 지금 이 순간, 곁에 있는 사람에게 진심을 다해 애정을 표현하고, 함께한 시간을 충실히 보내야 한다. 그러한 관계 경험이 반복될수록, 우리는 내면에 안정적인 애착을 쌓아가게 된다. 그리고 그 기억은 우리를 다시 새로운 관계로 이끌어 줄 것이다.

　이렇게 건강한 애착은 세상을 살아가는 힘을 만들어 준다. 사람은 결국 혼자 살아갈 수 없다. 우리 모두 누군가에게 이해받고, 있는 그대로 수용받고 싶은 존재다. 여기서 명심해야 할 것은, 이해받고 싶다면 먼저 타인을 이해할 수 있어야 한다는 사실이다. 인간은 누구나 변화무쌍하고, 예측할 수 없는 구석이 있다. 애착은 상호 간에 그것을 인정하고 수용할 수 있다는 믿음에서 시작된다. 그리고 그 믿음이야말로, 외로운 세상에서 우리를 지켜주는 가장 강력한 울타리다.

대화는 말이 아니라
마음을 듣는 것이다

공감

일방적인 대화는 아무것도 이루지 못한다

영화 〈나, 다니엘 블레이크〉의 주인공 다니엘은 40년 동안 목수로 성실하게 살아온 인물이다. 그러나 갑작스러운 심장병 발병으로 인해 더는 일을 할 수 없게 되고, 질병 수당을 신청하게 된다. 문제는 그 과정을 심사하는 행정 절차였다. 다니엘의 심장은 겉으로 보기엔 큰 문제가 없지만, 언제 갑자기 이상을 일으킬지 모르는 시한폭탄 같은 상태였다. 그러나 심사관은 단지 "팔을 들 수 있는가", "걸을 수 있는가" 같은 형식적인 질문만 던질 뿐, 다니엘이 실제로 겪고 있는 생활상의 제약은 전혀 고려하지 않았다.

그는 이 같은 절차에 의문을 제기하지만, 심사관은 냉정한 태도로 묻는 말에 대답만 하라고 말할 뿐이었다. 수당 심사에서 탈

락한 다니엘은 일자리센터를 찾아 이의를 제기하지만, 그곳에서 돌아오는 것 역시 비인간적인 대응이었다.

대기실에 앉아 있던 다니엘은 우연히 옆자리에 앉은 싱글맘 케이티를 만난다. 그녀 역시 일자리센터에서 도움을 거부당하고 있었는데, 상담 시간에 고작 몇 분 늦었다는 이유에서였다. 보다 못한 다니엘은 케이티를 도와 항의했지만, 결국 규정에 어긋난다며 대기실에서 쫓겨나고 만다.

영화는 이처럼 '원칙'이라는 이름 아래 지원자들의 사정을 외면하는 사회 제도의 차가운 단면을 고발한다. 물론 원칙은 중요하다. 그러나 원칙을 지킨다는 명목으로 정작 도움이 필요한 사람의 처지를 헤아리지 않는다면, 그게 도대체 무슨 소용이겠는가. 이들에게 필요한 것은 매뉴얼대로의 응답이 아니라, 자신이 겪는 고통을 누군가가 제대로 들어주고 있다는 감각이 아니었을까?

공감이란 무엇인가

공감이란 '안으로 들어가 느낀다'는 의미에서 비롯된 말이다. 단순히 누군가의 상황을 바라보는 것이 아니라, 그 사람의 입장이 되어 감정과 경험을 함께 느끼되, 자신의 자리를 잃지 않고 그 마음을 이해하는 것이다. "나는 나이지만, 너의 입장이 되어보니 이런 마음이 드는구나"라는 태도가 공감의 본질이다.

공감과 비슷한 듯 보이지만 엄연히 다른 태도들도 있다. 대표적으로 동일시와 동정이 그렇다.

동일시는 상대와 자신을 구분하지 못한 채 마치 '너는 나고, 나는 너'라는 듯 감정을 뒤섞어버리는 상태다. 가령, 남자친구에게 크게 상처받은 경험이 있는 사람이 친구의 작은 연애 고민을 듣고 "그 인간 믿지 마, 당장 헤어져!"라고 흥분한다면, 이는 자신의 감정을 투사한 반응이지 상대의 마음을 진정으로 이해한 것이 아니다.

동정 또한 공감과는 다르다. 이는 상대의 감정을 느끼려 하기보다 자신의 자리에서 상대를 불쌍히 여기는 감정이다. "어머, 어떡해. 안됐다"라는 말은 언뜻 상대를 위하는 것처럼 보이지만, 이 경우에도 결국 감정의 중심은 여전히 '나'에게 있는 것이다.

공감은 이들과 다르다. 상대의 감정에 들어가되 휘말리지 않고, 자신의 감정은 잠시 뒤로 한 채 그 사람의 마음에 온전히 귀 기울이는 태도라고 할 수 있겠다.

공감을 잘하는 사람과 못하는 사람의 차이

그렇다면, 공감을 잘한다는 건 과연 무엇을 의미하는 걸까? 독심술사처럼 상대의 마음을 온전히 읽어내는 능력일까, 아니면 묵묵히 듣고 끄덕여주는 태도를 말하는 걸까? 반대로, 공감을 잘 못한다는 건 어떤 상태일까? 모두가 공감이 중요하다고 말은 하지만, 정작 진정한 공감을 경험하기가 말처럼 쉽지 않은 이유는 무엇일까?

우선 공감을 어려워하는 경우부터 살펴 보자. 공감 능력이 낮은 사람들에게는 몇 가지 공통된 특징이 있다. 첫째, 자기애적 성향이 강한 경우다. 이들은 상대방의 이야기를 들으면서도 금세 자신의 이야기로 전환해버린다. 이때 가장 많이 쓰이는 표현이 "나도 비슷한 경험이 있는데"이다. 사람들은 흔히 이런 표현이 공감과 이해를 표하는 것이라 생각하지만, 실은 그렇지 않다. 이야기의 초점을 교묘하게 상대의 힘듦에서 자신의 힘듦으로 옮겨 오는 일이나 다름없기 때문이다. 만약 이 뒤에 "그 정도면 괜찮은 거야" 같은 표현이 따라붙기라도 한다면, 공감을 위한 말하기로서는 0점짜리다.

둘째, 지나치게 사고 중심적인 사람도 공감이 어렵다. 이런 사람들은 늘 "그럴 땐 이렇게 해야 해", "그건 이래야 맞지" 같은 원리원칙적 사고에 갇혀 있다. 앞서 설명한 영화 속 공무원들처럼 말이다. 물론 원칙에 기반한 합리적 사고는 효율적인 행위를 위해 필수적인 능력이다. 그러나 중요한 것은 어디까지나 균형이다. 합리적 사고가 중요하다고 해서, 오직 그것만을 중시해서는 융통성 있는 대응이 어렵다.

셋째, 감정에 무딘 사람들도 공감에 서툴다. 이는 선천적인 기질일 수도 있고, 성장 과정 중에 형성된 성격일 수도 있다. 어쨌거나 이런 사람들은 자기 자신의 감정도 잘 인식하지 못하므로, 자연스레 타인의 감정 변화에도 둔감하다. 감정을 알아차리지 못하니, 그 감정에 반응할 줄도 모르는 것이다.

반대로 공감을 잘하는 사람은 앞서 언급한 특징들과는 정반대의 태도를 지닌다. 자기중심성에서 벗어나 타인의 감정에 집중하고, 감정의 중요성을 알고 있으며, 자신의 내면과 타인의 감정 흐름을 섬세하게 읽어낸다. 이런 능력을 가진 사람을 우리는 흔히 '정서지능이 높다'고 말한다.

정서지능이 높다는 건, 감정을 잘 인식하고 구분하며, 그 감정을 적절히 조절하고 표현할 수 있다는 뜻이다. 이는 타인의 감정을 공감하고 관계를 유지하는 데 결정적인 역량이 된다.

공감이 주는 효과

물론 이렇게 묻는 사람이 있을 수 있다. 공감은 꼭 필요한 걸까? 단지 말을 잘 듣고 고개를 끄덕여 주는 것 이상의 의미가 있는 걸까? 이런 질문에 답하려면 먼저 사람에게 감정이 얼마나 중요한 요소인지부터 살펴봐야 한다.

인간의 진심은 생각이나 행동보다는 감정에 더 가까이 있다. 생각은 바뀔 수 있고, 행동은 얼마든지 연기할 수 있다. 하지만 자극에 대한 즉각적인 감정 반응은 조작할 수 없는 진짜 마음이다. 감정은 생존을 위해 만들어진 생물학적 장치이기 때문이다. 생명을 지키기 위해 위험을 감지하고, 반응 속도를 높이기 위한 본능적 신호인 것이다.

이러한 본능으로 인해, 감정이 고조되면 뇌의 사고를 담당하는 전두엽 기능이 일시적으로 억제된다. 그래서 아무리 이성적인 사람이라도 분노하거나 슬픔에 잠기면 판단력이 흐려지고, 말이

귀에 들어오지 않는 것이다. 이런 감정은 애써 무시한다고 사라지지 않는다. 오히려 해소되지 못한 감정은 밖으로 나가겠다고 계속해서 신호를 보낸다. 항의하고, 거부하고, 폭발하기도 한다. 그렇기 때문에 문제를 해결하려면, 그 전에 먼저 감정을 해소해야 한다. '선해소, 후해결' 원칙이 감정을 다루는 가장 중요한 원칙인 이유다.

고양된 불쾌한 감정을 가라앉히는 데는 두 가지 방법이 있다. 하나는 주의를 다른 곳으로 분산시켜 일시적으로 잠재우는 방법이다. 심호흡이나 산책처럼 잠깐의 안정감을 주는 기법이 이에 속한다. 그러나 감정을 궁극적으로 감소시키는 방법은, 결국 발생한 감정을 느끼고 충분히 말, 글, 몸을 통해 밖으로 표현해 해소시키는 거다. 이때, 타인과의 공감이야말로 감정을 진정시키는 가장 자연스럽고도 강력한 방식이다.

공감이 잘 이뤄지면 몇 가지 놀라운 변화가 일어난다. 우리가 누군가에게 진심으로 공감받았다고 느끼는 순간, 그 경험은 자신의 존재를 있는 그대로 이해받는 느낌으로 다가온다. 이해받는다는 감각은 그 사람의 감정과 경험을 있는 그대로 인정받는 일이며, 이는 곧 자기 존재에 대한 긍정으로 이어진다. 그렇게 조금씩, 우리는 스스로를 존중할 수 있는 힘을 얻게 된다.

이렇게 힘을 얻으면 사람은 마음의 문을 연다. 방어적으로 감춰 두었던 감정과 생각을 드러내기 시작하는 것이다. 자신을 숨기지 않아도 괜찮다는 믿음이 들면, 관계는 한층 깊어지고 서로 간의 거리는 가까워진다. 이런 개방은 곧 유대감을 만들어 낸다. "나도 혼자가 아니구나"라는 감각은 고립에서 벗어나는 첫걸음이고, 때론 생명을 지키는 힘이 되기도 한다.

이처럼 공감은 진정한 나로 존재할 수 있게 도와준다. 더 이상 사회에 맞추기 위한 가면을 쓰지 않아도 된다는 경험은, 우리로 하여금 편안하게 그러나 진실하게 서로를 대하게 만든다. 그럴 때 비로소, 우리는 타인에게 진정한 관심을 가지게 된다. 자신과 타인의 욕구를 마주하고, 서로의 입장을 조율하며 함께 살아가는 법에 눈뜨는 것이다. 즉 공감은 진정한 인간관계로 나아가기 위해 가장 중요한 첫 발자국이라 할 수 있다.

공감을 잘하는 방법

공감은 특별한 재능이 아니라, 누구나 연습을 통해 익힐 수 있는 능력이다. 중요한 건 '어떻게 반응하느냐'보다 '진심으로 듣고자 하는가'다. 상대의 입장을 정확히 공감한다는 것은 어쩌면 불가능한 일이다. 그보단 상대의 주관적인 감정과 입장을 내가 이해하려고 노력하고 있음을 전달하는 게 중요하다. 공감을 잘하는 사람은 상대의 말에 귀를 기울이고, 있는 그대로 인정해준다. 반대로 공감이 서툰 사람은 종종 해결하려 들거나 조언을 먼저 꺼내기 쉽다. 하지만 공감의 시작은 판단보다 경청이다.

공감이 익숙하지 않다면, 가장 단순한 1단계부터 시작해 보자. 공감이 필요한 상황은 대개 불쾌한 감정을 느낄 때다. 이럴 때 상대의 심정이 정확히 어떤지 잘 모르겠더라도, 속상하고 불쾌하고 불편한 감정 상태인 것은 분명하다. 일단 "많이 속상하셨겠어요" 혹은 "마음이 많이 불편하셨겠네요"라고 말해 보자. 이러한 표현만으로도 누군가가 '그 마음을 알아주려 한다'라는 사실이 전달되어 위로가 되고 감정이 누그러지기 때문이다.

조금 더 나아가고 싶다면, 2단계로는 상대의 감정을 구체적으로 구분해 보는 연습을 추천한다. 그 속상한 마음이 '분노'인지, '서운함'인지, '불안'인지, '슬픔'인지 세분화해 알아주도록 노력하자. 그러면 "화가 나겠구나", "슬프겠다", "불안하구나"와 같은 구체적 감정을 공감할 수 있다. 상대의 이야기를 구체적으로 계속 듣다 보면, 어떤 감정인지 점차 짐작이 된다.

마지막 3단계는, 그 감정을 어떻게 느끼게 되었는지 그 마음을 알아주는 거다. 상대가 어떤 일 때문에, 무슨 생각을 했길래 그런 감정을 느꼈을지 충분히 듣고, 자신이 이해한 바를 표현하는 것이다. 적절한 표현은 공감의 필수 재료다. "네 마음을 무시당한 것 같아 화가 났구나", "상대에게 배려받지 못했다 생각되어 서운했겠어요"처럼 정확히 짚어줄 때, 상대는 진짜로 마음을 들여다봐 주는 느낌을 받는다.

감정은 언제나 배경과 맥락을 동반한다. 겉으로는 화처럼 보여도, 그 안에는 외면당한 슬픔이나 배려받지 못한 서운함이 숨어 있을 수 있다. 상대의 말에 담긴 사연을 주의 깊게 들을 때, 우리는 그저 감정을 짐작하는 수준을 넘어서, 그 마음이 왜 그런 모습으로 드러났는지를 이해하게 된다. 이 과정을 통해 우리는 단지 '듣는 사람'이 아니라, 진짜로 함께하는 사람이 된다.

　사실 우리가 누군가에게 정말 바라는 것은 당장의 해결책이 아닐지 모른다. 그저 내 이야기를 끝까지 들어주는 한 사람, 내 감정을 미루어 짐작해 주려는 대화 한 번이 수많은 조언이나 충고보다 더 귀할 수 있다. 이처럼 공감은 거창한 말보다, 조용히 들어주는 자세에서 시작된다. 그 마음이 있다면, 누구나 누군가에게 따뜻한 동반자가 될 수 있다.

혼자가 편한 게 아니라 상처받기 싫은 거였다

관계 맺기

외톨이에게도 소통은 필요하다

영화 〈김 씨 표류기〉는 사회에서 고립된 두 '김 씨'가 우연히 서로를 발견하고, 조금씩 관계를 맺어 가는 과정을 그린다. 남자 김 씨는 회사에서 해고당하고 빚에 허덕인 끝에 아내와도 이혼했다. 그는 절망 끝에 자살을 시도하지만 실패하고, 여의도 앞 무인도인 밤섬에 홀로 고립된다. 한편 여자 김 씨는 오랫동안 스스로를 방 안에 가둔 채 '은둔형 외톨이'로 살아왔다. 가족조차 만나지 않고, 온라인 세계에서만 가짜 관계를 맺으며 외로움을 견뎠다.

그러던 어느 날, 여자 김 씨는 망원경으로 우연히 밤섬에서 살아가는 남자 김 씨를 발견한다. 여자 김 씨는 그에게 호기심을 느껴 포도주 병에 담은 편지를 보내고, 남자 김 씨는 모래 위에 그 답장을 쓴다. 이렇게 두 외톨이는 서툰 소통을 시작한다. 남자 김 씨가 짜장 라면 봉투에 집착하는 모습을 본 여자 김 씨는 그를 위해 짜장면을 배달하는 작은 배려를 건네기도 한다. 이들은 마침내 직접 만나 서로의 존재를 두 눈으로 확인한다. 사소한 계기로 시작된 관심이 천천히 두 사람의 마음을 열고, 공감대와 유대감을 쌓으며, 마침내 관계를 형성한 것이다.

관계 맺기의 중요성

인간은 태어날 때부터 수많은 욕구를 가지고 태어나며, 그 욕구를 충족시키며 살아간다. 그중 인간에게서 특히 두드러지는 욕구가 바로 관계에 대한 욕구다. 혼자라면 먹기 어려운 음식도 함께라면 먹을 수 있고, 테니스나 배드민턴처럼 혼자서는 할 수 없는 운동도 할 수 있다. 나들이를 간다 해도 혼자 하는 나들이와 함께하는 나들이는 다르다. 이처럼 관계는 삶의 폭을 넓히며 다양한 욕구를 충족하는 통로가 된다.

그뿐만이 아니다. 관계 그 자체가 우리에게 기쁨을 주기도 한다. 우리는 관계 속에서 소속감을 느끼거나, 인정과 사랑을 받는다. 이러한 경험은 소속되고 싶은 욕구, 인정받고 싶은 욕구, 사랑받고 싶은 욕구를 충족시켜 준다. 이를 통해 우리는 정서적 안정과 행복을 얻는다. 이것이 단단히 뒷받침되어야 우리의 역량도 제대로 발휘할 수 있다.

이렇듯 관계는 우리 삶의 많은 부분을 차지하고 있다. 관계를 잘 맺으면 삶 전체가 더 풍성해지고, 활동도 활발해진다. 그러나 반대로, 관계가 잘 풀리지 않으면 외로움이나 소외, 분노, 수치심, 불안 같은 불쾌한 감정을 경험하기 쉽다. 관계는 우리를 기쁘게도 하지만, 상처 입히기도 하는 것이다.

그래서 인생을 행복하게 살아가고 싶다면, 무엇보다 관계를 잘 맺는 법을 배워야 한다. 관계를 잘 맺는 첫걸음은 거창한 것이 아니다. 수많은 사람과 동시에 친해지려 하기보다, 먼저 단 한 사람과의 관계부터 성실히 쌓아야 한다. 결국 조직이나 집단 또한 수많은 개인들이 모여 만들어진 것이니 말이다.

한 사람과 친밀하게 연결되면, 그를 매개로 더 넓은 인간관계 안으로 자연스럽게 스며들 수 있다. 새로 전학 온 학교에 아는 사람이 아무도 없더라도, 우선 옆자리 친구와 친해지고 나면 그 애의 다른 친구와도 친해질 수 있는 것처럼 말이다. 가족이든, 학교든, 직장이든, 어디서든 편안함과 소속감을 느끼며 살아가기 위해서는, 바로 이 '한 사람'과의 친한 관계를 맺어 보자. 그것이 이후 모든 관계의 출발점이 될 테니 말이다.

좋은 관계를 맺는 사람들의 비결

그렇다면 좋은 관계를 맺기 위해선 어떻게 해야 할까? 이 질문에 답하려면 먼저 사람들은 어떤 이들에게 끌리는지 이해하는 것이 필요하다. 관계는 우연히 맺어지는 듯 보이지만, 그 이면에는 다음과 같은 경향성이 있다.

첫째, 친숙성이다. 사람은 자주 접할수록 자연스럽게 호감을 느낀다. 반복적으로 얼굴을 보고, 함께 시간을 보내다 보면 정이 들고, 상대가 점점 편안하게 느껴진다. 상대의 행동이 쉽게 이해되고 예측이 되니, 긴장이 덜 되어 에너지 소모가 덜하다. 이렇게 형성된 편안함과 친숙함이 곧 상대에 대한 이해와 신뢰로 이어지는 것이다.

둘째, 유사성이다. 비슷한 관심사, 가치관, 성향을 가진 사람에게 우리는 더 쉽게 마음을 연다. 유사한 사람은 예측이 가능하고, 덜 낯설고, 상처받을 위험이 적다. 이처럼 닮은 사람들끼리는 서로를 이해할 가능성이 높다는 점에서 친밀감을 빠르게 키울 수 있다.

셋째는 근접성이다. 여기서 근접하다는 것은 물리적 거리를 의미한다. 즉, 가까운 곳에 있는 사람과 친해질 확률이 높다는 얘기다. 가까이 있으면 자연스럽게 접촉이 잦아지고, 심리적 부담도 줄어든다. 또한 취미, 가치관, 사회경제적 수준 등 여러 측면에서 유사할 가능성이 높다. 즉 물리적 거리의 근접은 친숙성과 유사성을 강화하는 역할도 한다.

넷째는 보상성이다. 관계를 통해 얻을 수 있는 이익이 있을 때 사람들은 더 끌린다. 예컨대 형편이 좋은 사람에게는 밥을 얻어먹을 수 있고, 똑똑한 사람에게선 배움을 얻을 수 있다. 이처럼 사람들은 금전적, 사회적, 정서적 보상 등 다양한 형태로 자신의 욕구를 충족해 줄 수 있는 상대에게 끌림을 느낀다.

그중에서도, 사람은 특히 스스로 부족하다고 느끼는 부분을 보완해줄 수 있는 상대에게 강한 매력을 느낀다. 혼자서는 충족할 수 없는 욕구를, 관계라는 우회로를 통해 보완할 수 있기 때문이다. 잘나고 유명한 친구 옆에 있으면 괜히 어깨가 으쓱해진다. 내향적인 사람은 외향적인 사람에게 끌리고, 학력에 열등감이 있는 사람은 학력이 좋은 사람에게 끌린다. 경제력이 부족한 사람은 경제력이 있는 사람에게 끌릴 수 있다.

다섯째, 유능성이다. 능력이 뛰어난 사람에게 존경과 호감을 느끼는 것은 자연스러운 일이다. 그러나 흥미로운 것은, 지나치게 완벽해 보이는 사람은 오히려 위협적으로 느껴질 수도 있다는 사실이다. 상대의 유능함이 자신의 열등감을 자극할 수 있기 때문이다. 그래서 유능함은 오히려 약간의 흠이 곁들여졌을 때 비로소 금상첨화가 된다. 그것이 타인에게 인간적인 면모로 느껴지기 때문이다.

그밖에도 관계 맺기에 유리한 성격적 특성은 다양하다. 어느 심리학 연구에 따르면 성실, 정직, 책임감, 유쾌함, 유머, 이해심, 배려, 따스함, 친절함 등의 성격을 지닌 사람이 그렇지 않은 사람에 비해 관계를 맺는 데 더욱 유리한 모습을 보였다. 관계를 맺고 싶은 사람을 만났다면, 이 원리들을 염두에 두고 다가가는 것이 도움이 된다

그런데 잘 생각해 보면, 이는 사실 우리 자신이 상대에게 바라는 덕목이기도 하다. 그리고 사람들이 좋아하는 성격 특성에는 공

통점이 있다. 바로 '안전'한 사람이라는 것이다. 자신을 속이거나 배신하지 않을 수 있는, 그래서 상처주지 않을 수 있는 사람을 선호하는 것이다. 누군가의 마음을 얻고 싶다면, 먼저 나 자신이 안전한 사람이 되어 보라. 상대의 입장을 이해하고 친절한 태도로 대하며, 따뜻한 말로 위로하는 사람 말이다.

관계 맺기를 망설이는 이유

그러나 모든 사람이 관계를 쉽게 맺는 것은 아니다. 어떤 사람들은 낯선 사람 앞에서 유독 경직되거나, 새로운 모임에 들어가는 것만으로도 부담을 느낀다. 이런 사람들에게 관계는 설렘보다 부담에 가깝고, 누군가와 이어지는 일은 기대보다 두려움에 가깝다. 이유는 단순하다. 상처받을까 봐 무서운 것이다.

영화 〈김씨표류기〉 속 두 주인공이 그렇다. 남자 김씨는 해고, 이혼, 빚이라는 연속된 상처 끝에 삶을 포기하려다 무인도에 고립되고, 여자 김씨는 학창 시절 외모로 인해 따돌림당한 후 스스로를 방에 가두어 세상과 단절된 삶을 택했다. 이들의 선택은 '혼자가 좋아서'가 아니라, '더는 상처받고 싶지 않아서'였다.

여기서 상처란 자신과 타인, 세상에 대해 가지고 있던 믿음이 깨지거나 흔들릴 때 정신세계가 요동치는 현상이다. 상처받은 사람들은 이와 관련해 타인이나 공동체는 물론이고 자기 자신조차 믿기 힘들어지곤 한다. 처음엔 놀라고 혼란스러워하다가, 화가 나고 서러워하며 수치심과 죄책감마저 느낀다.

그 결과 타인에게 상처받은 사람들은 또 비슷한 일을 겪을까 늘 긴장 속에 살아간다. 누군가의 말투, 표정, 분위기 속에서 작은 위협의 조짐만 느껴져도 재빨리 거리를 두고 상황을 피하려 한다. 이런 방어적 태도는 끊임없이 에너지를 소모하게 만들고, 점점 인간관계를 더 어렵고 지치는 일로 느끼게 만든다. 심할 경우, 타인에 대한 적대감이나 깊은 우울감으로까지 번지기도 한다.

이런 사람들은 혼자 있는 삶을 선택한 것이 아니라, 사실 상처 없는 삶으로 도망치는 것에 가깝다. 그들 안에도 여전히 누군가와 연결되고 싶은 마음은 존재한다. 다만, 마음을 열었다가 또다시 아플까 봐, 먼저 손을 내밀지 못하고 있을 뿐이다.

관계 맺기의 해법

상처를 안고 살아가는 사람에게 관계는 쉽지 않은 도전이다. 그러나 그럼에도 우리는 결국 누군가와 연결되며 살아갈 수밖에 없는 존재다. 그러니 관계를 시작하고 싶다면, 먼저 '안전한 사람' 하나를 선택해 보는 것이 좋다. 안전하다는 것은 쉽게 말해 나를 상처입히지 않을 것 같다는 뜻이다. 상대가 나를 판단하거나 공격하지 않을 거라는 믿음이 들어야 비로소 우리는 스스로를 드러낼 수 있다. 물론, 그런 사람과 가까워지기 위해서는 나 역시 상대에게 상처 주지 않을 사람이어야 한다 관계란 일방적인 피난처가 아니라, 서로가 서로에게 안전한 공간이 될 때에야 비로소 깊어지기 때문이다.

그다음엔 조금의 용기가 필요하다. 상대의 이름을 불러보고, 먼저 말을 건네고, 함께 활동해 보자. 혹시 상대도 가까워지고 싶으나 망설이는 중일 수 있으니 말이다. 대화를 나누고, 밥을 먹고, 함께 시간을 보내는 등 반복적인 사소한 경험 속에서 비로소 친숙함이 자라난다. 공통된 관심사를 나누며 유사성을 발견하고, 상대에 대한 이해가 깊어지면 자연스럽게 유대감도 생긴다. 관계는 어느 한 순간의 결심이 아니라, 그런 소소한 경험들이 쌓이면서 비로소 단단해지는 것이다. 물론 이때 속도 조절은 필수다. 관계는 빠르면 빠를수록 좋은 게 아니라, 서로가 받아들일 수 있는 안정적인 속도로 나아가야 한다.

이때 무엇보다 중요한 건, 관계를 지속하려면 보상이 필요하다는 사실이다. 얻는 게 있어야, 그 관계에 시간과 에너지를 투자하고 싶어진다. 이때 보상이 꼭 물질적인 것일 필요는 없다. 공감과 배려, 위로와 인정은 그 자체로 관계를 끈끈하게 붙여 주는 접착제가 된다. 상대에게 어떤 보상을 주어야 할지 잘 모르겠다면, 내가 상대에게 받고 싶은 마음을 주자. 내가 받고 싶은 건 타인도 받고 싶은 법이다. 누구나 사랑받고 싶고, 인정받고 싶다. 그러니 칭찬과 호감을 표현해 보라. 이렇게 양방향적 만족감이 생기면 관계가 잘 유지된다. 인간관계는 봉사가 아니기에, 서로의 욕구가 모두 충족되었을 때 그 관계를 지속하고자 하는 동기가 생긴다. 특히 조심해야 할 것은 한쪽이 일방적으로 자기 할 말만 늘어놓는 관계다. 이 경우 친밀감이 불균형해지기 쉽기 때문이다. 그러니 내 이야기만 늘어놓지 말고 상대가 이야기할 기회를 주자. 서로가 서로의 정서적 욕구를 충족시켜줄 수 있는 관계야말로 만족스러운 관계라 할 수 있다.

물론, 아무리 좋은 관계라 해도 갈등은 생기기 마련이다. 100번 잘해 주어도 1번의 잘못으로 서운하고 기분 나쁜 관계가 될 수 있다. 그 서운하고 상처받은 감정이 그대로 남아 계속 영향을 미치기 때문이다. 다만 중요한 것은 갈등이 있느냐 없느냐가 아니라, 그것을 어떻게 풀어가느냐다. 섭섭함이나 오해가 생겼을 땐, 너무 늦지 않게 솔직한 마음을 전하는 것이 좋다. 관계를 회복할 수 있는 가장 효과적인 방법은 진심 어린 사과다. 말하지 않으면 잘 모른다. 상대에 대한 마음을 표현해 보는 거다. 다만 그 솔직함 속에는 반드시 배려가 담겨야 한다. 내 감정을 이야기하면서도 상대의 입장을 이해하려는 태도야말로 갈등을 회복으로 이끄는 유일한 길이다.

시간이 지나면 우리는 결국, 겉모습이나 이미지가 아니라 '있는 그대로의 나'를 알아봐 주는 사람과 오래 남게 된다. 그렇기에 진짜 나를 보여주는 용기 또한 필요하다. 물론 거부감이 들 수도 있다. 하지만 그것은 대개 관계 자체의 문제라기보다 내 마음의 문제인 경우가 많다. 스스로를 사랑하고 인정하며 자존감을 키우면 솔직해지기도 쉽다. 자존감이 깔린 진정성 있는 관계만이, 상처를 피하려는 얄팍한 가면보다 더 오래 살아남는 법이다.

물론 이를 처음부터 잘 지키는 사람은 드물다. 어쩌면 첫 단추부터 잘못 끼웠고, 앞으로 새로운 관계를 맺기란 불가능하다는 생각이 들 수도 있다. 하지만 사람들은 생각보다 우리에게 깊은 관심이 없다. 그간 관계에 서툴러 상처를 받거나 실수를 했더라도, 다시 밝고 자신 있게 행동하면 대개는 그 새로운 모습에 맞춰 반응한다. 한 번의 실수나 움츠림이 전부를 결정짓지 않는다. 지금 이 순간, 지금의 모습으로 다시 관계를 시작해도 늦지 않다. 관계는 한 번 틀어졌다고 끝나는 것도 아니고, 우리가 바뀌면 얼마든지 다시 열릴 수 있다.

결국 관계를 잘 맺는다는 것은, 상처 없는 내가 되는 것이 아니라, 상처를 품은 채로도 다시 한 발 내딛는 일이다. 우리를 정말로 두렵게 하는 것은 타인이 아니라, 다시 상처받을까 스스로를 움츠리게 만드는 내 마음이다. 그 마음을 이해하고 다독여야 한다. 그렇게 자신을 토닥이며 용기를 낼 때, 우리는 조금씩, 그러나 분명하게 사람 곁으로 되돌아갈 수 있다.

처음부터 잘하려고
애쓰지 마라

완벽주의

완벽하지 않으면 안돼

예준 씨는 어릴 때부터 부모의 기대를 한 몸에 받으며 자랐다. 차분하고 반듯한 성품을 가진 그는 공부도 잘했고, 운동도 잘했다. 예준 씨는 부모가 원하는 '완벽한 사람'이 되고 싶었다. 그래서 일찍부터 스스로를 엄격하게 다스렸다. 술이나 담배를 멀리했고, 공부나 일과 관련된 자료는 라벨을 붙여 정확히 정리했다. 선을 그을 때는 반드시 자를 대고 곧게 그었으며, 자신의 물건은 늘 정해진 자리에 있어야만 마음이 편했다.

발표나 보고서 제출을 앞두고는 미리 충분한 시간을 확보해 치밀하게 계획을 세웠다. 예기치 않은 약속이나 친구들의 번개 모임에도 좀처럼 응하지 않았다. 결과적으로 그는 전교권에 들며 좋은 성적을 거뒀고, 일류 대학 공학과에 입학할 수 있었다.

하지만 대학 공부는 점점 더 어려워졌다. 매 수업마다 쪽지 시험과 보고서 제출이 끝없이 이어졌다. 특히 그는 쪽지 시험에서 첫 문제를 풀지 못하면, 다음 문제로 넘어가지 못하고 발이 묶이곤 했다. 문제를 완벽히 매듭짓지 못하면 견딜 수 없었던 것이다. 그런 강박감은 점점 그의 발목을 잡았고, 결국 퀴즈를 대부분 풀지 못한 채 답안지를 제출하는 일이 잦아졌다.

완벽주의란 무엇인가

완벽주의는 한마디로 정의하기 어렵다. 왜냐하면 '완벽'이라는 개념 자체가 현실에는 존재하지 않는 이상이기 때문이다. 다만 일반적으로 완벽주의란, 지나치게 높은 기준을 스스로 설정하고, 이를 성취하려는 성향을 의미한다.

이러한 완벽주의에도 종류가 있는데, 크게는 '적응적 완벽주의'와 '부적응적 완벽주의'로 나눌 수 있다. 적응적 완벽주의는 높은 목표를 추구하면서도 결과를 수용할 때는 유연한 태도를 견지한다. 반면 부적응적 완벽주의는 비현실적이고 지나치게 엄격한 기준을 세우고, 그 기준에 미치지 못했을 때 자신을 심하게 비난하거나 실패로 인식하는 특징이 있다.

이처럼 두 유형 모두 목표를 설정하는 과정에서는 비슷해 보이지만, 결과를 받아들이는 태도에서 결정적인 차이가 난다. 적응적 완벽주의는 결과를 그대로 받아들여 성장과 발전을 추구하는 데 비해, 부적응적 완벽주의는 결과에 지나치게 비판적이다. 터무니없이 높은 기준을 세워 놓고, 이에 도달하지 못하는 결과는 전부 실패로 간주하는 것이다. 그 결과 발전이 아닌 좌절과 비난으로 이어진다.

결국 부적응적 완벽주의는 일상생활에도 부정적인 영향을 미친다. 기대한 결과에 도달하지 못할까 봐 심한 불안과 무력감을 느끼고, 이러한 반복이 삶 전반에 걸쳐 자존감을 갉아먹게 된다. 현실에서는 완벽이란 존재하지 않기 때문에, 부적응적 완벽주의자는 스스로를 영원히 만족시키지 못하는 고통스러운 삶을 살아가게 되는 것이다.

부적응적 완벽주의의 영향

부적응적 완벽주의자는 일상 속에서 다양한 심리적 어려움에 직면한다. 그 대표적인 예는 바로 불안이다. 결과에 지나치게 집착하고, 실패할까봐 두려워하며 불안해하는 것이다. 어차피 실패할 게 뻔하다고 생각하므로, 결과를 향해 나아가는 과정 자체가 부담스럽고 그 끝을 마주하기도 무서워한다. 정확히는 실패로 끝날 자기 자신이 두려운 것이다.

그래서 이들은 스스로에게 엄격하게 굴고, 작은 실수나 불완전함이 있으면 실패로 취급한다. 그러나 기준이 지나치게 높다는 완벽주의의 특성상, 이들이 성공을 경험할 가능성은 매우 적다. 이렇게 실패를 거듭 경험하게 되면, 일상적인 활동에서조차 과도한 에너지를 소모하며 긴장도와 불안감이 높아진다. 에너지 사용의 효율성이 떨어지는 것이다.

이러한 상태가 오래 지속되면 자기 존재를 긍정하는 힘이 약해진다. 자기 자신의 존재 가치를 성취에 따라 평가하는 데 익숙하기에, 그 기준에 맞추지 못하는 자신이 한심하다고 생각하게 된다. 심리학에서는 이를 두고 자기 가치감과 자기 존재감이 낮다고 한다. 같은 이유로 부적응적 완벽주의자는 자존감이 낮고, 자신이 능히 목표를 향해 나아갈 수 있다는 자기효능감 역시 크게 떨어진다.

그 결과 부적응적 완벽주의자는 크게 두 가지 행동 경향을 보인다. 하나는 회피다. 실패하는 것이 두려우니 차라리 시도나 노력조차 하지 않겠다는 것이다. 그 결과 완벽주의적 성향을 가졌으면서 오히려 일을 미루거나 시험을 응시하지 않기도 한다.

그러나 정 피할 수 없는 경우가 있다. 이럴 때 부적응적 완벽주의자는 우울과 무기력에 빠진다. 완벽이란 불가능한 걸 알지만, 그렇다고 실패를 받아들이기는 너무 두렵다. 이렇게 빠져나갈 길 없는 딜레마에서 답답함과 무력함을 느끼는 것이다.

이러한 정도가 심해지다 자해에 손을 대는 사람도 있다. 결과를 내지 못하는 자신이 밉고 원망스럽기도 하거니와, 자해로 '아프다'는 통증을 느끼고 이 순간 신체 감각을 통해 고통을 느끼며 비로소 살아있다는 현실감을 느낄 수 있기 때문이기도 하다. 심하게는 환각을 경험할 수도 있는데, 이는 자신에 대한 뒤틀린 기준

때문에 스트레스가 감당할 수 있는 수준을 벗어나면서 현실 검증 능력이 흔들리기 때문이다.

그보다 더 일반적인 증상을 찾자면 강박증을 예로 들 수 있다. 강박증을 겪는 사람들은 불완전함이나 불확실성을 극도로 두려워한 나머지 매사에 견디기 힘들 정도의 찝찝함과 불안함을 느낀다. 이러한 불편감을 줄이기 위해 자신만의 의식을 찾는데, 그것이 반복적이고 통제하기 어려운 행동 즉 강박적 행동이다. 이를테면 물건을 일정한 방식으로 배열하거나, 매일 정해진 루틴을 지키는 데 집착하는 식이다. 일이 잘못될 것 같다는 불안한 생각이 떠올랐을 때, 행운의 숫자 7을 계속 되뇌는 등 특정 생각을 반복하거나 손 씻기 등 특정 행동을 반복하기도 한다. 이를 통해 불확실함이 낳는 불편감을 조금이라도 덜어내려는 것이다.

더 나은 사람이 되려는 마음 때문에 더 고통스러워지다니, 아이러니하지 않은가. 이처럼 완벽을 향한 집착은 결과적으로 우리 삶을 망가뜨릴 수 있는 독이 될 수 있다.

왜 완벽주의자가 되는가

완벽주의는 단지 개인의 성향만으로 형성되지 않는다. 많은 경우, 그 뿌리는 어린 시절의 양육 경험에 깊이 닿아 있다. 특히 부모의 영향이 결정적이다. 완벽주의자의 부모 역시 완벽주의자일 가능성이 높다는 것이다. 부모가 아이에게 엄격한 기준을 요구하고, 실수나 실패에 민감하게 반응하는 평가적인 태도를 보이면, 아이는 비난이나 꾸중을 피하기 위해 점점 더 완벽을 추구하게 된다. 실수를 허용하지 않는 분위기에서 자란 아이는 '부족하면 사랑받지 못한다'는 신념을 내면화하기 쉽다.

이러한 환경에서 자란 사람들은 대개 '성과에 따른 조건부 사랑'을 경험한다. 즉, 어떤 기준에 도달했을 때에만 인정과 애정을 받을 수 있다는 메시지를 반복적으로 받아들이며 성장하는 것이다. 이들에게 성취는 단지 결과 그 이상이다. 그것은 자신이 사랑받을 수 있는 자격을 증명하는 수단이자, 존재 가치를 입증하는 방법인 것이다. 그러니 자연스레 "잘하지 못하면 무가치한 사람"이라는 극단적인 사고방식에 사로잡히게 된다.

이런 의미에서 부적응적 완벽주의는 일종의 허무주의와 닮아 있다. '완벽하지 않으면 아무 의미 없다'는 인식은 흑백논리로 삶을 바라보게 만든다. 완전하거나 아니면 무가치한 것뿐이라는 사고방식 말이다. 그러니 조금 부족하거나 어설픈 순간은 참을 수 없는 실패가 되어 버린다. 결국 완벽주의란 이처럼 잘못 형성된 가치관 속에서 살아남기 위한 몸부림이다. 실은 삶의 의미 자체를 갉아먹는 아이러니를 안고 있지만 말이다.

| **완벽주의에 대한 해법**

완벽주의는 겉보기에 성실하고 이상적인 태도로 보이지만, 그 안에는 늘 자신을 옥죄는 긴장과 불안이 자리하고 있다. 기준에 도달하지 못했다는 이유만으로 좌절하고, 조금의 실수에도 스스

로를 몰아세운다. 결과에 집착할수록 현재를 누릴 수 없고, 성취가 있어도 허무감이 남는다. 그렇게 완벽주의는 삶을 밝히기보다 점점 그늘지게 만든다.

그러나 완벽주의 자체가 반드시 나쁜 것은 아니다. 단지, 그 방향이 문제일 뿐이다. 부적응적 완벽주의에서 벗어나, 건강한 완벽주의로 나아가야 한다. 그 차이는 바로 결과에 대한 태도가 가른다. 중요한 것은 '완벽해지는 것'이 아니라, '더 나아지려는 노력 그 자체'에 의미를 두는 태도다. 목표를 향해 최선을 다하되, 결과에 대해 지나치게 스스로를 평가하거나 몰아세우지 않는 것. 그 결과가 기대에 미치지 못하더라도 차분히 받아들이고 그 속에서 의미를 찾는 태도. 그것이 바로 건강한 완벽주의다.

눈앞의 결과에 일희일비하지 않기 위해서는, 결과물과 자신을 분리해서 생각하는 연습이 필요하다. 결과는 결과고, 나는 나다. 결과가 좋지 않다고 해서 내 존재 가치가 사라지는 것은 아니다. 이처럼 부적응적 완벽주의를 건강한 완벽주의로 바꾸기 위해선, 나 자신의 존재와 가치에 대한 근거를 성취가 아닌 다른 것에서 찾아야 한다. 그것은 바로 나 자신이다.

그러기 위해선 평소에 자신을 다독이는 연습이 필요하다. "이 정도면 잘했어", "실수해도 괜찮아", "다음에 더 잘할 수 있어" 같은 말을 스스로에게 건네보라. 그 말이 처음에 어색하고 믿기지 않더라도, 자주 반복하다 보면 내면에 천천히 스며들기 시작할 것이다.

내가 스스로에게 자주 하는 말이 있다. "최선을 다해 노력하되, 그 결과를 판단하지 마라" 결과가 어떻게 될지 판단하는 순간, 불안 등의 불쾌한 감정이 발생해 최선을 다하는 노력의 과정에 쓰일 에너지를 뺏어간다. 그러니 불필요한 판단을 멈추자. 그 결과는 무엇이든, 최선을 다한 결과다. 그러니 "조금 모자라도 괜찮아", "지금 이 순간 최선을 다한 네가 소중해"라고 스스로에게 말하라. 완벽하지 않은 나를 인정할 수 있을 때, 비로소 삶은 견디는 것이 아니라 살아가는 것이 된다.

완벽한 세상은 없다. 세상의 모든 것은 연속선 위에 있을 뿐, 0 아니면 100으로 나뉘는 게 아니다. 그저 내가 한 만큼 얻고, 그 결과를 받아들이며 살아가는 것이다. 완벽하지 않아도 충분히 괜찮은 내가 있다는 사실을 수용하고, 차고 넘치도록 칭찬을 해 주자. 그래도 된다. 그걸 받아들이는 순간부터 삶은 조금씩 가벼워지고, 지금보다 더 따뜻해질 수 있다.

불안이란 이름의
허깨비에 속지 마라

불안

사람들과 함께 있는 것 자체가 불안하다

다연 씨는 어릴 때부터 늘 수줍음이 많고 예민한 아이였다. 그래서인지 그녀의 하루는 늘 긴장 상태였다. 초등학교 시절엔 또래 아이들과 어울리는 것조차 불편하게 느껴져 혼자 떨어져 있는 일이 잦았고, 교실에서도 주로 책을 읽으며 조용히 시간을 보냈다. 발표를 하거나 친구들과 대화할 때는 몸이 굳고 손톱을 물어뜯는 습관이 생겼다. 마음속 불안함을 증명하듯 그녀의 손톱은 늘 짧고 너덜거렸고, 눈은 떨리듯 자주 깜빡였다.

하지만 다연 씨의 부모는 그런 모습을 이해하기보다는 못마땅해했다. 급기야 야단을 쳐서라도 자녀의 태도를 교정하고자 했다. 하지만 그럴수록 다연 씨는 점점 더 위축되었다. 어른들이 자신을

'버릇없는 나쁜 아이'로 볼 것 같다는 생각에 눈을 마주치는 것조차 어려웠고, 사람들의 시선이 항상 자신을 향하는 듯한 느낌에 시달렸다. 누군가와 대화 중 눈이 마주치기라도 하면 숨이 막힐 듯 당황해 몸이 얼어붙었고, 학교에 가는 일조차 점점 더 부담스럽게 느껴졌다.

심한 불안 속에서 다연 씨는 침을 자주 삼켰다. 그리곤 그 소리를 옆 사람이 들을까 봐 더 불안해했다. 이런 악순환이 반복되니 집중력이 흐려져 성적은 떨어졌고, 부모는 그런 딸을 향해 정신을 차리라며 또다시 다그쳤다.

불안이란 무엇인가

불안을 한 번도 느껴보지 않은 사람은 없을 것이다. 시험을 앞두거나 사람들 앞에 서야 할 때, 혹은 사랑하는 사람의 안부가 걱정될 때 누구나 불안을 경험한다. 어쩌면 우리는 태어나는 순간부터 죽는 순간까지, 다양한 형태의 불안을 안고 살아가는 존재일지도 모른다.

불안은 무언가 잘못될까 봐 걱정스럽고 조마조마한 마음을 말한다. 이럴 땐 몸과 마음에 여러 변화가 나타난다. 첫째, 자율신경계 중 교감신경이 활성화되면서 심장 박동이 빨라지고 호흡이 가빠지며 땀이 나는 등, 몸이 위협에 대비하는 긴장 상태로 돌입한다. 둘째, 주의의 폭이 좁아진다. 위험과 관련된 자극에 신경이 쏠리고 그 외의 정보는 잘 인식되지 않는다. 셋째, 머릿속은 걱정으로 가득 차게 되며, 넷째, 이러한 상태가 행동으로도 드러나 안절부절못하거나 회피하는 등의 반응을 보인다. 더불어 불안을 낮추기 위한 다양한 반복 행동이나 습관들도 동반된다. 손톱을 물어뜯거나 몸을 만지작거리는 행동, 특정 단어를 반복하거나 손 씻기, 물건 정돈 같은 강박적인 행동 등이 대표적이다. 때로는 짜증, 예민함, 과도한 감정 반응으로 표출되기도 하고, 알코올이나 게임 등 자극적인 것에 몰두하며 도피하려 하기도 한다.

이러한 반응은 우리 자아가 불안을 감당하고 조절하려는 일종의 방어 기제다. 하지만 불안이 지나치게 심해지면 자아가 감당하지 못하고 무너지는 경우도 있다. 현실과 상상의 경계가 흐려져 환각이나 망상으로 이어지거나, 극단적인 생각과 충동으로 이어질 수 있다. 집중력과 판단력이 떨어지고, 감정 조절이 어렵고, 인간관계를 유지하기 힘들어지며 일상 기능이 전반적으로 저하되는 경우도 있다.

그럼에도 불구하고 불안 자체가 나쁜 감정인 것은 아니다. 사실 불안은 우리 본능에 새겨진 생존 신호다. 잠재적인 위험에 대비하고 적응하기 위해 울리는 일종의 경보인 셈이다. 적절한 수준의 불안은 오히려 집중력을 높이고 학습 능력을 향상시키는 데 도움이 된다. 예컨대 시험을 앞두고 약간의 긴장감을 느낄 때 공부에 몰입할 수 있는 것도 이 때문이다.

문제는 이 불안이 불필요할 정도로 높아질 때인데, 그 기준은 크게 세 가지다. 첫째, 실제로는 위험하지 않은 대상이나 상황에 대해 과도한 불안을 느낄 때, 둘째, 위험 요소는 존재하지만 실제보다 훨씬 심각하게 느낄 때, 셋째, 위협이 사라졌는데도 불안이 멈추지 않을 때다. 자라 보고 놀란 가슴이 솥뚜껑에도 놀라는 것처럼, 이미 사라진 자극에까지 예민하게 반응하는 경우다.

불안을 다스린다는 건 잘못된 감정을 억누르는 게 아니라, 그 감정이 내 삶을 방해하지 않도록 균형을 되찾는 일이다. 불안을 온전히 없애는 것이 아니라, 그것과 함께 살아가는 법을 배우는 것이 더 중요하다.

불안은 언제 어떻게 찾아오는가

불안이 찾아오는 상황을 생각해 보자. 엄마에게 혼날 짓을 저질렀다든가, 밤길을 혼자 걸을 때가 대표적인 예다. 이때 우리 머릿속을 뒤덮는 건 '위험할지도 모른다'라는 생각이다. 즉 불안은 위험의 가능성을 감지한 순간 시작된다.

이 '위험하다'는 생각은 주로 세 가지 이유로 발생한다. 첫째, 미래가 불확실할 때다. 낯선 장소에 가거나 예상치 못한 상황을 마주했을 때처럼 결과를 예측할 수 없을 때, 우리는 대비가 되지 않아 불안해진다. 둘째, 과거에 큰 상처나 충격을 받은 경험이 있을 때다. 특히 그 경험이 아직 마음속에서 잘 정리되지 않았을 경우, 우리는 비슷한 상황이나 분위기만 마주해도 다시 그때처럼 상처받을까 봐 긴장하고 경계하게 된다. 셋째, 미디어에서 쏟아지는 각종 사건사고의 보도 역시 우리 마음에 불안을 심는다. 자신과 비슷한 처지의 인물이 사고를 당하는 장면을 반복해서 보다 보면, '내게도 이런 일이 닥칠 수 있다'는 불안감이 점점 커지게 된다.

이렇듯 우리는 늘 불확실하고 예측할 수 없는 현실 속에서 살아간다. 즉 불안이 전혀 없는 삶은 불가능하다. 결국 중요한 것은 불안 자체를 없애는 것이 아니라, 내가 감당할 수 있는 불안의 크기를 조절하는 일이다. 모든 사람이 불안을 담아낼 수 있는 그릇을 타고나는데, 그 크기에는 개인차가 있다. 따라서 중요한 것은 내 그릇에 넘치지 않도록 조심스럽게 불안을 다루는 법을 배우는 것이다. 내 삶의 흐름을 멈추지 않을 정도로, 적절하게 불안을 받아들이고 관리하는 것이야말로 건강한 삶을 위한 시작이다.

유독 쉽게 불안을 느끼는 이유

그런데 같은 상황이라도 불안을 느끼는 정도는 사람마다 다르다. 누군가는 작은 자극에도 쉽게 불안해하고, 누군가는 비교적 태연히 넘기기도 한다. 그 차이는 어디에서 비롯될까?

먼저 타고난 기질의 영향을 무시할 수 없다. 원래부터 긴장감이 높고 예민한 사람은 자극에 민감하게 반응하며 불안을 더 쉽게 경험한다. 이런 기질은 유전되는 경향이 있어, 부모나 조부모 세대와도 연결되어 있는 경우가 많다. 즉, 불안은 어느 정도 선천적인 경향성을 가지고 태어나는 감정이기도 하다.

하지만 기질만큼이나 중요한 건 자라온 환경, 특히 애착 관계의 형성이다. 어린 시절 안정적인 애착을 경험하지 못한 아이는 주변 세계를 불안정한 것으로 인식하게 된다. 불안정 애착에는 2가지 종류가 있는데, 그중 하나는 '회피 애착'이다. 예컨대 양육자가 아이의 욕구 충족을 거부하거나 회피할 때, 아이 역시 양육자와의 관계를 회피하는 모습을 보인다. 이렇게 성장한 사람은 이후 다른 친밀한 관계에서도 쉽게 불편이나 불안을 느끼며, 거리를 두고 피하려 한다.

한편 양육자가 어쩔 때는 거칠게 화를 내고, 어쩔 때는 따스하게 보듬어주는 등 예측 불가능한 태도를 보이는 경우가 있다. 이 경우 아이는 양육자가 언제 다시 폭발할지 모른다는 불안을 느낀다. 이런 경우를 '불안-양가적 애착'이라고 하는데, 이렇게 성장한 사람들은 상대에게 집착하면서도 동시에 의심하는 양면적인 모습을 보인다. 어린 시절 결핍된 욕구에 매달리면서도 그것이 좌절될까 봐 불안해하는 것이다.

여기에 더해, 성장 과정에서의 충격적인 사건이나 상처는 불안을 더욱 심화시킬 수 있다. 가족이나 자신이 겪은 사고, 폭력, 따돌림 같은 경험은 이전까지의 평온한 세계관을 깨뜨린다. '설마 나한테 그런 일이?'라는 믿음이 무너지고, '언제든 나에게도 끔찍한 일이 벌어질 수 있다'는 불안이 자리 잡는 것이다. 특히 이런 경험이 반복되거나 처리되지 못한 채 남아 있을 경우, 비슷한 상황이나 분위기만 마주쳐도 몸과 마음은 경고를 울리며 불안해진다.

결국 불안은 타고난 기질, 형성된 애착, 그리고 삶에서 겪은 경험이 복합적으로 얽힌 결과다. 쉽게 불안해지는 자신을 탓하기보다, 왜 그런 감정이 생겨났는지를 차근히 이해해야 한다.

불안에 대한 해법

하지만 이러한 불안은 알고 보면 허상의 감정이다. 그것은 아직 일어나지 않은 일에 대해, 혹은 일어나지 않을 가능성이 더 큰 일에 대해 우리가 떠올린 생각이 만들어낸 감정이기 때문이다. 다시 말해, 불안의 핵심은 현실이 아니라 '걱정스러운 생각이 만들어낸 허상'이다. 경계를 침범당했을 때의 분노나, 소중한 걸 잃었을 때의 슬픔과는 다르다. 실제로 위험이 닥친 것이 아니라, 머릿속에서 그 위험을 미리 상상하며 스스로 불안해지는 것이다.

이럴 때 가장 먼저 추천하는 해법은 '구체화'다. 막연하게 불안해하는 대신, 지금 내가 무엇 때문에 불안한지 구체적으로 적어보는 것이다. 그리고 각각에 대해 내가 지금 무엇을 할 수 있는지 구체적인 방법을 써보며 현실적으로 따져 보자. 중간고사 시험성적이 걱정된다면, 지금 할 수 있는 것은 시험 공부일 테니 구체적인 준비 일정을 짜 보는 것이다. 막연한 감정은 더욱 크고 무겁게 느껴지지만, 글로 써 보면 그것이 실제로 얼마나 현실적인 걱정인지, 내가 지금 무엇을 할 수 있는지 객관적으로 판단할 수 있다. 예를 들어 "모임에 참석한 사람들이 모두 나를 싫어할 것 같아"라는 막연한 생각이 들 때, 그 모임의 구성원 하나하나를 떠올리며 실제로 그런 가능성이 있는지 따져보는 것이다. 그렇게 생각의 안개가 걷히면, 불안도 함께 옅어진다.

다음으로는, 긴장 수준을 낮추기 위한 테크닉을 실천해 보는 것이다. 호흡을 깊게 하고 천천히 내쉬는 호흡법, 근육의 힘을 주었다 빼는 신체 이완 훈련, 판단을 내려놓고 현재에 집중하는 명상과 마음챙김은 모두 불안을 진정시키는 데 효과적이다. 이 과정에서 중요한 것은 '섣불리 판단하지 않고 현실에 머무르며 그대로 바라보고 수용하는 자세'다. 불안은 우리 생각과 판단에서 나온다. 그러니 불필요한 판단을 멈추어 보자. 불안을 없애야 한다는 강박 대신, 그저 있는 그대로 불안을 바라보고 받아들이는 태도가 오히려 긴장을 푸는 데 도움이 된다.

물론 이 모든 노력에도 불구하고 사라지지 않는 불안이 있다. 이는 인간이라면 누구나 마주하게 되는 '실존적 불안'이다. 인간은 본질적으로 완벽할 수 없는 존재다. 어느 길을 선택해도 그 결정이 최선이었는지 확신할 수 없기에 우리는 늘 불안할 수밖에 없다. 하지만 실존적 불안은 잘못된 것이 아니다. 그것은 인간이기에 피할 수 없는 감정이며, 오히려 그것을 견디는 법을 배워가는 것이 성숙이다. 그런 불안은 피하면 피할수록 커지는 법이다. 오히려 불안한 대상이나 상황에 노출하는 게 가장 효과적인 치료일 수 있다. "괜찮아"라고 되뇌며 실존적 불안과 친구가 되어 보자. 오히려 편안해지며 보다 현명하게 행동하고 대처할 수 있게 될 것이다.

아울러, 불안을 줄이기 위해 안정감을 주는 인간관계를 곁에 두자. 애착과 친밀감을 느끼는 사람과 함께 안정적으로 의지할 수 있는 관계를 맺으면, 살아가면서 느끼게 되는 다양한 불안을 완충시킬 지지와 위안을 얻을 수 있다. 다시 말해, 불안은 없애는 것이 아니라 함께 나아가는 것이다.

삶이란 불확실한 것을
받아들이는 것이다

용기

도전이야말로 용기를 만든다

영화 〈월터의 상상은 현실이 된다〉의 주인공 월터는 잡지사에서 일하는 소심한 직장인이다. 늘 작업실에서 사진만 다룰 뿐, 멀리 여행을 가거나 새로운 도전을 해 본 적도 없다. 연애를 제대로 해 본 적도 없다. 그저 동료인 셰릴을 멀리서 짝사랑할 뿐이었다.

사건은 월터가 잡지 폐간호의 표지로 쓰일 중요한 필름을 잃어버리면서 시작된다. 사진작가인 숀에게 다시 보내달라고 연락하면 될 일 같아 보이지만, 문제가 있었다. 숀이 월터와 달리 전 세계를 떠돌아다니는 방랑자였던 것이다. 우편만 기다려서는 잡지의 마감을 지키기는 어려운 상황. 결국 월터는 직접 숀을 만나 필름을 받아오고자 인생 첫 모험을 시작한다.

그 과정에서 월터는 점점 변하기 시작한다. 난생처음 헬리콥터를 타고, 손이 있을지 없을지도 모르는 배를 향해 뛰어들다가 바다에 빠지기도 하며, 분화 중인 화산에 다가갔다가 화산재를 뒤집어쓰기도 한다. 이로써 월터는 비로소 용기란 거창한 결심이 아니라 결정적인 순간 한 발짝을 내딛는 작은 행동임을 깨닫는다. 그렇게 긴 여행에서 돌아온 월터는 용감하고 멋진 남자가 되어 셰릴에게 자신의 마음을 고백할 용기를 낼 수 있었다.

용기란 무엇인가

용기란 두렵지만 회피하지 않고, 위험이 따를 수 있는 상황에서도 행동을 취하는 것을 말한다. 이는 단순히 무모하게 덤벼드는 것과는 다르며, 두려움을 인식하고도 한 걸음 내디딜 수 있는 힘에서 비롯된다. 용기를 다른 감정과 구분할 수 있는 중요한 포인트를 살펴 보자.

첫째, 용기 있는 사람은 위험성을 현실적으로 파악한다. 위험성을 지나치게 과소평가해 경솔한 행동을 하는 것은 용기가 아니라 무모함이다. 반대로 위험성을 과대평가해 도전 자체를 포기하는 것은 비겁함으로 이어진다. 진정한 용기는 위험을 있는 그대로 인식하고도 그 상황을 감당하는 태도에서 나온다.

둘째, 용기 있는 사람은 두려움을 인정한다. 용기란 두려움이 없는 상태가 아니다. 오히려 두려움을 느끼고도 행동하는 것이다. 두려움을 느끼지 못한 채 취하는 행동은 용기가 아니라 만용이다.

'두렵지만 해 보겠다'라는 마음이야말로 진짜 용기다.

셋째, 용기는 공적인 가치와 관련이 있다. 두려움에도 불구하고 용기를 내 행동할 수 있는 이유는 도덕적 양심, 사회적 가치, 자유 등 지키고자 하는 가치가 존재하기 때문이다. 예를 들어, 사회적 비난을 무릅쓰고 조직의 부당함을 폭로하는 사람은 집단 따돌림과 불이익을 당할 것을 알면서도 양심이라는 더 큰 가치를 위해 용기를 낸 것이다. 만약 같은 행동을 하더라도 사적인 이익이나 복수 등이 동기였다면, 이는 오히려 비겁한 행동이다.

이처럼 용기란 무모함이나 고집이 아니라, 두려움을 직시하고 그 속에서 소중한 것을 지켜내기 위해 행동하는 힘이다. 두려움을 피하는 대신 그것과 함께 자발적으로 나아가는 자세가 용기의 본질이라 할 수 있다.

용기를 내지 못하는 이유

그런데 우리는 때로 용기가 필요한 상황에서도 용기를 내지 못한다. 아무리 스스로를 다잡아도, 위험 앞에서 주저하고 물러나는 이유는 무엇일까? 그 답은 바로 두려움과 공포라는 감정 속에 있다.

두려움과 공포는 위험에 대한 본능적 반응이다. 우리가 잠재적인 위협을 느낄 때, 몸은 생존을 위해 빠르게 대비 태세를 갖춘다. 그런데 이는 사실 매우 불편하고 고통스러운 상태다. 교감신경계가 활성화되면서 심장 박동이 빨라지고, 호흡이 가빠지며, 혈압이

상승하기 때문이다. 그뿐만 아니라 몸의 각성 수준이 급격히 올라가면서 소화 기능은 억제되고, 근육은 긴장 상태가 된다.

게다가 사람은 불안해지면 외부의 위험에 초점을 맞추면서 그것에 주의를 빼앗긴다. 그러다 보면 모든 게 위험해 보이고 두려워진다. 온 신경이 위험과 관련된 자극에 쏠리면서, 점점 더 불상사에 대해서만 생각하게 되는 것이다. 이렇게 위험을 과장하여 받아들이다 보면 용기가 날 턱이 없다. 이 모든 걸 이겨내고 용기를 내기란 참으로 어려운 일이다.

특히, 이런 두려움과 공포를 과도하게 느끼는 사람들이 있다. 이를 심리학에서는 불안 민감성이 높다고 표현하는데, 이들은 잠재적인 위험 요인에 예민하게 반응하는 특징을 보인다. 그 결과 걱정하던 일이 정말로 일어날 가능성을 실제보다 크게 평가하고, 그로 인한 영향 역시 과도하게 치명적인 것으로 평가한다. 또한 이들은 그 상황에서 자신이 잘 대처할 수 있다고 생각하는 자기효능감 또한 낮으며, 공포감을 인내하는 능력도 작은 편이다.

용기를 내는 방법

그러나 너무 걱정할 필요는 없다. 불안 민감성은 타고난 기질이기도 하지만, 다양한 방법을 통해 충분히 낮출 수 있다. 용기를 낼 수 있도록 주변 환경을 바꾸고, 불안에 적절히 대처하는 방법을 익힌다면 누구나 조금씩 그러나 확실히 용감해질 수 있다.

첫째, 내게 소중한 가치에 집중해 보자. 우리는 종종 불안에 휩싸일 때 눈앞의 위험에 몰두하여 과도한 공포를 느낀다. 그러나 그 순간 내가 지키고 싶은 것이 무엇인지 떠올리면, 두려움을 자연스레 밀어낼 수 있다. 이를 위해 평소 내가 중요하게 생각하는 가치를 생각해 두자. 예를 들면 진실을 밝히는 것, 부조리를 밝히는 것, 자신의 자유와 독립을 지키는 것, 소중한 사람을 위하는 것, 공공의 이익을 위하는 것 등이 있을 것이다. 이를 떠올리면 자연스레 감정이 정리되고, 두려움이 줄어든다.

둘째, 위험하다는 생각에 두려운 마음이 들더라도 회피하지 않고 맞닥뜨리는 것이 필요하다. 이를 위해 위험을 과장하지 말고 현실적으로 파악하자. 불안은 과장되기 마련이다. 이럴 때 가장 먼저 해야 할 일은, 그 상황이 정말 위험한지 현실적으로 평가하는 것이다. 이를 위해 어떤 일이 일어날 것 같은지 구체적으로 적어보자. 예상되는 위험을 나열하면 생각이 명료해지며, 나아가 실질적 대안도 모색할 수 있다.

생각이 두려움을 만드는 것이므로, 위험에 대한 생각을 멈추는 노력이 용기를 내는 데 도움을 준다. 숨을 크게 들이마시고 내쉬는 심호흡을 천천히 반복해서 하는 등 섣불리 판단을 내리는 대신 현실에 눈을 돌려보자.

또한, 불확실성을 견디는 연습도 중요하다. 불안은 대부분 불확실한 상황에서 발생하기 때문이다. 그럴 때일수록 '꼭 나빠지리란 법은 없고, 괜찮을 수 있다'는 생각을 반복하며, 불확실함 자체를 수용하려 노력해야 한다.

셋째, 자기 자신에 대한 믿음, 즉 자기효능감을 키우는 것도 중요하다. 불안을 느낄 때, '난 못 해' 같은 생각이 떠오르기 마련이다. 하지만 작은 경험을 반복하며 '할 수 있다'라는 믿음을 쌓아가면 자연스럽게 용기가 생긴다. 일상 속 사소한 도전이라도 하나씩 실천해 보자. 작은 성취감이 모이면 나중에는 큰 힘이 된다.

넷째, 실패나 어려움 앞에서 '괜찮다'고 스스로에게 말하는 연습이다. 실수나 실패는 삶의 일부일 뿐이며, 그것이 나를 규정하지 않는다. 과거에 힘들었던 순간을 떠올려보자. 그때도 결국 견뎌냈고, 지금의 나로 살아가고 있지 않은가. 이런 기억을 떠올리며 자신에게 다정하게 말해 보자. "괜찮아, 이번에도 잘 해낼 거야" 이런 자기 위로가 반복하면, 역경을 극복하는 힘도 쑥쑥 자라난다.

마지막으로, 사회적 지지와 유대감이 주는 힘을 무시할 수 없다. 가까운 사람과 어려움을 나누고, 공감을 받으면 더욱 큰 용기를 낼 수 있다. 또한 용기를 내는 게 나 혼자가 아니라는 유대감은 두려움을 이겨내는 데 중요한 힘이 된다. 이처럼 서로 연결되어 있는 사회일수록, 공적 가치와 진실을 추구할 용기 있는 구성원들이 더욱 많이 자라난다.

이렇듯 용기는 특별한 사람만이 가질 수 있는 능력이 아니라, 일상 속 작은 선택과 태도에서 시작된다. 이를 알기에, 나는 용기를 내야 할 때 스스로에게 말한다. "Just do it!" 깊이 생각하지 않고, 그냥 하는 거다. 어쩌면 이런 마음가짐이 우리의 내일을 만드는 게 아닐까.

내가 찾는 것들은
늘 내 곁에 있다

행복

누구나 행복해지고 싶다

영화 〈행복을 찾아서〉는 절망 속에서도 희망을 잃지 않고 행복을 향해 나아가는 한 아버지의 감동적인 여정을 그린 작품이다. 주인공 크리스는 전 재산을 투자한 의료기기가 팔리지 않아 생활고에 시달리는 인물로, 급기야 아내까지 그를 떠나 버린다. 결국 밀린 집세를 내지 못해 쫓겨난 그는, 아들과 함께 노숙자 쉼터나 지하철 화장실 칸을 전전하는 신세가 된다.

먹고살기 위해 온종일 발품을 팔던 크리스는 우연히 증권중개사 인턴 기회를 얻게 된다. 어떤 일자리든 급했던 크리스는 당장 그 제안을 수락한다. 그런데 그가 미처 몰랐던 사실이 있었다. 이 인턴십은 실은 정직원이 되기 전까지 무보수에, 20:1의 경쟁률까지 뚫어야 정직원이 될 수 있는 매우 힘겨운 자리였다는 것이다.

이쯤에서 이 영화의 원래 제목을 이야기해야겠다. 〈행복을 찾아서〉의 미국 개봉 당시 제목은 'The Pursuit of Happyness'로, 1776년 토마스 제퍼슨 대통령이 미국 독립선언서를 통해 모든 인간의 기본권으로 제창했던 행복추구권을 의미한다. 영화에서도 이러한 내용이 언급되지만, 그 태도는 꽤나 시니컬하다. 크리스는 이렇게 말한다. 생명이나 자유 등 태어나면서부터 자동으로 주어지는 다른 기본권과 달리, 행복은 평생 쫓아다닐 수밖에 없는 것 같다고. 그는 행복을 이렇게나 열심히 쫓아다니는데 어째서 얻을 수는 없는지 답답해한다.

하지만 아들과 동고동락하며, 크리스는 점차 행복의 진정한 의미를 알아 간다. 이윽고 크리스는 아들을 맡겼던 놀이방 벽에 쓰여 있던 단어 'Happyness'의 오탈자를 보면서 깨달음을 얻는다. 올바른 행복(Happiness)을 찾는 열쇠는 'Y'(Why, 어째서 행복하지 않은지에 대한 불만)가 아니라 'I(나 자신)'에 있다고 말이다. 결국 열심히 노력한 크리스는 정직원 자리를 따낸다. 하지만 그는 이미 알게 되었다. 진정한 행복은 결과가 아니라 그것을 향해 뛰는 과정 중에 있다는 사실을 말이다.

행복이란 무엇인가

의외겠지만, 심리학에서는 행복을 하나의 감정으로 보지 않는다. 그보다는 여러 긍정적 감정들이 복합적으로 어우러진 상태를 의미한다. 그렇기에 기쁨과 환희를 느껴 온몸이 고양되는 듯한 상태 또한 행복이고, 내적으로 차분한 평화를 느끼는 안정 상태 또한 행복이다. 그리고 목표를 향해 열심히 나아가고, 결국 이를 성취함으로써 만족감을 느끼는 상태에서도 행복을 느낀다. 마치 영화 속 크리스처럼 말이다.

행복의 효능은 단순히 기분이 좋아지는 데 그치지 않는다. 행복을 느끼는 사람은 심리적 건강이 좋아져 우울증, 불안장애, 섭식장애 등에 걸릴 가능성이 낮아진다. 그뿐만 아니라 신체적 건강 또한 좋아져, 암이나 질병에 걸릴 가능성도 함께 낮아진다. 또한 자신이 비로소 살아 있다는 생동감을 느껴 삶의 질이 상승하고, 창의성이 증진되어 좋은 업적을 내놓기도 한다. 또한 지혜롭고 현명하게 행동하게 되어 인간관계 또한 좋아진다.

그래서 모든 사람은 행복을 쫓는다. 행복에는 삶의 에너지를 북돋우며, 인생을 긍정적인 방향으로 이끌어내는 힘이 있기 때문이다. 이런 만병통치약을 마다할 사람이 누가 있겠는가?

행복해지기 어려운 이유

이처럼 행복이 좋은 것임은 우리 모두 알고 있다. 그러나 일상생활 속에서 행복을 느끼는 사람은 많지 않다. 어째서 행복을 느끼기는 이토록 어려운 것일까? 사람마다 다양한 이유가 있겠지만, 몇 가지 핵심적인 이유를 짚어 보자.

첫째, 남 탓을 하기 때문이다. 사람들은 대부분 자신의 행복이 타인이나 외부 상황에 달렸다고 생각한다. 그리하여 "내가 행복할 일이 뭐가 있어?"라며 자조하거나, "이런 상황에서 어떻게 행복할 수 있겠어?"라고 불평하곤 한다. 하지만 이런 태도는 행복을 온전히 외부 상황에 의존하게 만들어, 충분히 행복을 찾을 수 있는 환경에서도 눈감게 만든다.

둘째, 가지지 않은 것에 집착하기 때문이다. 사람들은 흔히 '더 주어져야 행복하다'고 믿는다. 그래서 더 좋은 집, 더 많은 돈, 더 높은 지위를 쫓는다. 하지만 이런 '더'는 끝이 없다. 원하는 것을 손에 넣어도 금세 새로운 결핍을 느끼기 마련이다. 가지지 못한 것에 대한 아쉬움을 쫓기만 해서는, 행복은 손에 들어오지 않는다.

셋째, 남과 자신을 비교하기 때문이다. 나보다 더 잘난 사람을 바라보며 상대적 박탈감을 느끼는 것이다. 특히 SNS를 통해 남들의 '행복한 순간'을 계속 접하다 보면, 나의 평범함이 초라하게 느껴진다. 하지만 내 눈에 보이는 타인의 삶은 한 단면에 불과하다. 그 이면에는 누구나 어려움이 있다. 결국 나의 행복은 나만의 기준으로 찾아내는 것이다.

하지만 여전히 많은 사람들이 자신을 다른 사람들과 비교하며 질투에 물들곤 한다. 행복이라는 파랑새가 이미 우리 곁에 있다는 사실을 모른 채 말이다. 이래서는 먼 곳의 행복만을 바라보다가, 충분히 행복했을 수도 있는 시간을 놓쳐버릴지도 모른다.

행복해지기 위한 해법

사람 100명이 있다면, 행복해지는 방법도 100가지다. 어떤 사람은 홀로 차분히 산책할 때 행복을 느끼고, 어떤 사람은 다른 이들과 부대끼며 놀 때 행복하다. 행복은 특정한 조건을 만족했을 때 찾아오는 감정이 아니라 철저히 주관적인 경험이기 때문이다.

그런 점에서 행복은 다른 감정들과 다르다. 예컨대 분노는 경계를 침범당했을 때 생기고, 슬픔은 소중한 무언가를 상실했을 때 생긴다. 즉 원인을 일반화할 수 있다는 것이다. 그러나 행복은 다르다. 모든 사람에게 공통된 조건도 기준도 없다.

이 말인즉, 행복해지는 방법은 곧 나에게 달려 있다는 뜻이다. 즉 나의 행복은 내 생각에 따라 움직인다. 내가 나를 어떻게 바라보는지, 상황을 어떻게 해석하는지에 따라 행복도 달라진다. "나는 부족해"라는 생각에 빠지면 우울해지고, "이만하면 괜찮아"라고 생각하면 마음이 편안해진다. 따라서 행복해지고 싶다면 우선 내 안의 생각을 바꾸는 연습을 해 봐야 한다.

앞서 말했듯이, 행복은 쾌감이 복합적으로 어우러진 상태다. 그런데 쾌감은 거창한 곳에 있지 않다. 지금 이 순간 내가 보고, 듣고, 느끼는 것 자체에 쾌감이 있다. 천천히 숨을 쉬며 몸 안으로 들어오는 공기를 느끼고, 좋아하는 음식의 맛을 천천히 음미하며, 따스한 햇살과 바람의 촉감을 세밀히 느껴보자. 그렇게 사소한 감각 하나하나에 집중하다 보면 삶은 더 생생해지고, 마음속에 행복의 씨앗이 싹튼다.

이때 중요한 것은 내 안에서 올라오는 다양한 감정들을 자연스럽게 마주하는 것이다. 슬픔, 불안, 외로움 같은 감정도 무시하거나 억누르지 말고 있는 그대로 느끼고 표현해 안전하게 해소해 보자. 울고 싶을 때 티슈를 곁에 두고 실컷 울어 보자. 화가 날 때 혼자 있는 방이나 거실에서 쿠션을 실컷 내리치며 화를 내 보자. 긴장되고 불안할 때 큰 소리로 긴장된다고 외쳐 보자. 죄책감에 힘들 때 허공에 대고 미안하다고 말해 보자. 어느 새 감정이 해소되면서 편안해지는 것을 느낄 수 있을 것이다. 이렇게 감정을 비워낸 곳에 설렘이 느껴지고 흥미가 올라온다. 그렇게 행복이 깃들 자리가 생기는 것이다.

나아가 행복을 위한 실천은 아주 작은 욕구의 충족부터 시작하면 좋다. 욕구가 충족될 때 만족을 느끼고 행복이 한층 다가온다. 그러니 지금 당장 가능한 것부터 만족을 느껴보자. 맛있는 차 한 잔 마시기, 좋아하는 음악 듣기, 잠깐 산책하기 같은 작은 욕구가 충족될 때마다 우리의 삶은 조금씩 행복해진다. 그리고 현재 내가 이미 가진 것들에 감사하는 습관을 들여 보자. "이 정도면 다행이다", "그래도 이렇게 할 수 있어서 감사하고 행복하다"라는 말이 삶을 더 풍요롭게 만든다. 행복도 습관인 거다. 행복의 습관을 서서히 길러 보자.

나아가 삶의 목표를 세워 몰입해볼 것을 권한다. 그것이 무엇이든 좋다. 목표를 향해 나아가는 과정 자체가 설레고 즐거운 거다. 무언가에 깊이 빠져들어 있을 때 우리는 자연스럽게 행복감을 느낀다. 무슨 목표를 세워야 하냐고 묻는다면, '아무거나'라고 말하고 싶다. 책 한 페이지 읽기, 음악 한 곡 듣기, 운동 한 세트 하기 같은 작고 사소한 목표여도 된다. 오히려 그런 목표일수록 망설임 없이 즉각 실행에 옮길 수 있어서 좋다. 행동을 취하는 동안에는 그 과정에 깊이 몰입하고, 끝나고 나서는 스스로를 축하하고 칭찬하는 것 또한 잊지 말자. 이 경험을 양분으로 삼아 더 큰 목표를 세우고 실행하면 그야말로 최고다.

마지막으로, 사람들과의 관계를 통해 사회적 유대감을 느끼는 것도 행복을 얻는 효과적인 방법이다. 타인과 함께한다는 것 자체가 자신이 혼자가 아님을 느끼고 안정과 행복을 얻는 치유 과정이기 때문이다. 스마트폰은 잠시 접어 두자. 좋은 사람을 만나 함께 시간을 보내고, 손을 맞잡으며 물리적 거리감을 좁혀 보자. 상대방을 꼭 안아주며 서로의 심장박동을 느끼면 더욱 좋다. 힘들고 지칠 때 곁에 있는 사람과 5분 정도 아무 말도 하지 않고 안고 있다 보면 고통이 덜어지고 편안하고 안전하게 느껴지며 치유받는 느낌이 든다. 결국 행복은 나 혼자만의 것이 아니라, 함께 살아가는 사람들과 나눌 때 더 깊고 오래 남는 법이다.

2장

스쳐 지나갈 것들에 매달리지 마라

나를 해치는 열정은
열정이 아니다

번아웃

열심히 일했는데 아무것도 남지 않았다

대기업에서 20년째 직장생활을 하고 있는 승연 씨는, 언제부터인가 아침에 일어나면 기운이 없고 몸이 무겁게 내려앉는 느낌이 들기 시작했다. 계속 지치고 피곤한 느낌에 사로잡혔고, 아무런 의욕도 생기지 않았다. 곰곰이 돌이켜보니 회사에 취직한 이후로 한 번도 제대로 휴가를 받아 쉰 적이 없었다. 쉰다 해도 잠깐 숨을 돌리는 게 전부였고, 늘 주어진 업무와 프로젝트를 해내느라 저녁과 주말을 회사에서 보내는 일이 허다했다.

강요에 의한 건 아니었다. 열심히 일한 덕에 직장 상사들은 승연 씨의 능력을 인정하였고, 다른 동기들보다 빨리 승진할 수 있었다. 중요한 프로젝트나 업무 또한 언제나 승연 씨의 몫이었다. 승연 씨는 자신을 믿고 맡겨주는 상사와 회사를 실망시키고 싶지 않았고, 최대한 기대 이상의 결과를 보여주기 위해 애썼다.

지금도 승연 씨는 중요한 일을 여러 가지 맡고 있었다. 그런데 웬일인지 최근 들어 자꾸만 힘이 없고 열의가 느껴지지 않았다. 간단히 설명하기 어려운 불쾌한 느낌이 계속 떠나질 않았고, 머릿속에서는 '일이 잘못되면 어떡하지?', '좋은 결과를 내지 못하면 어쩌지?', '더 잘해야 하는데, 이대로라면 불안한데…' 등의 부정적인 생각과 걱정이 끊이질 않았다. 또한 일에 대한 압박감이 그 어느 때보다 심하게 느껴졌고, 그만큼 잘 해내지 못할 거라는 비관적인 생각과 무력감도 들었다. 마음 편히 웃을 만큼 재미있는 것도 없고, 기운도 나질 않았다. 자신 안에 웃음이라는 게 사라져 버린 느낌이었다.

번아웃이란 무엇인가

살다 보면 지치고 힘들 때가 많다. 심할 때는 아무런 기운이 느껴지지 않는 상태가 지속될 때도 있다. 이런 상태를 흔히 '번아웃'이라 부른다. 번아웃을 우리나라 말로 옮기면 '소진'이라고 하는데, 육체적 및 정신적 피로가 심해져 일에서 오는 열정이나 성취감을 잃어버리는 증상을 말한다.

'소진'이라는 단어를 뜻풀이하면, 에너지가 고갈된 상태를 말한다. 일이나 활동 등의 스트레스를 견디느라 에너지를 다 써버리니, 여가와 회복에 쓸 여분의 에너지가 없는 것이다.

이처럼 번아웃에 처한 사람들은 열정을 너무 불태운 나머지 오히려 열정과 동력을 상실하는 모순적인 상태에 놓인다. 또한 스트레스로 인해 겪는 분노, 슬픔, 좌절 등의 감정이 적절히 해소되지 못해, 우울이나 무력감 등으로 발전한다. 그 결과 업무 수행 자체가 어려워지고, 늘 피곤하고 지친 모습을 보인다. 승연 씨의 사례는 번아웃의 가장 일반적인 예다. 오랫동안 지나치게 업무에 매진한 나머지, 남아 있는 동력이 없어진 것이다.

번아웃의 가장 큰 특징은 심한 피로감과 우울, 무력감을 느낀다는 것이다. 이들의 마음속에는 자기도 모르게 "다 귀찮고 아무것도 하고 싶지 않아" 같은 목소리가 울려 퍼진다. 그뿐만 아니라 두통, 소화불량, 복통 등 다양한 신체 증상까지 동반된다. 앞으로 계속 다가올 일이나 업무에서 오는 긴장과 불안에 민감하게 반응한 나머지, 이를 제대로 처리하지 못할 거라는 걱정에 몸과 마음이 시달리는 것이다.

번아웃이 오는 이유

하지만 열심히 일하는 모든 사람이 번아웃에 시달리는 건 아니다. 그렇다면 번아웃이 찾아오는 이유는 뭘까? '불쾌한 감정'과 '유쾌한 감정'이라는 두 가지 측면에서 이야기해 보자.

첫째, 스트레스로 인한 '불쾌한 감정'에 너무 오래 젖어 있었기 때문이다. 우리는 살아가면서 학업, 일, 인간관계 등에서 수많은 자극을 겪는다. 이러한 자극에서 오는 다양한 스트레스는 우리를 불안하게 만들기도 하고, 때로는 화나게 하기도 하고, 슬픔이나 수치를 느끼게 하는 등 불편한 감정을 유발한다.

이렇게 발생한 감정은 그에 따른 신체 반응을 불러일으킨다. 화가 날 때를 떠올려 보라. 얼굴은 붉어지고 몸에 힘이 잔뜩 들어간다. 불안할 때는 어떤가? 걱정되고 긴장되어 어깨가 움츠러들며 힘이 들어간다. 이 모든 과정이 알게 모르게 에너지를 소모한다.

그런데 우리가 하루에 쓸 수 있는 에너지의 양은 한정되어 있다. 이 중 스트레스로 인한 에너지 소모가 늘어날수록, 다른 곳에 쓸 에너지는 줄어들게 된다. 이것이 반복되면 급기야 스트레스가 만성화되어 에너지가 줄줄 새어 나가고, 다른 곳에 쓸 에너지가 고갈되어 버린다. 그 결과 일상생활에 사용할 에너지가 거의 남지 않는 번아웃 상태에 놓이는 것이다.

둘째, 기쁨이나 뿌듯함 같은 유쾌한 감정을 누리는 시간이 너무 짧았기 때문이다. 목표한 것을 성취한 사람에겐, 그 성취감을 충분히 만끽하는 시간이 필요하다. 높은 산을 오르다가도 간간이 멈춰 서는 지점이 필요하듯, 목표를 향해 힘쓴 사람에겐 머물러 쉬는 타이밍이 필요하다. 살아 숨 쉬는 생명체는 모두 움직이고 멈추고, 다시 움직이고 멈추는 것을 반복해야만 안정된 평형 상태를 유지하며 꾸준히 살아갈 수 있다.

그런데 이런 균형이 깨지면 문제가 발생한다. 성취 후에 머물러 쉬는 것을 등한시하다가 번아웃이 오는 것이다. 이들은 성취와 충족을 자각하지 못하고, 계속해서 에너지를 쏟을 다른 목표를 찾아 달린다. 달리기만 하고 쉬지 않으니 지치고 피곤할 수밖에 없다. 또한 자신이 이뤄낸 성취에 웬만해선 만족하지 못하니, 가진 것에 쉽게 싫증이 나고 지루하게만 느껴진다.

그렇다면 이들은 왜 멈추지 못하는 것일까? 번아웃에 시달리는 사람 중에는, 멈추어 쉬는 도중 과거 타인에게서 들었던 상처가 되는 말이나 행동이 떠올라 힘들어하는 경우가 많다. "너는 쓸모가 없는 인간이야", "그 정도밖에 못 해? 그게 최선이야?", "해봤자 안될 거야!" 같은 말들이 불쑥 떠오르기도 하고, 연인에게서 일방적 이별을 통보받은 일, 부모에게서 언어적 및 육체적 폭력을 당한 일, 동료에게 뒤통수 맞은 일 등 상처가 되는 일들이 불쑥 떠올라 괴로워하곤 한다.

이들은 잠깐이라도 쉬면 그때 받았던 상처나 아픔이 되살아날지 모른다는 막연한 두려움을 느낀다. 과거의 상처를 마주하는 것은 아프고 괴로운 일이기에, 이를 회피하고 잊어버릴 수 있도록 자신의 주의를 돌릴 만한 일을 찾아 에너지를 쏟는 것이다.

물론 이런 상처가 없는 사람도 번아웃에 빠질 수 있다. 사람은 태어나면서 다양한 욕구를 갖게 된다. 그 가운데에서도 사랑받고자 하는 욕구와 인정받고자 하는 욕구가 어릴 적에 충분히 채워지지 않으면 번아웃에 빠지기 쉽다. 결핍된 인정 욕구를 채우고자 끊임없이 다양한 방법으로 매달리기 때문이다. 업무에서의 성취와 그에 대한 피드백을 통해 자신이 잘났고 괜찮은 사람임을 확인받고자 하는 것이다.

이런 이들은 멈추어 서는 순간 자신이 별 볼 일 없고 아무것도 아닌 것 같아 괴로워한다. 자신이 뒤처지고 부족한 사람이 될까 두려워, 멈추지 못하고 계속 자신의 주의와 에너지를 업무에 쏟으며 매달리는 것이다.

이렇게 번아웃에 빠진 사람들이 깊이 공감할 만한 영화 속 대사가 있다. 영화 〈찬실이는 복도 많지〉에는 오랫동안 일중독 상태에 빠진 주인공 '찬실'이 등장한다. 그러던 찬실은 부득이하게 더 이상 일을 할 수 없게 되면서, 할 일도 없고 시간도 많은데 정작 마음 편히 쉬지 못하는 번아웃의 상태에 놓인다. 방황하던 찬실은 이렇게 독백한다. "늘 목말랐다. 채워줄 거라 믿었다. 그러나 잘못 생각한 거다. 채워도 갈증이 가시질 않는다."

열정처럼 보이는 집착 밑에는 사실 인정 욕구의 결핍이 도사리고 있는 경우가 많다. 아무리 좋은 성과를 내도 그 결핍은 채워지지 않는다. 마치 밑 빠진 독에 물을 붓는 것처럼 말이다. 겨우겨우 채운다 해도, 나날이 새롭게 불안할 뿐이다.

번아웃의 근본적인 해법

그렇다면 어떻게 공허한 결핍을 채우고, 번아웃에서 자유로워질 수 있을까? 이는 나 자신과 마주하는 것으로 가능하다.

바쁘게 살아가는 현대인들은 끊임없이 누군가를 바라보고 무언가에 몰두한다. 아침에 눈을 뜨면 SNS를 훑고 간밤의 기사들을 읽는다. 출근하며 이동하는 길에도 모두가 휴대폰을 붙잡고 미처 하지 못한 일 처리, 보지 못한 영상 보기, 쇼핑, 게임에 여념이 없다. 하지만 이렇게 흘러가는 정보에 눈과 귀를 빼앗겨서는, 자기 자신을 마주하지 못한다. 스스로를 마주하는 건 번잡한 일을 아무것도 하지 않을 때에만 가능하다.

휘황찬란한 볼거리에 주의를 빼앗겨 자기 자신을 마주하지 못하는 상태를 '자기소외' 또는 '자기상실'이라고 한다. 이러한 자기소외가 계속되면, 자신이 진정 무엇을 원하는지도 알 수 없다. 이래서는 결핍을 채우려는 시도도 번번이 빗나가고 공허함만 커진다. 공허함을 극복하려면 일단 자신과 마주해 스스로 뭘 원하는지 물어야 한다.

그렇다면 어떻게 자기 자신과 마주할 수 있을까? 그 비결은 바로 오감이다. 눈을 통해 보고, 귀를 통해 듣고, 입을 통해 맛을 보고, 느끼고 만져 보라. 나를 마주하는 것은 주변을 둘러보는 데서부터 시작한다. 나를 둘러싸고 있는 환경을 보고, 풍경을 관찰하자. 꽃의 향기, 맛있는 음식을 음미하자. 음악을 듣고 주변에서 들리는 소리에 귀를 기울여 보자. 그림을 보고 책을 읽으며 좋은 글을 마음속에 새겨 보자. 좋은 사람과 만나 마음을 나누고, 손을 잡고 만지고 살포시 안아 보자. 그런 자연스러운 감각에서 출발하면, 내가 무엇을 좋아하고 싫어하는지, 무엇을 원하고 무엇이 부족한지까지 나아갈 수 있다.

나 역시 공부와 일에서 자신의 가치를 증명하려고 애쓰던 시절이 있었다. 그때는 '성취가 곧 나'였다. 그러나 지금은 다르다. '실존'의 즐거움을 알았기 때문이다. 실존은 지금 이 세상에 내가 살아 숨 쉬고 있음을 느끼는 것이다. 이를 충분히 느껴 보라. 설령 아무런 성취를 하지 않더라도 자신의 존재가 사라지지 않는다는 사실을 깨달아 보라. 나는 그저 살아있을 뿐이었지만, 그것으로 충분했다.

실존을 느끼기 전 내 삶은 자주 공허했다. 여러분은 어떠한가? 지금 이 순간, 충만한가? 아니면 공허한가? 후자라면 오늘 하루만큼은 잠시 멈춰 서 보라. 스스로 보고 듣고 느끼는 것에 집중하고, 오늘의 작은 성취에서 얻은 만족감을 느긋이 만끽할 수 있을 때 번아웃은 비로소 사라진다.

번아웃을 극복하는 실천법

여기서부터는 번아웃을 불러오는 조금 더 세부적인 요인과 그에 따른 구체적인 대응법을 살펴보자.

첫째, 외향적인 사람보다 내향적인 사람이 번아웃에 빠질 가능성이 높다. 만약 자신이 내향적인 성격이라면, 외향적인 성격과의 균형을 맞추려 노력해 보자. 평소 자기만의 것으로 사용하던 시간 일부를, 다른 사람들을 만나고 어울리는 데에 투자해 보는 것이다. 마주하기 전에는 부담이 되고 힘들지만, 막상 다른 사람들과 어울리다 보면 에너지를 얻을 수 있을 뿐만 아니라 그동안 몰랐던 자기 모습을 발견할 수도 있다.

둘째, 자존감이 낮을수록 소진 가능성이 높다. 따라서 평소에 자존감을 높이도록 노력하는 것이 필요하다. 자존감은 번아웃 뿐 아니라 다양한 주제와 깊이 관련되고 중요하다. 자존감을 높이기 위해서는 자신의 장점을 찾아 리스트로 정리하고 매일 따라 읽어 보라. 또한 거울을 바라보며 칭찬을 건네는 것도 좋다.

셋째, 자기효능감이 낮을수록 소진되기 쉬우므로, 자기효능감을 높이는 것이 좋다. 자기효능감이란 스스로 일을 할 만한 능력이 있다고 지각하는 것을 말한다. 이는 객관적인 평가가 아니라 개인의 주관적인 지각의 문제이다. 그러니 당신 스스로에게 다음과 같이 말해 보라. 나에겐 충분히 그 일을 처리할 수 있는 능력이 있고, 해낼 수 있다고 말이다. 이러한 자기암시가 자기효능감을 높이고, 결과적으로 보다 나은 성취 결과를 만들어낼 수 있다.

넷째, 완벽주의가 소진에 영향을 미친다. 완벽주의는 크게 삶에 도움이 되는 '적응적 완벽주의'와 삶에 적응하는 데에 도움이 되지 않는 '부적응적 완벽주의'로 구분할 수 있다. 이 가운데 부적응적 완벽주의가 번아웃을 촉진한다. 부적응적 완벽주의를 가진 사람들은 지나치게 높은 목표를 세우며, 그 목표에 도달하지 못한 모든 결과를 실패로 단정 짓고 좌절한다. 그러나 완벽한 성공은 현실에 거의 존재하지 않는다. 그래서 과정 중엔 걱정과 불안을, 결과를 두고선 실망과 우울을 느끼기를 반복하는 것이다.

그렇다면 어떻게 해야 할까? 높은 목표와 기준을 향해 최선을 다하고 노력하되, 그 결과는 있는 그대로 받아들이는 연습이 필요하다. 결과가 어찌되었든, 당신은 최선을 다했다. 그렇게 얻은 결과를 있는 그대로 인정해 보는 거다. 또한 노력한 자신을 수고했다고, 잘했다고 칭찬해주기 바란다.

다섯째, 번아웃을 막기 위해서는 적당한 수준의 일과 적정한 휴식 시간을 가져야 한다. 열심히 일한 당신은 잠시 쉬어라.

여섯째, 일하고 수고한 자신에게 적절한 보상을 스스로 주어라. 갖고 싶은 물건을 사는 등 물질적 보상도 좋지만, 무엇보다 정신적 보상이 효과적이다. 물질적 보상은 돈이 들지만, 정신적 보상은 돈이 들지 않으면서 그 효과가 오래 지속된다. 스스로에게 "수고했어", "잘했어", "고마워"라고 인정과 칭찬을 계속 해주길 바란다.

일곱째, 당신이 무슨 일을 하고 있든, 그 속에서 원만한 인간관계를 유지하라. 그 일을 하며 발생하는 여러 감정을 공유하며 소속감을 느낄만한 소그룹을 갖는 것이 번아웃을 막는 데 굉장히 효과적이다. 아무리 멋진 일도, 하다 보면 여러 스트레스와 불쾌한 감정들이 생기게 된다. 그 감정들에 대해 함께 나누고, 위로와 지지를 얻을 수 있는 집단이 당신의 감정 소진을 막는 데 중요하다. 그러니 가까운 직장 동료나 마음을 터놓고 지낼 수 있는 벗을 만들기 바란다.

혼자서도 잘 지내야
둘이서도 잘 지낸다

고독

혼자가 편하지만 외로운 것도 싫다

대학을 졸업하고 콜센터에서 근무하게 된 서현 씨는 매일 혼자 지내는 원룸에서 우유 한잔으로 아침 식사를 때우고 출근했다. 칸막이로 나뉜 자신의 자리에 앉아, 걸려 오는 전화를 받으며 다양한 고객들을 상대로 전혀 감정을 싣지 않고 차분하게 일을 처리했다. 점심시간이 되면 혼자 식사를 했고, 쉬는 시간에는 휴대폰으로 영상을 보면서 시간을 보냈다. 퇴근할 때마다 동네 편의점에 들러 저녁으로 먹을 도시락을 사서 집으로 돌아왔다. 빈집에 불을 켜고 TV를 켠 후, 사 온 도시락을 데워 먹으며 TV를 보다가 잠이 드는 게 하루 일과의 마무리였다.

서현 씨는 사람들과 관계 맺는 것이 귀찮고 불편하게 느껴졌다. 인간관계 안에서 여러 가지를 신경 쓰고 챙겨야 하고, 미묘한 갈등을 처리하느라 걱정하고 애쓰는 등 감정이 소모되는 게 부담스러웠다. 또한 그렇게 애를 써서 관계를 만들고 유지해도, 예상치 못한 사건으로 멀어지기 일쑤였기 때문에, 관계에 들이는 시간과 에너지가 아깝고 '다 무슨 소용이 있나'하는 생각이 들었다.

하지만 그런 서현 씨도 지인들의 연락을 멀리하고 직장에서도 일에만 집중하며 혼자 지내다 보면, 때때로 뼈에 사무치도록 외롭고 쓸쓸하게 느껴질 때가 있었다. 누군가와 이야기를 나누고 싶고, 자신에게 있었던 힘든 일을 하소연하며 함께 있고 싶다는 생각이 들었다. 그러나 전화를 하거나 말을 걸 만한 사람이 없었고 그런 관계를 시작할 용기도 없었다.

고독이란 무엇인가

누구나 살면서 고독을 경험한다. 고독이란 다른 사람과 떨어져 홀로 있는 상태를 말하는데, 물리적 고독과 사회적 고독 두 가지로 나눌 수 있다. 물리적 고독은 말 그대로 다른 사람들과 멀리 떨어져 있는 객관적 상태를 말하며, 사회적 고독은 사람들과 함께 있어도 심리적으로 혼자라는 단절감을 느끼는 주관적 상태를 말한다. 어느 쪽이든 고독이 지속되면 사람들은 외로움과 쓸쓸함을 느낀다.

혹자는 고독을 즐겨야 한다고 말한다. 인간은 어차피 혼자이기에 고독을 받아들이는 것 말고는 방법이 없다는 것이다. 과연 그럴까? 우리는 과연 고독을 즐길 수 있을까? 이 질문은 몇 가지 추가 질문을 불러일으킨다. 만약 고독이라는 상태를 즐겨야 한다면, 외로움이라는 감정까지 즐겨야 하는 것일까? 고독과 외로움의 관계는 무엇일까? 고독은 반드시 외로움으로 이어질까? 등등. 이 글에서는 이런 궁금증을 천천히 이야기해 보자.

물론 고독과 외로움은 깊은 관련이 있다. 고독이라는 상태를 외로움이라는 감정으로 나아가게 하는 것은, '사회적 유대감'이라는 감각의 부재. 인간은 사회적 동물이라서, 다른 사람과 서로 관계를 맺고 살아간다. 예컨대 아기는 양육자와의 애착을 통해 친밀한 관계를 형성한다. 어른들도 마찬가지다. 서로 친밀감을 형성하며 사회적 소속감을 느끼고, 그 관계 안에서 돌봄과 보호를 받을 것이라는 암묵적 기대를 한다. 이렇게 자신이 누군가와 연결되어 있다는 사회적 유대감을 통해, 사람은 안정감을 느끼고 사회생활을 하며 행복을 느낄 수 있다.

그런데 고독한 상태가 오래 지속되면 이러한 사회적 유대감이 흐려진다. 그로 인해 다른 사람과 연결되어 있지 않다는 사회적 고립감과 단절감을 느끼게 된다. 이런 상황에서 인간의 뇌는 본능적으로 공포를 느낀다. 무리에서 소외된다는 것은 언제든 발생할 수 있는 다양한 위험으로부터 자신이 보호받을 수 없다는 뜻이기 때문이다. 외로움이라는 감정은 바로 이런 때 발생한다.

외로움은 인간이 느끼는 감정 중 가장 고통스러운 감정 중 하나다. 옥살이를 하는 사람들에게 가장 큰 형벌이 독방에 갇히는 것이라는 점에서, 외로움이 얼마나 인간에게 고통스러운 감정인지 짐작할 수 있다.

외로움에 오래 노출된 사람에겐 다양한 부정적 영향이 발생한다. 그 대표적인 예가 인지 능력이 손상되어 객관적인 사고 능력이 떨어진다는 것이다. 그 결과 주변인의 말과 행동을 오해하고 왜곡하며 부정적인 사고를 하게 된다. 또한 다른 사람들의 감정을 공감하는 능력 또한 떨어지고, 자신의 감정과 행동을 조절하는 능력이 손상되어 자제력과 인내력이 저하될 수 있다. 신체적으로도 쇠약해진다. 심하게는 자살 시도까지 이를 정도로, 외로움은 인간에게 큰 고통을 준다.

그래서 사람들은 외로움에서 벗어나기 위해, 상실한 사회적 유대감을 되찾고자 갖은 노력을 한다. 새로운 사람을 만나고 좋은 관계를 유지하면서, 위험으로부터 보호받으며 안전감과 안정감을 얻으려 애쓰는 것이다.

고독이 필요할 때가 있다

그런데, 바쁜 현대인들에게 고독은 어느 정도 필연이기도 하다. 하루 대부분을 공부나 업무에만 쏟는 것도 문제겠지만, 그렇다고 하루 대부분을 인간관계에만 쏟을 수는 없는 노릇 아닌가?

학창 시절을 예로 들어보자. 하루 종일 친구들이나 가족들과 어울리다간 학교 공부를 제대로 할 수 없다. 대학생이 되어도, 친구들과 놀기만 해서는 취직 준비를 제대로 할 수 없다. 직장생활을 하면서도, 인간관계에만 매달리면 주어진 일을 제대로 할 수 없다.

이처럼 현대인들에게 고독은 어느 정도 숙명이다. 받아들이기 싫대도 언젠가 깨닫게 된다. 그래서 우리에겐 고독을 받아들이면서도 너무 깊은 외로움에 빠지지 않는 자기 조절 능력이 필요하다. 자신을 잘 조절할 줄 아는 사람은 혼자 있더라도 외로움을 덜 느끼고, 외로움을 느끼더라도 이것이 부정적 영향으로 이어지지 않도록 제어할 수 있다.

여기서 희소식 하나. 고독이 외로움으로 이어지기 쉽다고 했지만, 반드시 그런 것은 아니다. 고독이라는 상태가 외로움이라는 감정으로 이어지는 것을 막을 수 있는 방법이 있다.

그것은 바로 '나 자신과의 대화'다. 내가 지금 어떤 상태이며 어떤 감정을 느끼고 있는지, 무슨 생각을 하고 무엇을 원하는지 스스로 묻고 대답해 보는 것이다. 생각해 보면 우리는 평소 남들을 쳐다보기만 할 뿐, 나만을 바라봐주는 시간이 별로 없지 않은가. 그래서 이러한 자기 대화를 통해 자신만을 위한 시간을 갖는 것이 중요하다. 온전히 나를 위해 예술을 감상하거나 몸을 움직이고, 푹 쉬어주는 휴식이 필요하다. 이는 다른 사람들과 함께 있을 때 가질 수 없는 개인적이고 내밀한 시간이다. 이를 통해 우리는 진정한 자신과 만나고 소모된 내면을 회복할 수 있다.

요컨대 고독이 길어지면 외로움이 커진다. 외로움이 커지면 고통스러워진다. 이때 우리는 자기와의 대화를 나눔으로써 외로움을 어느 정도 극복할 수 있다. 하지만 이것이 근본적인 해결책은 아니다. 자신을 내면적으로 가꾸는 한편으로, 친밀한 관계를 맺고 사회적 유대감을 느끼는 순간이 필요하다. 결국 중요한 건 '혼자'와 '함께' 사이의 균형이다.

고독에서 벗어나는 법

이를 좀더 구체적으로 설명해 보자. 앞서 말했듯, 우선 고독을 견딜 수 있는 능력이 필요하다. 고독을 참지 못하는 사람이 생각보다 많다. 이들은 혼자 있으면 불안을 느낀다. 혼자 밥을 먹거나, 혼자 시간을 보내야 하는 상황에서 쉽게 외로움과 소외감을 느끼는 등 사회적인 단절에 취약한 것이다. 이들은 사람들과 떨어져 혼자가 된 자신이 무의미하다고 여긴다.

예를 들어, 우연히 동료들이 자기를 빼고 회식을 하거나, 부득이하게 자신이 참여하지 못한 지인들의 자리가 있을 때, 이들은 스스로를 책망하고 비난한다. "내가 별로라서 그래", "이 사람들은 날 좋아하지 않아" 등 부정적인 생각에 힘들어하며 무너지기도 한다. 즉 자신이 혼자가 되는 상황을 두고, 다른 사람들이 자신을 사랑하지 않는다거나, 자신을 필요로 하지 않는다거나, 쓸모가 없다거나, 자신의 존재 가치가 없다는 식으로 왜곡된 의미를 부여해 버린다. 따라서 이를 막기 위해서는 평소에 스스로 자기 존재감을 긍정적으로 다지고, 자존감을 높이고 유지하는 노력이 필요하다.

이와 더불어, 고립감을 느끼더라도 그 순간의 감정을 조절할 필요가 있다. 가장 좋은 방법은 그 외로움을 인정하는 것이다.

고등학교 졸업 후 혼자 독립하고 대학과 직장생활을 이어가던 어느 날 승연 씨는 지긋지긋한 외로움을 극복하고 싶어 상담센터를 찾았다. 그러자 상담사는 승연 씨에게 그 외로움을 그대로 느끼고 표현해 보라고 조언했다. 승연 씨는 지시에 따라 외로움을 자각하며 "나 지금 외로워"라고 소리 내어 표현하면서 그 감정을 드러내 보았다. 느껴지는 감정을 뒤따라가며 "외로워. 외로워"라고 계속 표현하자, 어느 순간 그 외로움이 느껴지지 않았고, "더 이상 외롭지 않아"라고 말할 수 있게 되었다.

감정이란 그런 것이다. 감정은 억누른다고 사라지지 않는다. 오히려 묵은 때가 되어 남아 있을 뿐이다. 그러니 마음속의 외로움을 있는 그대로 마주하고 느끼고 소리 내어 표현해 보라. 이렇게 묵은 감정의 존재를 인정하고 표현해 주면, 그것만으로도 대부분의 답답함과 외로움이 해소된다.

셋째, 과거 외로움이 큰 상처로 남았던 기억이 있다면, 그것을 끄집어내서 다룰 필요가 있다. 그때의 기억이 긴 시간이 흘러서도 영향을 미칠 수 있기 때문이다.

30대 중반인 정연 씨는 어릴 때 혼자 자신을 키우느라 바빴던 엄마와의 관계가 상처로 남았다. 엄마는 돈을 벌기 위해 아침 일찍 출근해서 저녁 늦게 들어왔고, 어린 정연 씨는 혼자 집을 지켜야 했다. 정연 씨가 가장 크게 느낀 감정은 무서움이었다. 혼자 있는 게 무섭다며 울고불고 하는 자신을 늘 두고 나갔던 엄마에게 서운한 마음도 들었다. 직장을 다녀야 하므로 곁에 있어줄 수 없었던 엄마는 정연 씨를 강하게 키우기 위해 늘 냉정하고 무섭게 대했다고 한다. 정연 씨는 그런 엄마가 야속했고, 학교에서 겪은 힘든 일을 털어놓지도 못했다. 정연 씨는 혼자 모든 것을 감당해야 했다.

지금은 정연 씨도 새로운 가족을 꾸렸지만, 정연 씨는 자주 외로워하고 쓸쓸해하며 혼자 있는 것을 불안해했다. 이런 정연 씨에게는 그 상처와 만나고, 상처로 인한 감정을 직면하고 충분히 표현하며 해소하는 시간이 필요했다. 그 시간을 통해 상처를 들여다보고 소화하고 받아들이는 작업이 정연 씨로 하여금 혼자 설 힘을 길러 주었다. 혼자 있는 시간이 꼭 쓸쓸함과 고통스러운 감정으로 이어지는 건 아니라는 사실을, 정연 씨는 배웠다.

여기까지는 고독에 대처하는 내면적인 방법이다. 하지만 결국 고독에 대한 핵심적인 해법은 사회적 유대감을 갖는 것이다. 누군가와 사회적 유대감을 맺고자 하는 건 인간의 타고난 욕구이다. 다른 사람과 친밀한 관계를 맺는 것은 신체적 및 심리적 건강을 도우며, 또한 소속감과 안정감을 느끼도록 해준다.

그렇다. 모든 인간은 안전하기를 원한다. 현재 자신이 안전하지 못하다고 여기는 사람은 안전을 되찾을 때까지 모든 사고가 그것에 쏠린다. 이처럼 안정감이 뒷받침되어야, 인간은 창의력과 자율성을 발휘하고 그 성취로부터 효능감을 느끼게 된다. 나아가 자기조절능력을 발휘해 스트레스도 덜 받고, 자신의 감정을 조절할 수도 있게 된다. 이 모든 효과를 두 단어로 요약해서 표현하면 '건강'과 '행복'이다. 즉 사회적 유대감은 인간으로서 살아가는 데 필요한 것들이 원활하게 기능할 수 있도록 돕는 원천이다.

결국 외로움을 극복하기 위해 우리에게 필요한 것은, 함께 살아가고 있다는 유대감과 연대감을 느낄 수 있는 관계를 형성하고 유지하는 노력이다.

여기에 작은 권유를 하나 덧붙이고 싶다. 다른 사람에게 먼저 손을 내밀어 보는 것이다. 일을 하며 마주치는 동료들이나 함께 사는 주변 이웃에게 인사를 건네고 친절한 미소를 지어 보라. 내 모습이 냉랭하면, 이를 두려워한 상대방도 자신을 보호하기 위해 마찬가지로 냉랭해지기 마련이다. 인사를 건네고 친절을 보이는 간단한 행위가 상대로 하여금 긴장을 풀게 만드는 지름길이다. 이것만으로도 서로 불안해하지 않고 배려하며 살아갈 수 있다.

한발 더 나아간다면, 내가 가진 걸 다른 사람에게 베푸는 일, 즉 봉사 활동을 권한다. 누군가를 위하는 이타적인 행위는 내 기분도 좋아지게 만든다. 함께 교감하고 이해하며 마음을 알아줄 때, 우리는 서로 연결되어 있다는 유대감을 느낄 수 있다.

몸에 힘을 빼면
마음속 두려움도 걷힌다

공황

어느 날 갑자기 공포가 몰려왔다

　대학을 졸업하고 평범하게 직장 생활을 하고 있는 30대 초반 남성 승호 씨는 최근 들어 많아진 회사 업무에 시달리고 있었다. 또한 승진에 대한 부담감 때문에 과도하게 긴장되어 있을 때가 많았다. 그러다 보니 자연스레 여자 친구와 티격태격 싸우는 일이 많아졌고, 급기야 1년 간의 연애 끝에 이별을 통보받기까지 했다. 이즈음 승호 씨는 굉장히 심한 스트레스를 받았다. 그러던 어느 날 고속도로를 운전하고 가던 중 갑자기 입이 돌아가고 팔이 마비되는 듯한 느낌이 들었다. 결국 승호 씨는 차를 갓길에 세운 채 한참을 떨고만 있었다. 조금 정신이 들었을 때 겨우 119에 전화를 걸었고, 응급실로 갈 수 있었다.

그러나 병원에서는 특별한 이상이 없다는 말뿐이었다. 여러 검사를 해봐도 마찬가지였다. 하지만 승호 씨는 언제든 다시 그런 일이 발생할 것 같은 불안에 시달렸다. 머잖아 그때처럼 다시 또 입이 돌아가고 마비되는 듯한 느낌이 드는 날이 잦아졌다. 다행히 첫날처럼 심하진 않았지만, 그럼에도 집이나 차에 혼자 있을 때면 갑작스럽게 마비될 것 같아 긴장되고 불안해서 견딜 수가 없었다. 혼자 있는 것이 무서워졌고, 운전하다 갑자기 마비되어 사고를 낼 것만 같아 운전 또한 할 수 없게 되었다.

공황이란 무엇인가

승호 씨와 같은 경우를 공황panic 발작이라고 부른다. 공황 발작이란 예고 없이 갑작스럽게 극심한 불안이나 공포가 밀려드는 증세를 말하는데, 대개 강렬한 불안이나 공포와 함께 심장박동이 빨라지거나 강렬해진다. 진땀을 흘리거나, 몸이나 손발이 떨리는 경우도 많다. 가슴에 통증이나 답답함을 느끼거나, 토할 것 같은 느낌이 들고 배가 아프기도 하며, 한기를 느끼거나 열감을 느끼기도 한다. 승호 씨의 경우처럼 마비되는 느낌이나 찌릿찌릿한 감각을 느낄 수도 있다.

때로는 자신이 보고 듣고 느끼는 것이 현실이 아닌 것 같고, 의식이 몸에서 떨어져 나온 듯한 느낌이 들기도 하는데, 이것을 이인감depersonalization이라고 한다. 이인감이 찾아온 사람은 자기 통제가 안 되고 미칠 것 같은 두려움을 느낀다. 그러다 심하면 숨이 가쁘거나 막히는 느낌이 들기도 하고, 질식할 것 같은 느낌에 사로잡히기도 한다. 어지럽고 몽롱해서 기절하거나 죽을 것 같은 느낌도 주된 증상이다.

그런데 살다 보면 누구나 스트레스를 받고 일이 원하는 대로 풀리지 않을 때, 신체적으로도 답답함과 신체적 고통을 느끼곤 한다. 머리가 지끈거리는 두통이 오기도 하고, 숨이 막히고 가슴이 꽉 막힌 듯한 답답함을 느끼기도 한다. 하지만 이런 것까지 전부 공황이라고 하지는 않는다.

공황 발작과 단순한 스트레스 반응을 구분하는 중요한 포인트는 '예측하기 어려운 상황에서 갑작스럽게 일어난다는 점'과 '이러다 죽을지도 모른다는 공포감'을 느끼는 것이다. 일어날 타이밍을 모른다는 예측 불가능성 때문에, 공황에 시달리는 이들은 만성적인 불안을 계속 느낀다. 심한 경우 방 안에서 나오지도 못하는 경우도 있다.

공황 장애란 공황 발작을 반복적으로 경험하는 장애를 말한다. 공황 발작을 한번 경험하면, 승호 씨처럼 이후 자꾸만 또 공황 발작을 경험할까 봐 걱정되고 불안해하게 된다. 이게 공황 장애의 핵심이다. 공황 발작 자체는 10~20분이면 끝나지만, 찾아오는 공포가 극심하고 예측 불가능하다 보니 일상생활을 유지하기 어려운 장애로까지 이어지는 것이다.

승호 씨처럼 공황 장애에 시달리는 사람들은 조금이라도 몸에 이상한 느낌이 들면 또 발작이 일어나지 않을까 두려워한다. 운동을 하다가 심장이 빨리 뛰는 것은 자연스러운 신체 변화임에도 불구하고, 이것이 발작으로 이어지지 않을까 하는 걱정 때문에 극심한 불안을 느끼는 것이다. 그래서 발작이 일어났던 장소나 상황과 유사한 곳을 모두 피하기도 한다.

예를 들면, 승호 씨처럼 운전을 포기하기도 하고, 심장이 빨리 뛰게 하는 운동도 하지 않는다. 엘리베이터와 같이 폐쇄된 공간에 가지 않거나, 통제하기 어려운 사람들이 북적대는 장소에 나가지 않는다. 또한 도움을 청할 수 있는 누군가와 반드시 동행하려 하기 때문에, 혼자 있는 상황을 몹시 두려워하게 된다.

공황 장애는 왜 발생하는가

공황 장애가 생기는 데에는 여러 가지 요소들이 영향을 미친다. 태어나면서 가지고 있는 유전적인 요인이나 생물학적 기질 때문일 수도 있고, 또는 신체의 성분이 영향을 미쳤을 수도 있다. 하지만 이런 것까지 쉽게 고치긴 어려운 일. 여기에서는 그 이외의 요인, 조금 더 컨트롤하기 쉬운 쪽에 집중해 보자.

살면서 우리는 누구나 다양한 일을 겪는다. 특히 준비되어 있지 않은 상태에서 감당하기 어려운 사건이나 충격적인 경험을 하게 되면 공황이 발생할 수 있다. 즉 공황의 직접적인 요인은 지나친 스트레스다. 스트레스에 대처하는 방법을 제대로 알지 못하고 참기만 하다간 공황 장애로까지 발전할 수 있다. 이는 특히 젊은 사람들 사이에서 공황 장애 발생 빈도가 높다는 사실에서 잘 드러난다. 스트레스를 다뤄 본 경험이 적다 보니, 그만큼 대처에도 서툰 것이다.

그렇다면, 스트레스에 제대로 대처하려면 어떻게 해야 할까? 그 힌트는 '어린아이의 독립'에서 얻을 수 있다. 공황 증상은 마치 어린아이가 엄마와 이별할 때 나타나는 분리불안과 유사하다. 항상 나를 도와주던 엄마와 떨어졌을 때, "내가 과연 혼자 감당할 수 있을까?"하는 생각에 어린아이가 심한 두려움과 공포감을 경험하는 것과 비슷한 것이다.

이럴 때, 어린아이들은 가족이나 친구 등 타인의 도움을 받으며 스트레스를 극복하는 법을 배운다. 꼭 구체적인 방법을 배우는 게 아니더라도, 주변인을 지지대 삼아 조금씩 그에 익숙해져 간다. 그렇게 얻는 사회적 지지와 유대감이 힘든 사건에 대처하고 받은 고통과 상처를 치유하는 중요한 요인이 된다.

그런데 곁에 도움을 요청할 사람이 없거나, 다른 사람들과의 사회적 유대감이 약하면 어떻게 될까? 이럴 때 아이는 나를 보호해주는 방어막 없이 위험한 세상에 내던져진 것 같은 공포를 겪게 된다. 이것이 바로 공황 장애의 가장 원초적인 형태다.

실제로 공황 발작은 '상실'의 기억과 깊이 관련되어 있다. 승호 씨는 부모의 이혼 후 홀어머니와 단둘이 생활해 왔다. 그러다 성인이 되어 독립해야 하는 상황에 놓이면서 불안이 심해졌고, 엄마 대신으로 애착을 느꼈던 5살 연상 여자친구와의 결별이 불안을 가중시켰다.

이처럼 애착을 느끼던 사람과 이별한 후 공황 발작을 경험하는 사람도 많다. 특히 청소년기나 청년기에 부모를 잃거나, 승호 씨처럼 부모에게 밀착되어 의존하고 있는 상황에서 갑작스레 독립을 해야 할 때에 공황 발작이 일어나는 경우가 많다.

후자의 경우 공황 장애로 인해 일시적으로 독립을 피하는 결과를 낳기도 한다. 승호 씨는 공황 장애를 진단받음으로써 독립에 대한 압박에서 벗어날 수 있었고, 오히려 그 전보다 더욱 어머니와의 관계가 밀착되지 않았는가.

하지만 언제까지고 타인에게 의존하며 살아갈 수는 없는 일이다. 과도한 의존은 오히려 공황 장애를 악화시킬 수도 있다. 그렇다면 이를 극복하고 공황 장애로부터 자유로워지기 위해서는 어떻게 해야 할까?

공황 장애를 극복하기 위한 해법

공황 장애를 극복하는 방법들은 여러 가지 측면에서 접근해 볼 수 있다. 첫째, 착각에서 벗어나 보자. 공황 장애를 겪는 사람들은 자연스러운 신체 변화조차도 발작의 전조 증세라며 두려워한다. 하지만 모든 신체 변화가 발작으로 이어지는 건 아니다. 이를 기억하면 된다.

생각이 감정을 만든다. 위험하다는 생각이 더욱 심장을 거칠게 뛰게 한다. 반대로 생각해 보자. 운동할 때 심장이 뛰고 숨이 가쁜 것은 자연스러운 일이다. 사람이 많을 때 긴장되는 것도 자연스러운 일이다. 폐쇄된 공간에서 답답한 것도 당연하다. 많은 사람들에게 주목을 받거나 낯선 사람을 만났을 때 얼굴이 붉어지고 손발이 떨리는 것도 그렇다.

지금 내 몸에서 일어나는 일이 그저 자연스러운 신체의 변화라는 걸 되새기자. 변화하지 않는 인간은 없다. 우리 인간은 누구나, 언제나 다양한 상황에 반응해 신체 감각이 변화한다. 그리고 다시 회복한다. 이를 스스로에게 말해 보라. "괜찮아, 아무 일도 일어나지 않아"라고 말이다.

둘째로, 평소 틈틈이 몸에서 힘을 빼는 연습을 해 보자. 발작은 언제나 몸에 힘이 들어가면서 시작된다. 불안할 때 몸이 긴장하지 않도록, 심호흡 등으로 몸의 힘을 빼는 훈련을 평소에 계속하는 것이 도움이 된다. 숨을 크게 들이마시고 내쉬는 호흡을 천천히 규칙적으로 반복하는 심호흡은 긴장을 완화하는 가장 간단하고도 효과적인 방법이다. 또한 몸의 근육을 일부러 수축시켰다가 힘을 빼면서 천천히 이완된 상태를 유도하는 것이 도움이 된다.

이완 훈련을 할 때는 평소 자신을 두렵게 했던 생각이나 상황을 떠올려 보면 좋다. 두려운 생각이 들 때 몸을 이완시키는 연습을 함으로써, 실제 상황에서도 몸을 이완시킬 수 있도록 점진적인 훈련을 하는 것이다. 이를 통해 위험하다고 생각했던 상황에 노출되어도 위험하지 않다는 것을 몸과 마음에 각인시킬 수 있다.

위 두 가지 방법의 핵심은 극심한 공포와 두려움에 놓여도 죽지 않는다는 것을 깨닫는 것이다. 내 예상과 달리 위험한 일이 일어나지 않으며, 스스로 다시 회복할 수 있음을 경험하면 공황 발작을 극복할 수 있다.

때에 따라 신체 감각의 변화들을 일부러 유도하는 치료법도 있다. 일부러 숨을 가쁘게 쉬거나, 회전의자를 빨리 돌려 어지러움을 유발하는 것이다. 이때 몸의 감각을 회피하지 않고 그대로 직면하는 게 중요하다. 그러면 서서히 호흡과 어지러움이 잦아드는 걸 느낄 수 있다. 사실 신체 감각의 변화는 일시적일 뿐이다. 잠깐 소용돌이치다가 다시 원래대로 돌아가기 마련이다. 죽을 만큼 두렵더라도, 결코 죽지 않는다는 사실을 기억하자.

공황 장애를 극복하는 또 다른 방법은 상실과 외로움과 있는 그대로 마주하는 것이다. 공황 장애는 결국 홀로 남겨졌다는 고립감을 제대로 컨트롤하지 못해 생기는 발작이니 말이다. 외로워도, 고립되어도, 당장 내가 죽는 게 아니라는 사실을 알면 공황 발작에 대처하기 쉬워진다.

나아가 다른 사람과 함께 더불어 살아가는 친밀감을 형성하면 더욱 좋다. 어쩌면 대인관계 능력이 공황 장애뿐 아니라 우울증 등 다양한 문제에 만병통치약일지도 모른다.

마지막으로, 첫 공황 발작에 큰 영향을 미쳤던 상처를 마주하고 다루는 게 필요하다. 근본적인 치유를 위해서는 내게 깊은 상처를 남겼던 스트레스 경험을 꼭꼭 씹어 삼켜 자기 것으로 만들어야 한다. 어떤 사람은 중요한 사람을 잃은 상실 경험일 수도 있고,

사람들 앞에서 심한 모욕감을 느낀 사건이 될 수도 있다. 바로 그때 느꼈던 감정을 소화해야 한다. 그로 인해 느꼈던 죄책감, 슬픔, 분노 등 정서적 고통을 마주하고, 안전하게 해소하는 것이 필요하다. 내가 어떤 과정을 거쳐 그런 경험을 하게 되었는지, 그 경험이 무엇을 의미하는지, 구체적으로 이해하고 소화할 수 있다면 비로소 공황에서 벗어나 자유로워질 수 있다.

불쾌한 감정을
내 안에 쌓아두지 마라

우울

나 자신이 초라하게 느껴질 때

평생 집안일이라고는 해본 적이 없는 서연 씨는 자상한 남자 친구를 만나 결혼을 하게 되었다. 남자 친구는 서연 씨에게 '내가 다 할 테니 몸만 오라'며 적극적인 구애를 펼쳤다. 그러나 남자 친구는 남편이 된 후 태도를 바꿔, 사소한 것에도 권위적으로 핀잔을 주고 꼬투리를 잡기 시작했다. 저녁상을 차리는 건 언제나 서연 씨였는데, 남편은 식사가 마음에 들지 않으면 신경질을 냈다. 또 남편은 청소에도 깐깐해 조금이라도 먼지가 쌓이면 청소를 제대로 하지 못했다며 트집을 잡았다. 이렇게 남편은 날이 갈수록 서연 씨를 무시하고 함부로 대했다. 시부모 또한 서연 씨를 사사건건 참견하며 잔소리하긴 마찬가지였다.

결혼 이후 계속되는 스트레스로 우울해하던 서연 씨는 결국 이혼을 결심했다. 그러나 남편의 반대와 경제적 자립의 어려움 때문에 결정을 미루며 적당한 시기를 기다리던 중, 갑작스런 교통사고로 남편이 전신마비가 되면서 간병을 해야만 하는 상황에 처했다. 이러지도 저러지도 못하고 발이 묶인 상황에서 서연 씨의 우울감은 더욱 심해졌다. 설상가상으로 어릴 때부터 친했던 언니가 간암 판정을 받으면서, 행복했던 어린 시절은 온데간데없이 초라한 인생만 남은 것 같아 고통스러워했다.

이혼할 생각이었던 서연 씨는 이제 발을 뺄 수가 없는 상황이 되었다는 생각에 심한 우울과 절망에 빠졌다. 결혼생활 내내 '너무 힘들다. 왜 그렇게 살아야 하지?', '아이들 때문에 어쩔 수 없이 산다'라는 말도 반복했다. 우울해서 자꾸 눈물이 났고, 땅속으로 꺼지는 것 같으며, 아무것도 하고 싶지 않았다. 그저 슬픈 생각과 죽고 싶은 충동이 계속 들었다.

우울이란 무엇인가

우울하다는 것은 무엇인가? 살면서 누구나 한번은 기분이 계속 처지고 우울한 기분을 느낀 적이 있을 것이다. 그러나 많은 경우 슬픈 것과 우울한 것을 혼동하고, 우울한 것과 우울증을 혼동한다.

그럼 슬픈 것과 우울한 것의 차이는 무엇일까? 우리는 무언가를 잃었을 때 슬픔을 느낀다. 원하던 일이 잘되지 않았을 때, 관계가 원하던 방향으로 흘러가지 않을 때, 인정을 받지 못했을 때, 원하던 목표를 이루지 못했을 때, 속상하고 슬프다. 이처럼 슬픔은 일시적인 것으로, 어느 정도 시간이 지나면 회복될 수 있다. 자기만의 방법으로 대처하거나, 상황이 변하거나, 주변의 지지를 받으면 슬픔은 걷힌다.

그러나 슬픔이 반복되면, 점점 무기력해지고 슬픔의 고통에 무감각해지게 된다. 이것이 바로 '우울함'이다. 우울함에 빠진 이들에겐 이전에 즐거웠던 것들이 더 이상 즐겁지 않고 삶도 재미가 없다. 매사에 의욕이 없어지며 삶이 어둡고 황폐해져 간다. 즉 우울하다는 것은 전반적으로 에너지가 떨어지고 가라앉아 있는 상태를 말한다.

그렇다면 우울하다는 것과 우울증은 무엇이 다를까? 우울하다고 해서 무조건 우울증은 아니다. 누구나 한동안 우울함을 느낄 수 있지만, 그렇다고 그들 모두가 우울증이라고는 할 수 없다. 단순한 우울감은 우울증 이외에도 크고 작은 심리적 문제를 겪을 때에도 부수적으로 나타날 수 있다.

우울증은 전문가의 진단을 통해 판단되는 기분 장애의 한 종류다. 다시 말해, 특정한 조건을 만족해야 우울증이라고 판단할 수 있다는 것이다. 전문가들이 우울증 여부를 판단할 때 사용하는 대략적인 기준은 다음과 같다.

우선 우울증이라는 진단을 내리기 위해서는 반드시 경험해야 하는 증상 두 가지가 있다. 하나는 '우울하거나 공허한 기분이 드는 것'이고, 다른 하나는 '흥미와 욕구를 상실하는 것'이다. 우울증을 앓는 사람은 평소 즐거워하던 일에 흥미를 잃고 새로운 것에 대한 관심이 없어진다. 즉 먹고 살기 위한 업무, 게임 같은 취미, 심지어 본능적 쾌락인 성관계 등 이전에 즐기던 활동에 대한 흥미를 잃으며, 새로운 흥밋거리를 찾지도 않는다.

그리고 다음 증상 중 3가지 이상이 2주 이상 지속적으로 나타나야 한다.

(1) 체중이나 식욕에 급격한 변화가 생긴다.
(2) 잠이 잘 오지 않거나, 잠들어도 중간에 자주 깬다.
(3) 작은 일에도 동요되어 긴장되고 안절부절못한다.
(4) 의욕이나 기력이 없고, 몸이 쉽게 피로해진다.
(5) 죄책감이 들고 스스로가 무가치하다는 생각이 든다.
(6) 집중력이 쉽게 무너져 읽기, 계산 등이 어렵다.
(7) 죽음이나 자살에 관한 생각이 들고 검색해 본다.

그 밖에도 자기 자신을 비하하거나, 타인과 세상에 비관적이고 절망적인 태도를 보이거나, 이게 다 무슨 소용이냐는 허무주의적인 생각에 빠지기도 한다.

이러한 증상이 강하게, 오래 지속된다면 우울증일 가능성이 크다. 전문가들은 보통 위에 나열된 증상 중 4~5개 이상이 하루 종일, 2주 이상 지속될 때 우울증이라고 진단한다.

그 결과 우울증을 겪는 사람들은 직장이나 친구 관계 등에서 제대로 업무와 교류를 수행하기 어려워하고, 사회적 관계를 유지하며 생활하는 데 심각하게 어려움을 겪는다.

우울은 왜 찾아오는가

우울을 유발하는 요인은 매우 다양하다. 타고난 기질 등 유전적인 요인도 영향을 미친다. 그러나 유전이 전부는 아니다. 더욱 직접적인 원인은 삶 속에서 경험하는 스트레스다. 즉 다른 사람들에 비해 우울증에 취약한 유전적 요인을 가지고 있더라도, 살아가면서 운 좋게 스트레스를 심하게 받지 않는다면 우울증에 걸리지 않을 수도 있다. 반대로 우울증에 취약한 유전적 요소가 적은 사람도 심각한 스트레스를 지속적으로 겪다 보면 우울증으로 발전할 수 있다.

이처럼 스트레스를 유발하는 사건들 가운데 대표적인 것이 소중한 사람과의 이별이다. 이 밖에도 심각한 질병에 걸리거나, 대인관계에서 갈등을 심하게 겪거나, 일자리를 잃거나, 사업 실패나 부도로 경제적인 파탄이나 어려움에 빠지는 것도 원인이 될 수 있다. 또는 학업에서 부진하거나 업무를 처리하는 데 어려움이 발생할 때도 우울해질 수 있다.

물론 심각한 사건을 겪은 적 없어도 우울증에 걸릴 수 있다. 상대적으로 가벼운 스트레스라도, 제대로 대처하지 못할 경우 우울증으로 발전하여 일상생활과 사회생활에 어려움을 겪을 수 있다.

이처럼 우울의 원인은 사람마다 다양하지만, 핵심은 소중한 사람이나 대상을 잃은 상실이다. 상실로 인해 슬픔을 겪는 건 자연스러운 일이지만, 그 슬픔을 떠나보내지 못하고 계속 지속되고 반복되면 우울증으로 이어진다.

상실을 겪은 사람들은 슬픔과 함께 분노를 경험하기도 한다. "어쩌다 이렇게 됐지?" 등 소중한 대상이 사라진 상황 자체에 대해서도 화가 나지만, 자신을 버려두고 떠나간 대상에게도 분노를 느낀다. 예를 들어, 엄마가 돌아가셨을 때 그 자체로 슬프기도 하지만 자신만 홀로 남겨두고 간 엄마에게 화가 나기도 하는 것이다.

하지만 그 분노가 향할 대상은 이미 사라졌다. 그러니 화를 억누를 수밖에 없다. 참을 수밖에 없는 것이다. 그렇게 억압된 분노는 공격의 화살을 자신에게로 돌리기 마련이다. 화는 내야겠는데 쏟아낼 사람이 없으니, 만만한 자신에게 돌리는 것이다. 그 결과, "내가 못나서 그런 거야", "내가 좀 더 잘했더라면 이런 일은 없었어", "내가 잘못해서야"와 같이 자기 비난과 책망을 하게 되며, 이것이 죄책감으로 이어진다.

자신을 향한 분노와 자기 비하는 자존감을 손상시킨다. 그리하여 자신을 관리하고 보호하는 자아의 기능이 약화되면서 우울에 빠진다. 요컨대, 크고 작은 상실로 인해 겪는 분노를 제대로 해소하지 못하면, 그 분노가 자신에게 향하면서 우울로 발전할 수 있다는 것이다.

따라서 우울에 빠지지 않기 위해서는 충격적인 경험이나 스트레스를 감당하는 법을 터득해야 한다. 이를 위해서는 평소 사소한 사건에 도전하고 실패를 경험하면서 문제 해결 능력이나 대처 능력을 쌓는 것이 좋다. 이는 대인관계에서도 마찬가지로, 다양한 사람들과 관계를 맺고 갈등해 보면서 적절한 사회적 기술을 연습하는 것이 좋다.

개인의 문제 해결 능력만큼이나 중요한 것이 바로 사회적 지지다. 평소에 친구나 가족 등 친밀하고 편한 관계가 없을 때, 혹은 자신이 힘들 때 위로와 지지를 보내줄 수 있는 사회적 지지가 부족할 때, 사람은 스트레스를 제대로 처리하지 못하면서 우울에 빠지기 쉽다.

또한 '학습된 무기력'이라는 이론을 통해 우울의 발생을 설명하는 심리학자들도 있다. 이는 큰 좌절을 겪은 사람이 어떻게 해도 이 상태를 벗어날 수 없을 것이라는 무력감을 학습하여, 결국 상황을 변화시키는 노력을 하지 않게 된다는 이론이다. 발버둥을 쳐도 달라지지 않는 현실을 보면서 무력하고 우울해지는 것이다.

그렇다면 사람들은 왜 이렇게 커다란 무력감에 빠지게 되는가? 스트레스의 원인을 돌리는 '귀인' 작용 때문이다. 사람들은 어떤 사건이 발생하면 왜 이런 일이 일어났는지 이유를 확인하고 싶어한다. 그런데 원인을 찾기 힘들면, 어디론가 적당한 곳에 돌리기 마련이다. 특히 우울한 사람들은 실패의 원인을 자기 자신에게, 내가 바꾸기 어려운 것에, 언제나 그래왔던 것처럼 떠넘기는 경향이 있다. 즉 자신의 능력이나 성격과 같이 바꾸기 어려운 것으로 원인을 돌리는 것이다. 이는 절망에서 벗어날 가능성이 없다는 암시로 이어지며, 사람을 의기소침하고 우울하게 만든다.

결국 생각이 우울을 만드는 것이다. 사람들은 각자 경험을 통해 자기, 타인, 미래에 대해 자기 나름의 생각을 갖게 된다. 이렇게 만들어진 생각은 세상을 바라보는 렌즈 역할을 하는데, 렌즈로 삼은 생각이 부정적인 사람일수록 우울해지기 쉽다. 자기 자신에 대해 '나는 무능해', '나는 무가치해', '나는 열등해', '사랑받지 못할 사람이야'와 같이 부정적인 생각이 이어지기 때문이다. 미래에 대해 '아무리 노력해도 개선될 수 없어'와 같이 비관적이고 암담하게 생각하기도 하며, 세상에 대해서는 '세상은 살기 너무 힘들어', '세상 사람들은 나에게 무관심하고 무시하고 비난할 거야'와 같이 부정적인 생각을 품는다.

또한 우울한 사람들은 자신과 세상에 대해 '~해야 한다', '~해서는 안 된다'와 같은 완벽주의적이고 융통성 없는 경직된 믿음을 가진 경우가 많다. 예를 들어, '나는 내게 중요한 사람 모두에게 사랑과 인정을 받아야겠어', '모든 일을 완벽하게 해야 해' 등이 있다. 이런 생각을 지닌 사람이 갈등 등 부정적인 사건을 겪으면, 그것을 해석하는 과정을 자신과 결부짓거나 파국적인 왜곡을 하면서 '내 삶은 별 볼 일 없어', '날 다 싫어해'와 같은 비관적인 생각을 떠올리게 된다. 이는 우울로 직진하는 결과를 낳는다.

우울에 대처하는 방법

 우울이 심한 경우는 약물치료를 병행하는 것이 일반적이다. 다만 여기에서는 평소 도움이 될 만한 심리학적 해결 방법을 안내하고자 한다.

 첫째, 생각이 우울을 만들기 때문에, 우울로 이어지는 생각 회로를 변화시키는 게 필요하다. 우울한 사람들의 부정적이고 비관적인 생각, 도움이 되지 않는 믿음들을 보다 현실적이고 도움이 되는 생각으로 바꾸어 보자. 우울로 이어지는 회로를 찾는 방법은 '우울한 감정을 느낀 순간 했던 생각'이 무엇인지 자신에게 질문해 보는 것이다. 그때의 생각을 찾아서 보다 도움이 되는 생각으로 바꾸어 보자. 예를 들어, 스스로에게 다음과 같이 계속 물어보면 어떨까? "정말 그런가? 다르게 생각할 수는 없을까? 달리 어떻게 생각할 수 있을까?", "친구가 그런 생각을 한다면 당신은 뭐라고 조언해줄 수 있을까?", "내가 원하는 게 뭘까? 그것을 위해서 이렇게 생각하는 게 도움이 될까? 무슨 생각을 하는 게 더욱 도움이 될까?" 이런 질문이 우울에서 벗어나도록 하는 대안적인 생각을 찾는 데 도움이 된다.

 둘째, 다른 사람과 연결되어 있음을 느끼는 것이다. 앞서 강조했듯이 사회적 지지와 유대감이 우울을 막는 요인이자 우울에서 벗어나도록 돕는 좋은 요인이다. 사람은 주변 세계와 단절되어 있을 때 외로움을 느낀다. 이렇게 아무와도 친밀감을 느끼지 못할 때 우울해지기 쉽다. 따라서 의도적으로 다른 사람과의 만남을 시도해 보는 것이 필요하다. 대상은 나를 잘 이해해줄 수 있고 신뢰가 가는 편안한 사람을 선택하는 게 좋다. 무턱대고 다가갔다가 오히려 갈등이 생기고 상처를 받아 더욱 우울해질 수 있으니까 말이다. 서로 이해하고 공감하는 관계를 형성하려는 시도가 다른 사람과 연결되어 있다는 소속감을 느끼게 하면서 외로움을 줄일 수 있다.

구체적으로 몇 가지 제안하자면, 소속될 수 있는 집단을 찾는 것이 도움이 된다. 취미활동을 함께 하는 동호회를 찾아보는 것도 좋다. 종교나 운동, 취미 등을 함께 하고 나누는 모임을 갖는 방법도 있다. 일정이 규칙적인 모임일수록 안정감을 주고 친밀감을 점진적으로 높일 수 있다.

자원봉사를 해 보는 것도 좋은 방법이다. 다른 누군가를 위해서 자신의 시간과 에너지, 노동력을 쓰면 자신의 가치와 필요성을 느낄 수 있다. 반려동물을 키우는 것 또한 하나의 방법이다. 반려동물과의 애착과 친밀감은 외로움을 줄이고 우울을 감소시킨다. 게다가 반려동물을 매개로 다른 사람들과 쉽게 접촉하고 친해지는 경향이 있다.

셋째, 궁극적으로 우울에서 벗어나기 위해서는 내게 스트레스를 안겨주었던 경험을 꼭꼭 씹어 소화하는 것이 중요하다. 감정 경험을 소화하는 것은 크게 두 가지 측면에서 이루어진다. 하나는 '감정의 해소'이다. 감정은 똥과 같다. 화장실에서 변을 보듯이, 감정 또한 바깥으로 밀어내 해소해야 한다. 감정을 표현하여 해소하는 과정에서 부작용이 없으려면, 안전이라는 사전 조건을 먼저 확보해야 한다. 그 사건으로 인해 발생한 분노나 슬픔, 불안, 수치심 등의 감정을 안전한 대상, 상황, 방식을 통해 해소하는 거다. 이때 느끼는 감정에 주의를 집중하며 "화나", "슬퍼", "외로워"와 같이 감정 단어를 명명해서 말, 글, 몸을 통해 밖으로 꺼내어 배출하듯이 해소하는 과정에 임해 보라. 그 순간 느끼고 변화되어 가는 감정과 떠오르는 생각을 그대로 따라가 보라. 내면에 쌓여 있는 감정이 덜어지고 해소되는 기분이, 뭔가 시원하고 홀가분한 기분이 들 것이다.

감정을 소화하는 다른 하나의 측면은 '감정의 이해'이다. 감정이 발생하는 이유를 한마디로 요약하면 우리에게 정보를 주기 위해서다. 감정과 경험을 들여다보면서 그 경험이 주는 정보를 파악하고, 왜 그러한 일이 일어났는지, 거기서 나는 무엇을 원했는지 알아차리고, 그러한 욕구와 생각, 감정을 처리하는 것이 필요하다. 그렇게 스트레스 사건을 이해함으로써 우울을 소화할 수 있다.

넷째, 건강한 방식으로 화를 안전하게 표현해 보라. 우울한 사람들은 사실 화가 난 사람들이다. 내면에 억울함, 서운함, 분노 등의 화난 감정이 밖으로 표출되지 못하고 억눌러져서 우울로 발전하는 것이다. 우울한 사람들 대부분의 내면에는 억제된 화가 있다. 그 화를 알아차리고 안전하게 몸 밖으로 표출하는 것이 필요하다. 말로 표현하는 게 어렵다면, 권투나 검도 등의 운동 혹은 노래나 춤을 통해 풀어내 볼 수 있다. 물론 그림이나 음악을 통해서도 가능하다. 이때 내면에 쌓여 있는 화에 주의를 집중하며 느끼고 몸 밖으로 꺼내놓듯이 글, 그림, 음악, 춤, 운동 등의 다양한 방법을 통해 해소하는 것이 효과적이다.

다섯째, 매일 글이나 일기를 써보는 것도 우울을 예방하거나 벗어나는 데 효과적이다. 내면의 이야기를 꺼내어 글로 표현해 보는 것이다. 상상력과 창의력을 활용한 글을 통해 내면의 욕구를 다양한 방식으로 간접적으로 충족시키고 표현할 수 있다.

여섯째, 맛있는 음식을 먹거나, 여행이나 휴가를 떠나는 것도 좋다. 우울한 상태는 욕구불만의 상태이다. 욕구는 서로 연결되어 있으니, 지금 충족시킬 수 있는 욕구를 채워보는 것이 어떨까. 먹고 싶었던 맛있는 음식을 음미하며 먹어보고, 가고 싶었던 곳에 가 보면서 활력을 느낄 수 있다. 명상과 마음챙김 등을 통해 마음을 안정시키는 것 또한 좋은 방법이다.

마지막으로, 이 사실을 기억하라. 우리는 우울할 수밖에 없는 것이 아니다. 우리는 우울함을 선택하고 있다. 이를 소리 내어 말해 보라. "나는 우울함을 선택하고 있다!" 그것만으로도 실은 내가 우울해하지 않아도 되며, 당신 자신을 위해 이제 그만 우울에서 벗어나기로 결정할 수 있다는 사실을 깨달을 수 있을 것이다.

무기력할 땐
'하고 싶은 것'부터 하라

무기력

아무것도 하기 싫다

준수 씨는 초등학교 고학년이 되면서 밝고 활발하던 성격에서 내성적인 성격으로 바뀌었다. 사춘기에 접어들며 힘센 친구들의 눈치를 보게 되었고, 낯선 사람을 만나면 위축되고 조심스러워져 새로운 친구를 사귀기도 힘들어졌다. 성인이 된 후에도 소심한 성격이었던 준수 씨에게, 제일 큰 걱정은 '군대에서 잘 적응할 수 있을까?'였다.

그런데 입대를 앞둔 어느 날, 준수 씨는 발목을 다치고 말았다. 어쩔 수 없이 준수 씨는 발목이 다친 상태에서 군대에 들어갔는데, 힘든 훈련으로 인해 발목뿐 아니라 무릎과 허리, 가슴이나 머리까지 심한 통증을 겪었다. 그러나 동기와 선임들은 여기저기 아프다고 호소하는 준수 씨를 못마땅해했고, 자신들에게 피해를 준다고 생각해 적대적으로 대하기 일쑤였다.

통증이 심해진 준수 씨는 결국 의가사제대를 했다. 하지만 그것이 해피엔딩은 아니었다. 준수 씨의 무기력은 전역을 한 이후로도 이어졌다. 학업도 손에 잡히지 않았고, 아무것도 하고 싶지 않은 마음에 침대에 계속 누워만 있었다. 좀처럼 방에서 나오지 않았으며, 가끔 게임을 하는 게 전부였다. 다른 일을 하면 두통이 심해졌고, 그래서 그냥 누워 있는 경우가 다반사였다. 그러다 보면 이 세상에 자신과 침대 오직 둘만 떠 있는 듯한 느낌이 들었다.

무기력이란 무엇인가

무기력이란 흔히 '지쳐서 아무것도 하기 싫은 상태'를 말한다. 무기력한 상태에서 나타나는 특징은 다음과 같다. 첫째, 내가 열심히 해도 좋은 결과를 얻을 수 있다는 자신감이 없다. 둘째, 이유 없이 슬프고 침울한 기분이 들고, 자기를 비하하는 부정적인 생각이 든다. 셋째, 아무런 의욕이 없고 눈앞의 일에 주의를 집중하기가 어렵다. 넷째, 매사에 소극적이고 수동적이며, 통제력이 낮아져 자기조절을 하지 못한다. 다섯째, 어떤 일을 시작해서 끝까지 처리하지 못하고, 쉽게 체념하게 된다.

우리는 살면서 내 힘으로 처리해야 할 여러 가지 과업을 만난다. 그것이 내가 좋아하는 것이든, 싫어하는 것이든, 이는 어느 정도 부담과 스트레스로 다가온다. 그것을 처리하기 위해 에너지를 써야 한다. 그런데 무기력한 상태에서는 이럴 때 필요한 에너지를 쓰지 못한다. 아무것도 할 수 없을 것 같고, 하기 싫은 상태가 바로 무기력이다. 번아웃이나 우울증, 불안증 모두 초기 증상에는 무기력이 나타난다.

무기력은 왜 찾아오는가

가장 큰 원인은 스트레스다. 예를 들어, 취직, 연애, 결혼 등 부담스러운 과업들이 눈앞에 닥쳤다고 해 보자. 여기서 오는 스트레스를 잘 소화할 수 있는 능력이 부족하면, 사람은 무력감을 느낀다. '난 이런 거 못 해', '난 실패자야'라고 생각하며 주저앉아 버리는 것이다.

한편 스트레스를 처리할 기본적인 능력은 있으나, 일이 지나치게 많아서 에너지를 모두 써버렸을 때도 무기력해질 수 있다. 이런 경우 에너지 고갈로 인해 지치게 되며, 여유나 시간이 없다는 생각에 무력감을 느끼게 된다. 만약 마음에 여유가 없다면 "지금 맡은 일이 너무 많지 않나?"라고 스스로에게 물어보길 바란다.

또 한편으로 대처 방법이 서툴러서 무기력해질 수 있다. 일상에서 발생하는 스트레스나 문제에 적절히 대처하고 해결해 본 경험이 부족할 때, 그리고 스트레스가 유발시킨 불안, 분노, 슬픔 등의 불쾌한 감정을 조절하는 전략이 부족한 경우 에너지가 과도하게 소요되면서 무기력에 빠질 수 있다.

이렇게 무기력에 빠진 사람들은 으레 회피적인 성향을 보인다.

감정을 조절하는 방법은 수없이 다양한데, 이를 잘 활용하지 못해서 단순히 회피하는 방식을 취하는 경우가 많은 것이다. 결국 감정조절에 실패하면서 에너지 소진이 이루어져 무기력 상태가 초래된다. 한 마디로 실패 경험이 반복되었을 때, 무기력이 찾아오는 것이다.

그렇다면, 어떤 사람이 쉽게 실패라 여기며 무기력에 빠질 가능성이 높을까? 첫째, 기대 수준이 높은 사람이다. 부모나 친구 등 주변인들, 혹은 자신이 스스로에게 거는 기대가 높을수록, 자신이 그 수준에 도달하지 못한다고 판단할 가능성이 높기 때문이다. 그러면 자연스레 실패로 인지하면서 좌절감을 느끼게 될 가능성도 커진다. 둘째, 자신감과 자기효능감이 낮은 사람이다. 자신에겐 어떤 일을 해낼 수 있는 능력이 없다고 생각하면서, 자신의 의지와 노력으로는 아무것도 달성할 수 없다고 생각하기 쉽다. 셋째, 실패의 원인을 어디에 돌리는가도 중요하다. 운명이나 환경 등 통제 불가능한 요인 탓으로 돌리는 사람일수록 무기력에 빠지기 쉽다. 자신에겐 할 수 있는 것이 없다고 생각해 버리기 때문이다. 운명이 그러한데 무엇을 할 수 있겠는가? 자신을 둘러싼 환경을 어떻게 자기 뜻대로 바꿀 수 있단 말인가? 넷째, 선천적으로 무기력에 취약한 사람도 있다. 교감 신경계나 부교감 신경계를 조절하는 호르몬 분비에 문제가 있는 경우, 호르몬 불균형으로 인해 무기력감을 느낄 가능성이 높다. 호르몬이 교감신경계를 자극하면 심박수가 증가하며 활력을 느끼게 되고, 부교감신경계를 자극하면 심박수가 낮아지고 차분해진다. 그런데 호르몬 분비에 문제가 생기면서 이들 신경계가 제대로 조절되고 통제되지 못하여 무기력에 빠질 수 있다.

실패 경험이 누적되면, 그 원인을 찾는 과정에서 자기 비난을 하거나, 부정적인 측면을 반복해서 떠올리는 반추를 하기 쉽다. 그리고 다른 상황에서도 '난 성공 못 해', '노력해도 실패할 텐데', '열심히 해봤자 소용없어' 같은 잘못된 믿음을 굳게 갖게 된다. 이것이 오랜 시간 반복되면서 장기적인 무기력을 낳는다. 그렇게 노력이나 새로운 도전을 하지 않게 만든다. 해 보지도 않고 포기해 버리는 것이다.

이렇게 되면 불안이나 좌절, 혹은 분노 등 불쾌한 감정이 머릿속을 지배하게 되면서, 문제를 회피하거나 요행을 바라며 강박적인 행동을 보이게 된다. 물론 이는 상황이나 문제에 대한 제대로 된 해결책이 아니기에, 실패를 반복해 무기력이 강화되는 결과를 낳는다.

또한 실패로 인한 자존감의 손상이 발생한다. 인간은 자존감으로 삶을 버티고 살아가는 힘을 갖는다. 자존감이 약해진 사람은, 다른 사람이 쉽게 이겨낼 수 있는 상처에도 마치 가슴에 총을 맞은 것처럼 커다란 타격을 받으며 휘청이게 된다. 급기야 몸과 마음이 무너지는 사람도 많다.

자존감이 낮아진 사람들은 자존감의 손상을 최소화하려고 하는데, 그중 가장 대표적인 방법은 아무것도 하지 않는 것이다.

이들은 문제에 손을 대지 않고 방치함으로써, '난 아무것도 하지 않았으니 내 탓도 아니다'라고 생각하며 자존감을 보호한다. 즉 내가 노력하지 않아서 결과가 나오지 않는 것일 뿐, 제대로 노력만 한다면 결과는 달라질 거라고 생각하는 것이다.

예를 들면, 변호사 시험 준비를 하면서 마치 예비 변호사라도 된 듯 의기양양해하지만, 막상 공부는 제대로 하지 않고 시험이 다가오면 앓는 소리를 내는 사람처럼 말이다. 취직을 준비한다면서 제대로 준비는 하지 않고, 합격하지 못하면 100%를 다하지 못한 것뿐이라고 원인을 돌리는 사람도 있다. 즉 자기 능력이 부족해서 실패한 것이 아니라, 언제든 마음만 내키면 변화시킬 수 있다고 생각함으로써 자존감의 손상을 막는 것이다.

무기력을 극복하는 방법

물론 이런 생각으로는 평생 무기력에서 벗어나지 못한다. 그렇다면 무기력에서 벗어나기 위해 어떻게 해야 할까?

무기력은 에너지가 없는 상태이다. 즉 피곤하고 지쳐 있는 상태이니, 에너지를 보충하는 재충전 시간이 필요하다. 이를 위해서는 가장 먼저, 맡은 일을 잠시 멈추는 것이 좋다. 자동차도 달리다 보면 과열된 엔진을 멈추고 다시 연료를 채워야 하듯, 사람도 쉬면서 에너지를 축적하는 과정이 필요하다.

다음으로 현재 자신이 처한 상황과 과거의 실패를 제대로 돌아보는 것이 필요하다. 지금의 무기력을 낳은 실패와 좌절의 경험을 마주해야 한다. 에너지를 빼앗고 있는 감정들, 예를 들어 좌절, 분노, 슬픔, 불안 등을 마주하고 표현해서 해소하는 작업이 필요하다. 지쳐 울고 싶으면 울어야 하고, 짜증나고 화가 난다면 안전하게 화를 분출해야 한다. 너무 초조하고 긴장되는 순간이 반복되었다면 긴장하고 불안하고 두려웠음을 입 밖으로 소리 내어 표현해 보라. 몸으로 쌓여 있던 지친 감정들을 회피하지 말고 마주하고 느끼고 표현해 보라. 그래야 비로소 지친 감정들이 덜어지면서 자신의 경험 또한 받아들일 수 있다. 감정이 비워지면, 비로소 "다시 시작해 볼까?"하는 동기와 의욕이 생긴다.

아울러, 자신이 어떻게 무기력에 빠지게 되었는지 과정과 원인을 제대로 이해하고 분석하는 것도 필요하다. 나 자신을 제대로 마주하고, 무엇이 두려운지 제대로 물어야 한다. 그게 정말 두려워할 만한 것인지 반문하고 맞서 보라. 내가 진정 원하는 게 무엇인지를 알아야 한다. 또한 자신의 장점들, 내게 있는 사용 가능한 자원이 무엇인지 알아야 한다. 내가 가진 무기를 알아야 맞서 싸울 방법도 세울 수 있는 법이다.

또한 자신감을 회복하는 게 필요하다. 이를 위해, 당장 할 수 있는 작은 도전부터 시도해 보고, 그것을 해낸 당신을 스스로 칭찬하고 격려하라. 자신감은 커다란 성취에서 찾기보다 작은 성취에서 찾는 게 좋다. 뭔가 작은 거라도 성취했다면 스스로에게 칭찬과 격려를 하고, 자신이 원하는 것을 사주면서 자신감을 높일 수 있다.

여기까지는 무기력에서 벗어나는 방법이었다. 그렇다면 어떻게 무기력을 예방할 수 있을까? 무기력을 예방하는 데에는 가까운 사람들의 정서적 지지가 중요하다. 주변에서 지지와 격려를 얻는 것이 무기력을 막을 수 있다. 우리의 엔진에 에너지를 계속 채우는 것이다.

또한 마음속에서 우러나오는 자율성과 자발성을 꺾지 말고 키워라. 아무리 사소한 것이라도 스스로 욕구하고 실천하는 경험이 무기력을 예방하는 데 효과적이다. 내 생각대로, 하고 싶은 대로 하다 보면 무기력은 사라진다.

마지막으로 무기력에 빠진 사람을 대할 때에는, 당사자에게 관심을 갖되 노골적인 기대를 표현하지는 않는 것이 좋다. 격려는 힘이 되지만, 기대는 오히려 부담이 되어 무기력을 재촉할 수 있기 때문이다. 이런 방법을 잘 활용하기만 한다면, 무기력은 생각보다 쉽게 떨어져 나간다. 무기력은 그야말로 무기력하기 때문이다.

나 자신을 잘 알아야
결정하기도 쉬워진다

선택장애

선택을 남에게 맡기는 사람들

서호 씨는 어릴 때부터 입을 옷부터 신발 등 모든 것을 엄마가 선택해 주었다. 어느 학원에 가야 할지, 무엇을 어떻게 해야 할지도 자신의 판단으로 선택한 적이 없었다. 사춘기가 지나고도 부모가 제안한 대학들에 지원했고, 합격한 대학들 가운데 부모가 골라준 대학으로 진학했다. 졸업 후 진로 또한 부모가 최선이라고 안내해 준 길을 갔다. 그렇게 직장에 다니다 부모가 소개해 준 여성과 결혼도 하게 되었다.

그래서일까? 서호 씨는 평소 스스로 결정을 내리길 어려워했고, 매번 주변 사람들에게 조언을 구하는 선택을 하며 살아왔다. 결혼 후에는 엄마 대신 아내에게 매번 전화를 걸어 물어보았다.

그러던 중 지인이 자녀 교육을 위한 이민을 권했다. 듣고 보니 나쁘지 않은 선택 같았다. 아내인 소연 씨 또한 이민을 긍정적으로 생각했다. 결국 서호 씨는 한국에서의 직장을 정리하고 해외로 이민을 떠났다. 그러나 새로운 나라에 적응하긴 듣던 것보다 훨씬 어려웠다. 모든 게 낯설었고, 한국 생각에 울적해질 때가 많았다.

그러던 중, 서호 씨는 아내가 다른 외국인 남성과 외도를 하고 있다는 사실을 알게 됐다. 머잖아 아내는 서호 씨에게 이혼을 요구하였다. 결국 아내와 갈라선 서호 씨는 해외에 제대로 된 직장도 없이 덩그러니 홀로 남겨지게 되었다. 서호 씨는 망연자실한 기분이었다. 도대체 언제부터 잘못된 것인지, 무엇이 잘못된 것인지 의문이 들었다.

선택장애란 무엇인가

요즘 특히 젊은 사람들 가운데 진학, 진로, 심지어는 연애와 같은 개인적이고 내밀한 문제에 대해서도 선택이나 결정이 어렵다고 호소하는 사람들이 늘고 있다. 이들은 중요한 선택부터 사소한 선택까지 모두 타인에게 대신 내려 달라고 요청하며, 그런 자신이 '선택장애'를 앓고 있다고 표현하기도 한다. 물론 이것은 정식 진단명이 아니다. 하지만 이들이 자신의 상태를 '장애'라고 부를 만큼 심리적 문제를 호소하고 있음은 확실하다.

선택장애란 한마디로 우유부단함이 일상생활에 불편을 낳을 정도로 심한 상태를 의미한다. 갈팡질팡하면서 결정을 내리지 못하는 이들의 태도가 마치 "죽느냐 마느냐 그것이 문제로다"라 말했던 햄릿의 모습과 닮았다는 점에서 '햄릿증후군'이라 부르기도 한다.

선택장애의 원인은 무엇인가

왜 이들은 그리도 선택하기를 어려워할까? 우선 선택지가 너무 많아서일 수 있다. 맛있는 음식을 늘어놓은 뷔페에서 무엇부터 먹을지 고민되는 것처럼 말이다. 혹은 선택이 너무 중대하거나 복잡해서일 수도 있다. 예컨대 대출을 받거나 큰 투자를 하는 경우, 고려해야 할 것이 너무 많아 선택이 늦어지기도 한다.

그러나 이보다 훨씬 작은 문제 때문에도 쩔쩔매는 사람들이 있다. 이렇게 선택장애를 지닌 사람들의 핵심적인 문제는 자신의 욕구를 정확히 알지 못한다는 것과, 그 욕구를 알려주고 안내하는 감정을 잘 알아차리지 못한다는 것이다. 그래서 우유부단한 사람들 대부분이 자신의 욕구에 무관심하고 감정이 무딘 편이다.

조금 더 상세하게 말해 보겠다. 선택을 내리기 힘들어하는 첫 번째 이유는 자신의 욕구를 모르기 때문이다. 자신의 욕구와 관심사야말로 의사결정을 하는 데 중요한 판단의 근거 중 하나다. 무엇을 먹을지, 무엇을 할지, 무엇을 가질지, 누구를 만날지, 어떻게 할지 등 나 자신과 관련된 선택과 결정에서 제일 중요한 것은 바로 나 자신이 무엇을 원하고 필요로 하는지다. 그것을 우선 파악해야 다른 사람들의 욕구, 처해 있는 상황의 조건 등을 함께 고려해서 나름대로 선택하고 결정할 수 있다. 그러나 내가 무엇을 원하는지 모른다면, 주변의 조언과 시시각각 변하는 상황 속에서 무엇을 어떻게 해야 할지 당황스럽고 혼란스러울 것이다.

자신의 감정에 솔직해져 보자. 좋으면 좋다, 싫으면 싫다, 애매하면 애매하다, 허심탄회하게 말해 보는 것이다. 그러면 뭐가 좋고 뭐가 싫은지 꼬리에 꼬리를 물고 자연스럽게 떠오른다. 그 과정에서 생기는 감정을 있는 그대로 받아들이는 과정이 꼭 필요하다. 불쾌한 감정이 들었다고 해서 검열하지 마라. 감정은 잘못이 아니기 때문이다. 오히려 감정은 우리의 욕구가 향하는 방향을 알려주는 나침반이다. 나침반을 무시해서는 길을 찾을 수 없다.

두 번째 이유는 대부분의 선택이 결과를 바로 알려주지 않기 때문이다. 즉 자신이 한 선택이 좋은 선택인지 아닌지 불확실한 상태를 거쳐야 한다. 이때 누구나 약간의 불안감과 불편감을 느끼기 마련이다. 미래를 알 수 없기에 어쩔 수 없이 발생하는 불편감 말이다. 그런데 선택을 잘하지 못하는 우유부단한 사람들은 이때의 불안이나 불편감을 크게 느끼고 이를 견디기 어려워한다.

장-폴 사르트르와 같은 실존주의 철학자들은 인간에게 자유가 있음에 주목하였다. 선택할 자유가 있다는 건 그 결과를 스스로 책임져야 한다는 뜻이다. 이는 나아가 현대 사회를 살아가는 이라면 모두가 받아들이는 전제가 되었다. 어떤 결과가 벌어지든 스스로 책임져야 한다는 불확실성은 불안의 근원이 된다. 어떤 사람들은 이런 실존적 불안을 피하기 위해, 어떤 사람들은 "난 그냥

시키는 대로 하겠어", "내가 결정한 게 아니야"와 같이 선택과 결정을 타인에게 미루거나 포기하기도 하는 것이다.

셋째, 완벽주의적인 태도 때문에 선택장애가 나타나기도 한다. 완벽주의 성향을 지닌 사람들은 자신이 하는 선택이 언제나 최선이기를 바라고 기대한다. 이들은 자신의 선택이 최선이 아니거나 좋지 않은 선택이었음을 알게 되면 심한 좌절감과 고통을 느낀다. 이처럼 실패를 너무나 고통스러워하기 때문에, 지금 하는 선택이 최선인지 아닌지 확신하지 못할 경우 선택을 포기하기도 한다. 이들은 아직 좋은 기회가 오지 않았을 뿐이라며, 좋은 기회만 온다면 곧바로 선택을 내릴 것이라며 자신을 합리화한다. 완벽한 결과가 보장된다면 그때 결정하겠다는 것이다.

하지만 그렇다고 해서 이들이 아무것도 하지 않고 미루기만 하고 있다는 사실을 부정할 수는 없다. 만약 정말 최선의 기회가 온다 하더라도, 그걸 알아볼 수 있다는 보장은 어디 있는가? 이러한 완벽주의적 태도는 사소한 행동 하나를 취하는 것조차 어렵게 만든다.

네 번째 이유는 부모와의 관계와 연관이 깊다. 평소 부모의 결정에 따르며 스스로 선택해 본 경험이 많지 않은 사람일수록 선택을 어려워할 가능성이 더 높다. 누구나 처음부터 현명하지는 않다. 지혜로운 선택이란 지속적인 훈련을 통해 익히는 노하우다. 그런데 많은 부모가 아이들에게 선택할 기회를 별로 주지 않는다. 어릴 때부터 부모들이 아이의 선택을 대신해 주었기 때문에, 아이들 또한 부모가 대신 선택하는 것을 익숙하고 자연스럽게 여긴다.

물론 아이가 성장하면서 부모가 결정권을 점차 넘겨준다면 괜찮다. 그런데 아이가 청소년기를 넘어 성인이 되어 가는데도, 아이가 가져야 할 선택권을 넘기지 않는 부모들이 있다. 이는 부모 자신의 두려움 때문이다. 아이가 잘못된 선택을 내리진 않을까 두려워, 자녀의 선택으로 인한 부정적 결과나 위험을 줄이기 위해 대신 결정을 내려주는 것이다. 요새는 집집마다 아이가 적고, 능력 있는 부모도 많아서 더욱 두드러지는 현상이다.

이 경우 아이는 선택을 내리고 감당하는 법을 배우지 못하게 된다. 자신이 무엇을 원하는지 스스로의 감정을 돌아보며 욕구를 파악하고, 상황과 환경이 주는 정보를 처리하여 선택하고 결정한 후 그 결과에 대해 책임지는 과정을 겪지 못하는 것이다. 즉 선택을 훈련할 기회를 빼앗기는 것이나 다름없다.

자녀의 선택과 판단을 부모가 무시하거나 공감해 주지 않는 것 또한 원인이 될 수 있다. "그게 뭐가 좋아? 이게 더 좋은 거야", "왜 화를 내? 그게 화날 일이야?", "왜 울어? 울 일 아냐"라고 타박하는 경우가 그 대표적인 예다. 자녀의 선택과 행동을 부정하는 듯한 부모의 반응은 자녀로 하여금 스스로의 감정을 믿지 못하게 한다. 이럴 때 자녀는 "난 이게 좋은데 그게 아닌가?", "난 화가 나는데, 화날 일이 아니라고? 내가 느낀 감정이 잘못된 거였나?", "속상해서 눈물이 나는데, 그러면 안 되는 건가?"라고 생각한다.

이러면 아이는 자신의 선택의 결과로 돌아온 판단과 처벌이 두려워 선택을 두려워하게 된다. 또한 "언제나 최선의 선택이어야 한다"라는 완벽주의적인 인식을 갖게 되어 선택하는 것 자체를 더욱 어려워한다. 최선의 선택이 아닌 경우 항상 야단을 맞았기 때문이다. 이러한 경험은 자녀 마음속에 회초리를 상시 대기시켜 두는 결과를 낳는다.

감정은 감각, 생각, 행동 등과 함께 인간이 무엇인가를 결정할 때 고려하는 핵심적인 근거다. 이들은 서로 연결되어 있기 때문에, 자신의 감정을 믿지 못하면 자연스레 생각이나 판단도 믿지 못하게 된다. 그래서 자신이 아닌 타인에게서 판단의 기준이나 근거를 찾으려 한다. 그 결과 자기 자신을 믿지 못하고, 부모나 선생님, 친한 친구나 선배 등 다른 사람들에게 물어서 판단하려는 성향을 보인다. 단순히 무엇을 고를지, 무엇을 먹을지 판단을 맡길 뿐만 아니라, 나아가 "나 이런 일이 있었어. 내가 화내야 하나?"라고 자신의 감정과 반응조차 타인에게 묻곤 한다.

선택장애를 극복하는 방법

그렇다면 어떻게 선택장애를 극복할 수 있을까? 다음 과정을 잘 읽어보고, 선택을 내리고 받아들이는 훈련을 해 보자.

첫째, 자신의 감정을 알아차리고 그 감정이 주는 정보를 파악하는 연습이 필요하다. 이를 통해 자신이 무엇을 원하는지 파악하도록 한다. 오늘 점심에 짜장면을 먹을 것인가, 짬뽕을 먹을 것인가를 두고 자신이 어느 쪽을 더 원하는지 느껴 보라. 이를 위해 짜

장면을 떠올렸을 때의 느낌과 짬뽕을 떠올렸을 때의 느낌을 떠올려 서로 비교해 보는 것이 좋다.

선택하는 훈련의 가장 기본적인 방법은 선택지들을 찾고, 각 선택지들을 선택했을 때 얻을 수 있는 장점과 단점이 무엇인지, 나아가 내가 기쁜지 불쾌한지 파악하는 것이다. 이를 비교하고 상황을 고려하여 가장 나은 선택지를 고르면 된다.

둘째, 선택했다면 돌아보지 마라. 이 단계에서는 선택해야 하는 상황에서 그 선택의 결과에 대한 불편감과 불안을 견디는 훈련이 필요하다. 선택한 결과가 무엇을 초래할지 알 수 없는 불확실함에서 비롯되는 실존적 불안은 우리가 살아가는 동안 내내 함께 가야 하는 벗이다. "괜찮아, 그게 무엇이든 괜찮아", "잘될 거야", "별일 없을거야"라고 되뇌면서 불안을 다독여 주자. 정 어렵다면 주의를 분산시키는 다양한 방법을 사용해서 불안을 완화시킬 수 있다. 선택한 직후 다른 주제로 주의를 전환해 더 이상 그것을 생각하지 않도록 만들어 버리는 것이다. 선택이 끝났으면 덮어 버려라. 그리고 더는 생각하지 마라. 그러다 보면 점차 선택과 그로 인한 불편감과 불안이 익숙해져 간다.

셋째, 완벽주의를 버려라. 불안을 촉발하는 가장 주된 요소가 완벽주의이다. 완벽해야 한다는 생각과 헛된 기준이 우리로 하여금 선택을 어렵게 만든다. 그런데 완벽이란 인간의 이상 속에서만 존재할 뿐, 현실에서는 결코 존재할 수 없다. 이를 받아들이고, 자신의 완벽주의를 '최선주의'로 바꾸어 보라. 말 그대로 가능한 한도 내에서만 최선을 다하는 것이다. 우리가 행할 수 있는 것은 완벽이 아닌 최선의 방향으로 그저 나아가는 것이다.

정리하면 이렇다. 선택하기 전에 충분히 다양한 정보를 고려하여 최선에 가까운 선택을 하라. 일단 충분히 숙고하고, 일단 선택했다면 절대 뒤돌아보지 마라. 그리고 결과가 나왔다면 그것을 감사히 받아들여라. 최선이 아니면 어떠랴. 최선이 아니어도 괜찮다. 마음에 들지 않는 결과라도 그대로 인정하고 만족하는 연습을 해보는 것이 필요하다. 받아들이는 연습은 한 번으로 쉽게 되지 않는다. 끊임없이 반복해서 수시로 되뇌며 연습해야 한다. "잘했어", "이 정도면 괜찮아", "만족해"라고 반복해서 되뇌다 보면, 어느새 마음이 편해지고 자신감이 쑥쑥 자랄 것이다.

잠을 잘 자야
인생도 잘 풀린다

불면

피곤하고 졸린데 잠이 오지 않는다

윤미 씨는 40대 후반의 여성으로, 결혼 후에도 육아와 직장생활을 모두 병행하고 있는 워킹맘이다. 그런데 최근 들어 집에 돌아오면 너무 피곤한데도 잠이 오지 않아 선잠만 겨우 자는 날이 잦아졌다. 분명히 졸린데, 눈은 말똥말똥 각성상태에 있고 잔뜩 긴장된 몸은 좀처럼 풀리지 않았다. 이유 없이 뭔가 잘못된 것 같고 나쁜 일이 일어날 것만 같아 도저히 마음이 편치 않았다. 머릿속에는 계속 걱정들이 떠올랐다. 모두 평소에 마음이 쓰이던 것들이었다. 결국 윤미 씨는 술의 힘을 빌리기 시작했다. 취하면 잠이 잘 왔다. 그러나 그것도 잠깐뿐이었다. 잠깐 잠들었다가도 불쑥 깨기 일쑤였고, 그렇지 않더라도 깊이 잠들지 못해 얕은 잠을 잤다.

윤미 씨의 가장 큰 걱정은 회사였다. 회사 사정이 좋지 않아 직원 감축이 있을 거란 소문이 파다했다. 40~50대 직원이 감축 대상이라는 소문도 들렸고, 자녀가 있는 여성을 우선적으로 감축한다는 얘기도 있었다. 윤미 씨는 모든 소문이 자신을 겨누고 있는 것 같았다. 더군다나 요새 맡은 프로젝트가 잘 풀리지 않아 곤란한 상황이기도 했다. 남편 또한 직장에서 언제 잘릴지 몰라 노심초사하고 있는 건 마찬가지였다. 최근에 많은 대출을 끼고 아파트에 입주한 윤미 씨는 밤이고 낮이고 걱정이 깊어졌다. 생계에 대출까지 갚기 위해선 돈이 필요한데, 누구 하나라도 직장을 그만두게 되면 상황이 매우 곤란해진다.

한창 사춘기에 있는 아이들도 걱정되긴 마찬가지였다. 중학교 2학년이 된 딸은 무슨 일로 그리도 고민이 많은지 낯빛이 어둡고 웃음이 사라진 지 오래였다. 무슨 일 있느냐고 물어보아도 좀처럼 대답을 하지 않으니 답답할 뿐이었다. 초등학교 6학년인 둘째 아들은 학교에서 심술궂은 사내아이들에게 괴롭힘을 당하고 있다고 부모에게 호소한 지 꽤 되었다. 학교 선생님께 말씀드려도 달라지지 않았고, 아이가 계속 힘들어하니 대응 방안을 찾느라 매일 스트레스였다.

불면에 시달리는 이유

과열된 기계를 식혀줘야 하는 것처럼, 우리의 몸도 일정 시간 활동을 했으면 수면을 통해 기능을 일시적으로 멈추거나 이완하는 시간이 필요하다. 그래야 몸의 시스템이 안정적으로 유지된다. 만일 몸이 충분히 쉬지 못하고 수면이 부족했다면, 몸은 더 강하게 수면을 갈구한다. 반대로 낮잠을 통해 평소보다 많이 자게 되면, 평소 잠들어 있던 시간에도 활동을 계속 하려 한다. 이처럼 인간의 몸은 정해진 시간 동안 자고, 정해진 시간 동안 깨어 있으려는 항상성이 작용한다. 항상성은 균형을 맞추려는 성질을 말한다.

그런데 다양한 이유로 인해 항상성이 깨지면서 잠을 제대로 이루지 못하는 경우가 생긴다. 신체적 질병이 계기가 될 수도 있고, 여행으로 시차가 생기거나 장소가 바뀌는 등 수면 환경이 달라져서 잠을 잘 이루지 못하기도 한다.

아픈 곳도 없고 달라진 것도 없는데 수면을 취하지 못하는 사람들도 있다. 이것이 심해지면 '불면증'이 된다. 불면증이란 신체적, 환경적으로 영향을 주는 요인이 없는 상태에서, 잠에 들기 어려워하거나 자꾸 깨면서 수면 상태를 유지하기 어려워하는 경우를 말한다. 이런 일이 일주일 중 3일 이상 발생하면서 1개월 이상 지속될 때, 그리고 수면 부족으로 낮 동안의 활동에 심각한 어려움이 발생할 때 불면증이라는 진단을 내릴 수 있다.

외부적인 요인 없이 불면증에 걸리는 이유는 무엇일까? 이는 심리적 스트레스 때문일 가능성이 높다. 걱정, 불안 등의 스트레스는 교감신경계를 활성화해 신체를 각성 상태로 만든다. 위험한 일이 생길 것 같아 몸이 긴장되고 각성하는 경계 상태가 되어서 잠이 오지 않는 것이다.

물론 똑같은 심리적 스트레스더라도 그것이 불면으로 나타나는 방식은 사람마다 다르다. 불면증에 영향을 주는 요인들을 구체적으로 살펴보자.

첫째, 침대에서 일을 하거나 노는 걸 좋아하는 사람은 불면증에 걸리기 쉽다. 왜냐하면 침대를 '일하는 곳' 혹은 '노는 곳'으로 인식하게 되기 때문이다. 인간은 연관된 두 물체를 짝지어 생각하고 학습한다. 이를 연상 작용이라 한다. 그런데 침대에서 일을 하거나 오락을 즐기면, '침대'라는 공간과 일, 공부, 오락에서 오는 각성 상태가 서로 짝지어진다. 이것이 계속되면 침대에 눕기만 해도 몸이 자동으로 각성하게 되는 것이다.

둘째, 일이나 운동을 한 직후 잠을 청하는 습관이 있는 경우 불면증을 겪기 쉽다. 격한 운동을 하거나 머리를 많이 쓰는 일을 하면 몸이 각성 상태에 이르는데, 이것이 잦아들고 머리와 몸이 진정하기 위해서는 몇 시간의 여유가 필요하다. 신체가 여유를 되찾는 적응 시간이 없다면, 몸은 당분간 각성 상태를 유지하며 우리 눈을 더욱 말똥말똥하게 만든다.

셋째, 불면증에 대해 너무 심각하게 생각할수록 불면증에 걸리기 쉽다. 일반적인 경우, 사람은 하룻밤 자는 동안 2~4회, 많게는 6~8회까지 잠에서 깬다고 한다. 아주 짧게 깨어났다가 곧바로 다시 잠들기 때문에 기억하지 못할 뿐이다. 그런데 불면증에 걱정과 부담을 느끼는 사람들은 이럴 때 다시 잠에 들지 못한다. "어떡하지? 자야 하는데. 빨리 다시 잠들어야 돼", "잠을 못 자서 내

일 일을 망치면 어쩌지?" 등의 걱정이 떠올라 스트레스를 받기 때문이다. 이렇게 불안을 느낄 경우, 오히려 몸은 위협에 대처하고자 각성하게 된다. 잠이 깨 버리는 것이다. 이것이 반복되면 잠에 들기가 두려워지고, 깰 때마다 좌절에 빠져 악순환이 형성된다. 얄궂게도 수면에 대해 생각하지 않을 때의 수면이 가장 좋다.

넷째, 스트레스를 유발하는 걱정거리가 있으면 이로 인해 각성 상태에 놓이면서 쉽게 잠을 자지 못한다. 예를 들어 연인과 이별을 겪었거나, 상사에게 지적받았거나, 누군가 내게 악담을 했거나, 해야 하는데 하지 못했던 일 등으로 스트레스가 쌓일 때를 떠올려 보자. 스트레스는 분노나 불안, 수치심이나 억울함 등의 불쾌한 감정을 유발한다. 이러한 감정은 우리에게 자신의 존재를 어필하고 밖으로 표현하여 해소해 주기를 요구하면서, 우리에게 계속 신호를 보낸다. 불쾌한 사건에 대한 생각이 계속 맴도는 것이 대표적인 예다. 이것을 얼른 처리하라면서 말이다. 이로 인해 불편한 생각을 계속 떠올리고 곱씹는 것을 반추라고 하는데, 해결되지 않은 일을 계속 해결하고 완결하고자 하는 압박으로 인해 불편한 생각이 계속 맴돌게 되는 것이다. 그 결과 잠을 자려 해도 잠이 오지 않게 된다.

불면을 제때 해결하지 않으면 생기는 일

어떤 사람들은 묻는다. 잠은 죽어서 자면 되는 거 아니냐고 말이다. 그러나 잠을 제대로 못 자면 뇌 기능에 지장이 생긴다. 기계도 쉬지 않고 돌리면 고장나는데, 사람은 오죽하겠는가.

충분한 수면을 취하지 못한 뇌는 가장 먼저 주의력이 저하된다. 뇌의 주된 활동이 주의를 집중하는 일인데, 그 활동을 제대로 할 수 없게 되는 것이다. 그래서 집중력이 떨어지고 산만해진다.

다음으로 기억력이 저하된다. 기억은 특정 정보에 반복적으로 주의를 기울였을 때 이뤄진다. 그런데 불면증으로 인해 집중력이 저하되니 자연스레 기억력까지 떨어진다. 그뿐만이 아니다. 단기기억을 장기기억으로 변환하는 것 또한 어려워진다. 잠을 자는 동안 뇌는 낮 동안 습득한 정보를 차곡차곡 정리하고 저장한다. 그런데 잠을 자지 않는다면, 이 과정이 작동하지 않는다. 이래서는 낮에 아무리 책을 많이 읽고 공부해 봤자 학습의 효율이 떨어질 뿐이다. 새로운 기억을 공고하게 만드는 데 이처럼 수면이 중요한 역할을 한다.

또한 판단능력도 떨어진다. 뇌의 기능 가운데 '현실검증능력'이라는 것이 있다. 불면으로 인해 뇌의 기능이 원활하게 작용하지 못하면 현실검증능력이 떨어지고, 심한 경우 망상이나 환각까지 나타날 수 있다.

불면으로 인해 신체의 피로를 풀지 못하니, 피곤이 증가하면서 짜증이나 신경질을 내는 경우가 잦아진다. 이처럼 몸이 개운하지 못하므로 기분이 저하되고, 부정적인 생각이나 비관적인 생각이 자꾸 들면서 불쾌한 감정이 들며 이를 조절하는 데 어려움을 겪게 된다.

불면을 극복하는 방법

불면증으로 고통받는 사람들이 가장 먼저 떠올리는 해결책은 바로 약물, 즉 수면제다. 당장 일상생활을 유지하기가 힘든 와중에 쉽고 빠르게 불면증을 고칠 수 있다니 마다할 이유가 없을 것이다. 실제로 수면제는 불면증 치료에 널리 쓰이는 약물이다. 그러나 오직 수면제만으로 불면증을 치료하는 것은 불가능하다.

게다가 수면제는 생각보다 까다로운 약물이다. 원칙상 수면제는 1~3개월 이상 지속된 불면증에만 짧은 기간 동안 사용해야 한다. 왜냐하면 부작용이 위험할 수 있어서이다. 수면제는 보통 2주 처방되는데, 약을 2주 동안 복용하면 점점 내성이 생겨 초기의 이점이 사라진다. 게다가 수면제는 아침에 숙취를 유발하기도 하며 정상적인 작업 수행 능력을 손상시키기도 한다. 그 결과 정신이 둔해지고, 인지 기능이 저하된다. 그래서 자극이나 상황에 대한 반응 시간이 느려지고, 자꾸 잊어버리는 등 단기 기억상실증과 같은 문제가 초래될 수 있다. 또한 수면제로 인해 수면의 질이 더욱 안 좋아질 수도 있다. 이런 경우 잠을 오래 자도 개운하지 않다.

그러면 수면제의 도움 없이도 잠을 잘 자려면 어떻게 해야 할까? 첫째, 낮 동안의 생활방식과 습관부터 관리해야 한다. 우선 수면에 영향을 미칠 수 있는 활동은 하지 말자. 대표적으로 카페인 섭취를 들 수 있다. 커피 등의 각성제는 취침 4시간에서 6시간 전에는 먹지 않는 게 좋다. 이는 카페인의 효과가 반감되기 위해선 섭취 후 3시간에서 7시간이 걸리기 때문이다. 알코올도 마실 때는 좋지만, 수면 질이 떨어지고 자꾸 깨게 되는 부작용이 있기 때문에 마시지 않는 것이 좋다. 부득이하게 지인들과 어울리면서 알코올을 마셨으면, 숙취해소제 등을 반드시 섭취하고 잠에 드는 것이 좋다. 또한 수면 전에 야식 같은 음식 섭취 또한 수면 중 소화기관의 활동을 유도함으로써, 몸이 휴식을 취하지 못하면서 불면을 야기할 수 있다.

수면과 관련된 또 하나의 습관이 수분 섭취다. 물은 평소에 많이 마셔야 하지만, 저녁 시간에는 가급적 많이 안 마시는 게 좋다. 밤에 화장실을 가게 되기 때문이다. 대개 낮 4시 이후에 섭취하는 물의 양은 수면 동안에 영향을 미치므로, 물을 마시더라도 가급적 낮 4시 이전에 나누어 마시고, 이후에는 조금씩만 마시는 것이 좋다.

물론 위 내용을 지키더라도 수면 도중 잠에서 깰 수 있고 화장실에 가고 싶다는 생각도 들 수 있다. 그러나 심한 경우가 아니면 안 가는 것이 좋다. 몸도 학습이 되기 때문이다. 만약 적은 양의 소변인데도 화장실을 자꾸 찾게 되면, 실은 그리 급하지 않은데 몸이 잘못된 신호를 보내서 자꾸 수면을 방해할 수 있다. 그러나 적절히 참고 다시 잠을 청하면 몸은 이 또한 학습한다. 이것이 반복되면 적은 양의 소변으로 잠이 깨는 일이 확연히 줄어든다.

둘째, 수면 직전 2시간 동안 숨이 차고 땀이 나는 고강도 운동은 피해야 한다. 숨이 찰 정도로 하는 20~30분 정도의 운동은 수면에 좋은 영향을 주지만, 잠이 들기 2시간 이내에 하는 것은 몸을 계속 각성 상태로 만들기 때문에 잠이 잘 오지 않을 수 있다. 대신 그 전에 운동을 규칙적으로 해줌으로써 하루 동안 쌓인 피로감, 근육의 긴장을 풀어주고, 몸을 이완시켜 개운하게 하면 수면을 도울 수 있다. 달리기, 자전거, 줄넘기를 비롯해 스트레칭을 함께 하는 것이 효과적이다.

셋째, 침실 환경을 조정하는 것이 도움이 된다. 잠들기 최적의 장소는 시원하고, 어둡고, 조용한 공간이다. 자기 침실을 그렇게 바꾸어 보자. 불빛은 수면에 안 좋기 때문에 가능한 빛을 차단하는 것이 좋다. 필요하다면 수면 안대를 사용하거나, 암막 블라인드를 설치해도 좋다. 또한 소음을 없애는 게 필요하다. 어떤 사람들은 약간의 빛과 약간의 소음이 있어야 잠을 잘 온다고 하지만, 이 또한 반복적인 노출로 인해 생긴 일시적 습관일 뿐이다. 실은 빛과 소음에 노출되면서 깊은 숙면을 취하지 못하고 있을 가능성이 높다. 그러니 웬만하면 빛과 소리를 차단한 새로운 수면 습관을 다시 학습하는 것이 좋다.

처음에는 습관과 다른 조건에 잠이 잘 들지 않을 수 있다. 무엇이든 새롭고 낯선 것에는 적응하는 시간이 들기 마련이다. 비록 잠이 잘 오지 않더라도, 어둡고 조용한 환경에서 여러 차례 수면을 시도하다 보면 이내 익숙해진다. 자극이 거의 없는 상태에서 잠을 자면서 몸이 깊은 수면 상태에 들어갈 수 있기 때문이다.

추가로 좋은 수면 환경을 위해 피하면 좋은 물건들을 설명해 보겠다. 가장 대표적인 수면 방해 물품은 시계다. 특히 초침 소리가 큰 시계나, 불빛으로 시간을 알려주는 전자시계가 수면을 방해하곤 한다. 또한 잠에서 깼을 때 시간을 확인하면 현실감이 확 들면서 걱정과 부담이 몰려오고 그 결과 잠이 쉽게 깬다. 이러면 다시 잠들기도 쉽지 않다. 따라서 중간에 깨더라도 시간을 확인할 수 없도록 시계를 없애는 것도 좋은 방법이다. 그 대신 알람을 맞추어 두고, 일단 잠에 든 뒤로는 알람이 울릴 때까지는 시간을 확인하지 않는 것이 좋다.

또한 전자제품의 불빛과 전자파가 영향을 미치지 않도록 가급적 침실에 휴대폰이나 전자기기는 두지 않도록 하자. 꼭 필요해서 두더라도 최대한 멀리 놓아두면 좋다. 침실을 온전히 잠을 자는 곳으로 만들기 위해, 깨어 있는 동안의 삶을 침실로 들이지 않는 것도 방법이다. 즉 취침 이외의 용도로 사용하지 않는 거다. 예를 들면, 독서나 뜨개질을 비롯해서 노트북, 휴대폰, TV 등은 침실 밖에서 사용하는 것이 좋다.

넷째, 취침 전에 휴식시간을 충분히 갖도록 한다. 잠들기 1시간 전에는 모든 업무 관련 활동을 멈추는 거다. 일을 붙잡고 있거나 다음날 해야 할 일에 대해 미리 걱정하면 머리가 복잡해지고 각성 상태에 빠진다. 그 대신 편안하게 쉴 수 있는 활동을 하거나, 업무와 전혀 관련 없는 일을 하며 가급적 머리를 쓰지 않는 것이 좋다.

다섯째, 수면 시간을 일정하게 정하는 것이 좋다. 몸이 수면 시간을 기억하기 때문이다. 취침시간과 기상시간이 일정한 사람은 때가 되면 몸이 자동으로 졸리고 수면을 위해 이완된다. 일정한 습관을 들이기 위해, 침실에서 오래 깨어 있는 것은 멈추고 밤에 졸릴 때만 침실을 이용한다. 빨리 잠들지 않는다면 차라리 일어나 다른 방으로 가고, 졸릴 때만 다시 침실로 가는 것도 하나의 방법이다. 독서나 음악 감상과 같이 15분 이상 깨어 있을 때는 누워 있지 않는 것이 좋다.

여섯째, 복잡한 생각이 들거나 걱정거리가 많다면, 머리 밖으로 꺼내어 풀어버리는 것이 상책이다. 잠들기 2~3시간 전에 낮 동안 있었던 일을 정리하는 것이다. 부엌이나 서재에서 노트나 메모장 등을 활용해 오늘 하루 마음에 걸리는 일을 풀어 쓰면서 정리해 보자. 혹은 내일 해야 할 일을 계획하고, 무엇부터 처리할 것인지 순서를 적어두는 것도 좋다. 무엇보다 생각이 불안을 만든다. 그러니 걱정을 표현하고 인정하는 습관을 시작해 보라. 그렇게 밖으로 풀어냈다면 더 이상 의미를 부여하진 않는 게 좋다. 의미가 감정을 만들기 때문에, 아무런 판단이나 생각을 하지 않고 잠을 청하는 것이다.

일곱째, 자리에 누운 후에는 주의를 전환하는 기법들을 활용해 보자. 주의를 다른 데로 돌리는 것이다. 이때 양 같은 동물의 수를 세는 방법, 숨을 들이마시고 천천히 내쉬는 동작에 주의를 기울이는 호흡법, 몸과 마음을 편안하게 하는 이완법을 사용할 수 있다. 몸의 각 부분을 순차적으로 이완시키면서 생기는 몸의 감각에 주의를 기울이는 주의 전환 기법도 있다. 혹은 심상을 활용해서 머릿속에 바나나와 같이 특정 대상을 떠올리며, 모양이나 색깔 등 세부적인 것을 이미지로 그려보는 것도 좋다. 단순한 단어 작업도 잠을 자도록 돕는 방법이다. 동물의 이름 대기, 도시 이름 대기, 과일 이름 대기 등을 활용해 보자. 물론 이것이 머리를 지나치게 써야 하는 작업이라고 생각이 든다면 자신에게 맞지 않는 방법이니 멈추는 게 좋다. 대신에 숫자를 100부터 거꾸로 세기를 선택할 수 있다. 이처럼 불면증을 극복하는 방법은 다양하다. 자신에게 맞는 방법을 찾을 수만 있다면, 누구에게나 가능한 일이다.

즐겁게 살고 싶다면
작은 일에 기뻐해라

허무

모든 게 부질없는 것처럼 느껴질 때

대학생 승현 씨는 요즘 자취방에서 좀처럼 밖으로 나가지 않는다. 봄을 맞아 핀 꽃도 그다지 보고 싶지 않았고, 맑고 푸른 하늘도 자기와는 상관없어 보였다. 삶 자체가 허무하게 느껴지고, 모든 것이 부질없게 느껴졌다. 머릿속에는 '나는 도대체 왜 살아가는 거지?'라는 물음이 끊임없이 맴돌았다. 공부도, 취업도, 인간관계도 아무 의미가 없어 보였다. "친구를 사귀면 뭐 해?", "어차피 다 남인데 필요할 때만 만나는 거잖아" 같은 생각만 떠올랐다. 승현 씨는 대학 동기들과의 모임도 피하고 있다. 모든 관계가 결국은 깨지고 사라질 거라 믿기 때문이다.

모든 게 허무하다는 생각의 시작은 언제부터였을까. 승현 씨는 외동아들로 자라며 부모의 큰 기대를 한 몸에 받았다. 유치원 때부터 여러 학원과 과외를 병행했고, 강압적이고 통제적인 어머니 밑에서 자신만의 선택권을 거의 누릴 수 없었다. 친구, 옷, 취미 어느 것 하나 자유롭게 결정할 수 있는 게 없었다. 게다가 부모 간의 갈등은 끊이질 않았고, 종종 언성이 높아지며 폭력적인 상황으로 번지기도 했다. 승현 씨는 늘 긴장 속에서 자랐고, 부모로부터 따뜻한 사랑을 느끼기보다 외로움과 불안을 먼저 배웠다.

고된 재수 생활 끝에 부모가 원하는 대학에 입학했지만, 자유로워질 줄 알았던 대학 생활은 여전히 지시와 통제로 가득했다. 귀가가 조금이라도 늦어지면 닦달하는 전화가 걸려왔고, MT라도 갈라치면 한 달 전부터 설득 작업에 들어가야 했다. 부모는 계속 어학원과 공모전을 지시했다. 세상이 자신을 고작 작은 톱니바퀴로 여기는 것 같았다. 어느새 승현 씨는 자신이 누구인지조차 알 수 없어졌다. 왜 살아야 하는지, 무엇을 위해 살아야 하는지 알 수 없었다.

결국 수업을 빠지고 잠만 자는 날이 늘었고, 시험을 망치면서 학사경고까지 받게 되었다. 모조리 F가 찍힌 성적표를 보며 승현 씨는 결국 올 것이 왔다는 생각을 했다. 큰일 났다는 생각을 하기에도 지쳐 있었다.

허무란 무엇인가

허무란 모든 것이 무의미하게 느껴지는 상태다. 평소 중요하게 여겼던 것들이 무가치하게 느껴지고, 내면이 공허해지며 의욕이 사라진다.

나 역시 어릴 적부터 이러한 허무를 자주 느꼈다. 승현 씨처럼 대학에 들어가면 다른 무엇인가 있을 줄 알았지만, 그렇지 않았다. 캠퍼스는 특별한 지식의 전당이 아니었고, 술을 마실 수 있다는 것 외에는 내가 할 수 있는 게 별로 없었다. 그러자 허무감은 오히려 더욱 깊어졌다.

그때 나는 무엇에 허무함을 느꼈던 걸까. 지금 돌이켜 보면 그 시절 나는 끊임없이 이상을 추구했다. 변하지 않는 무언가를 손에 넣을 수 있을 거라 생각했다. 그게 가치 있는 거라 생각했다.

하지만 세상은 내 생각과 달랐다. 배움이 깊어지고 사회를 경험할수록, 영원히 변하지 않는 것은 없으며 절대적인 진리도 존재하지 않는다는 사실만 뚜렷해졌다. '나는 무엇을 위해 사는가'라는 내 믿음은 뿌리부터 흔들렸다. 그러자 모든 것이 무너져 내리는 듯한 허무가 찾아왔다.

'나는 무엇을 위해 사는가'라는 질문은 개인적인 질문 같아 보이지만 사실 그렇지 않다. 인간으로 태어난 이상 누구나 한 번쯤 거쳐 가는 질문이자, 지금까지도 해결되지 않은 영원한 인류의 난제이기 때문이다.

그나마 중세까지만 해도, 종교가 그 역할을 대신해 주었다. 인간의 사명과 삶의 의미를 신이 마련해 두었으니, 그 뜻에 따라 사는 게 자연스럽다고 말이다. 그러나 시대가 발전할수록 그 굳은 믿음에도 균열이 갔다. 그러자 신의 말씀과 교회의 질서에 의지하던 사회 질서 역시 의심의 대상이 되었다.

이윽고, 니체는 외쳤다. "신은 죽었다!" 인간이 의존하던 절대적인 가치가 무너졌다는 상징적인 선언이었다. 이후 인간은 삶의 의미를 스스로 찾아야 했고, 불안과 혼란 속에 공허를 느끼기 시작했다.

여기에는 또 다른 맥락이 있다. 니체가 살았던 19세기는 본격적인 산업화가 진행되던 시기였다. 이전까지 사람이 하던 일을 기계가 대신했고, 사람은 쓰다 버려지는 부품으로 전락했다. 공장 주위로 도시가 발달하며 소박한 농촌 공동체는 무너지기 시작했다. 그 속에서 인간은 소외되고 고립되었다. 공장 일은 밭일과 달리 기계 설비의 성능이 중요할 뿐, 개개인이 좌우할 수 있는 게 없었다. 그런 사회에서 사람들은 자신의 욕구나 감정을 해소할 길이 없었다. 고독했고 슬프고 절망스러웠다.

실존주의와 인본주의는 이러한 흐름에 반기를 들었다. 19세기 후반부터 20세기 초반에 등장한 이들 사상은 '인간은 유일하고 독특한 존재이며, 주체적으로 선택하고 의미를 창조할 수 있다'라고 말했다. 불변하는 진리를 쫓는 대신, 인간의 주관적인 경험과 존재 자체를 가치 있게 바라보는 관점으로 전환된 것이다. 인간 자신의 가능성을 중시하며 선택의 자유와 책임을 긍정한 실존주의와 인본주의는 지금까지도 삶의 허무에 대처하는 가장 강력한 도구다.

허무함을 느끼는 이유

이러한 실존주의적 사상의 연장선에서, 오스트리아의 정신과 의사이자 철학자인 빅터 프랭클은 '인간은 의미를 추구하는 존재'라고 주장했다. 경제적이고 물질적인 보상 너머, 삶의 의미를 추구하는 것이 인간의 가장 중요한 동기라고 본 것이다.

허무가 찾아오는 건 정확히 그 반대의 경우다. 자신이 하는 행동에 아무런 가치도 없는 것 같을 때, 그리하여 삶의 의미를 찾을 수 없을 때 우리는 좌절하고, 공허함을 느낀다. 특히 다음과 같은 경우에 허무함이 깊어진다.

첫째, 목표를 이루지 못했을 때다. 예를 들어, 재수 끝에 대학에 떨어지거나, 공무원 시험에 계속 낙방했을 때, 열심히 일했지만 여전히 집 한 채 마련하기 어려울 때 등이다. 이럴 땐 그동안의 노력과 시간이 무의미하게 느껴진다. 우리 주변에서 가장 흔하게 볼 수 있는 허무함의 사례이기도 하다.

둘째, 목표가 사라졌을 때다. 목표를 이루었지만 그 이후의 방향을 잃었거나, 더 이상 추구할 목표가 없어졌을 때도 허무감은 찾아온다. 복권에 당첨됐는데 삶이 재미없어지거나, 원하던 학교나 회사에 들어갔는데 전과 달라진 게 없다고 느껴지는 경우 등이 그렇다.

셋째, 믿고 따르던 가치가 무너졌을 때다. 대학, 결혼, 직장 등 사회적으로 가치 있다고 여겨지던 것들이 허상임을 깨달을 때 사람은 큰 허무에 빠진다. 또는 존경하던 사람이 기대에 미치지 못할 때도 허무해진다. 좋아하던 연예인이 물의를 빚거나, 사랑하던 사람이 실망스러운 모습을 보였을 때 등이 그렇다.

이렇게 찾아온 허무주의는 결국 "살아갈 가치가 없다"는 결론으로 이어지기 쉽다. 이때 자살 충동이 생기기도 하지만, 반대로 단 하나라도 의미 있는 것을 찾으면 우리는 살아갈 힘을 되찾을 수 있다.

허무감에 특히 취약한 사람들

기본적으로, 삶의 의미와 가치를 느끼고 판단하는 주체는 자기 자신이다. 하지만 우리는 사회 속에서 관계 맺고 교류하기 때문에, 사회 속에서 타인의 욕망과 구조에 휘둘리기 쉽다. 그러다 보면 자신이 누구인지 잊고, 스스로를 '대체 가능한 부품'처럼 느끼게 된다. 이것이 자기소외다. 자신이 별로 특별하지 않으며, 하루하루가 똑같은 날의 반복처럼 느껴진다. 내가 없어져도 이 세상은 별로 달라지지 않을 것 같다는 생각도 든다.

이런 경향은 최근 젊은 세대로 올수록 더 강해진다. 요즘 사회에서는 노력해도 성취를 이루기 어렵다. 개인의 문제가 아니라 구조 자체가 그렇다. 소득 격차, 기회의 불균형, 과도한 경쟁 속에서 많은 이들이 '해도 안 된다'라는 절망에 빠진다. 돈을 모아도 집을 사기 힘들고, 열심히 공부해도 좋은 대학에 가기 어려우며, 열심히 일해도 정리해고를 걱정해야 하니 어련하겠는가. 이런 상황에서는 특히 허무감이 찾아오기 쉽다.

하지만 이 사회를 살아가는 모든 사람이 허무감에 빠진 건 아니다. 어떤 사람은 허무감에 크게 휘둘리지만, 어떤 사람은 그 속에서도 자기만의 작고 확실한 행복을 찾으며 삶을 단단히 이어 나간다. 그 비결은 뭘까?

바로 자신이 삶에서 추구하는 지향점을 어디에 두느냐다. 구체적으로 말하면 절대적이고, 이상적이고, 완벽한 가치를 추구할수록 허무해지기 쉽다. 그것들은 인간 세상에서 결코 찾기 어려운 가치이기 때문이다.

실제로 완벽주의자들이 허무함을 자주 느낀다. 그들은 완벽을 추구하지만, 사실 모든 게 완벽한 결과를 내기란 불가능에 가깝다. 한두 개의 결함은 생기기 마련이다. 평범한 사람들은 조금 아쉬워하고 말 일이다. 그러나 완벽주의자들은 흑백논리와 이분법적 사고 등에 빠져 '100% 완벽하지 않으면 전부 실패'라는 생각에 빠진다. 물론 이는 오류다. 삶에서 마주하는 모든 문제는 '정도의 문제'이기 때문이다. 성공과 실패는 언제나 섞여 있다. 그때그때 성공한 만큼만 기뻐하고, 실패한 만큼만 아쉬워하면 된다. 그 기준을 어디에 두느냐에 따라, 똑같은 결과라도 허무해질 수도 있고 그렇지 않을 수도 있다.

허무함을 극복하는 방법

이처럼 사람은 어떤 가치를 어떻게 추구하는지, 결과를 어떻게 해석하는지에 따라 같은 결과를 두고도 허무함을 느낄 수도, 그렇지 않을 수도 있다. 특히 다음의 5가지 방법을 참고한다면 허무를 이겨내는 데 더욱 도움이 될 것이다.

첫째, 자신이 추구하고자 하는 가치를 손닿는 세계 안에서 찾아보라. 우리 모두가 찾을 수 있는 가장 대표적인 가치는 바로 '자기 존재'이다. 나 자신이 이 땅에 살아 있음을 느끼고, 지금 이 순간 느껴지는 감각과 욕구에 집중해 보라.

둘째, 쉽게 달성할 수 있는 작은 목표를 세워 보라. 작은 목표를 세우고, 이를 실현하는 과정에서 효능감을 느낄 수 있다. 이는 무언가를 만들고 가꾸는 일을 할 때 더욱 잘 느껴진다. 화분을 키우거나, 가구를 만들고 뜨개질 하는 등 생산적인 활동을 해 보자. 직접 손끝을 놀려 무엇인가를 만들어 냈을 때 뿌듯하고 가치 있는 듯한 느낌이 들 것이다.

셋째, 성취의 기쁨을 적극적으로 누려라. 목표를 달성했다면 그 성취를 스스로 인정하고 기뻐해 보는 것이다. 만약 성에 차지 않는 결과라 하더라도, "이 정도면 만족해"라고 자신에게 말해주며 나름의 의미를 찾아보자.

혹은 타인의 창작물을 경험하면서 의미를 느끼는 것도 좋다. 여러 음악을 듣고, 미술품을 감상하는 것이 대표적이다. 창작물을 보고 들으면서 그 안에서 창작자의 감정과 마음이 느껴지고 내 마음과 만나 연결되는 느낌을 받을 수 있다. 산책이나 등산을 하면서 아름다운 자연을 감상하는 것도 도움이 된다.

넷째, 작은 것에 의미를 부여해 보자. 평범하고 일상적인 일이면 더 좋다. 인간은 아주 작은 것에서도 의미를 찾아낼 수 있는 능력이 있다. 심지어 무시무시한 나치 수용소에서도 말이다. 앞서 말한 빅터 프랭클 역시 홀로코스트 생존자인데, 그는 고된 수용 생활 속에서 작은 행운에서 의미와 기쁨을 찾는 이들이 끝까지 살아남는 경향을 보였다고 한다. 우리도 "따뜻한 밥 한 끼를 먹을 수 있어서 행복해", "좋아하는 사람과 함께해서 감사해" 같은 생각을 의식적으로 해 보자.

다섯째, 다른 사람들과 친밀한 관계를 맺자. 위의 네 가지 방법을 통해 느낀 감사함과 효능감은 다른 사람들과 함께 나눌 때 더 강해진다. 마음에 맞는 친구들이나 지인, 이웃과 가족과 함께 소통하고, 공동으로 이룬 성취물을 보면 뿌듯함을 느낄 수 있다. 그 가장 대표적인 활동은 봉사활동이나 종교활동이다. 사람들과 부대끼면 자신이 쓸모 있는 사람이라는 활력을 얻을 수 있다.

물론 인간관계는 때로 우리에게 커다란 허무함을 안겨 주기도 한다. 갈등이 생겨 사이가 틀어질 수도 있고, 관심사가 달라져 멀어질 수도 있다. 이럴 때 사람들은 종종 사람에 대한 허무감을 느낀다.

그런데 끝까지 남는 관계라는 건 원래 적다. 수백 수천 명의 사람들에게 둘러싸여 죽는 사람은 극히 드물다. 운이 아주 좋아야 가족 몇 명 정도일 뿐이다. 이처럼 사람은 가까워질 수도 있고 멀어질 수도 있다. 모두가 소위 '시절인연'인 것이다. 그러니 이별에 너무 큰 의미를 부여하지 말자. 그보다는 함께 한 시간들에 의미를 부여해 보면 어떨까? 함께 했던 시간 동안 즐거웠으면 됐다, 그동안 고마운 추억이 남았다고 말이다. 작아져 못 입게 된 옷에도 애착이 가듯, 지나가고 멀어진 인연에도 감사를 느낄 수 있다.

마지막으로 내가 허무에서 벗어나게 된 결정적 깨달음을 소개하고자 한다. 나는 한때 자신이 얼마나 가치 있는 사람인지 증명하고자 애썼다. 그래서 더 공부에 매달렸고, 인정받는 사람이 되고자 했다. 하지만 인간의 존재는 학위나 돈으로 증명하는 것이 아니었다. 아니, 애초에 그건 내가 증명하고 말고의 문제조차 아니었다. 왜냐하면 이미 모두가 가치있는 존재로 태어난 것이기 때문이다. 그저 태어나 살아 숨 쉰다는 사실만으로도 말이다. 가수 신해철이 말했던가. 인생은 태어난 것만으로도 '미션 완료'이고, 그 후의 삶은 보너스 게임이라고. 그의 말이 옳다. 당신은 이미 인생이라는 게임에서 이겼다. 겨우 보너스 게임을 가지고 너무 머리 아파할 필요는 없다.

당신의 가치를
남이 재단하게 두지 마라

자살

자꾸만 죽고 싶은 마음이 든다

종현 씨는 최근 들어 자꾸만 죽고 싶은 생각이 떠올랐다. 급기야 어느 날 새벽, 가족들이 잠든 틈을 타 쓰지 않는 작은 방에 들어가 천장 고리에 밧줄을 걸고 의자를 밑에 두었다. 밧줄 고리를 목에 걸고 의자를 발로 찼다. 그러나 숨이 막혀 서서히 죽음이 다가오자 자기도 모르게 발버둥을 쳤다. 마침 새벽에 깨어 물을 마시러 나온 아내가 이상한 기운을 느끼고 방문을 열었고, 남편을 발견해 119에 신고했다.

자살을 선택한 이유에 대해 종현 씨는 최근 전 재산을 투자한 사업이 망하며 큰 빚을 떠안았다는 얘기를 꺼냈다. 가족에게 면목이 없었고, 자신이 쓸모없고 짐이 된 것만 같아 고통스러워했다.

무언가 해 보려 해도 되는 게 없다는 생각에 무력해지고 절망감이 몰려왔다면서 말이다.

사실 이런 무력감과 절망감은 어릴 때부터 이어졌던 것 같다. 종현 씨는 무섭고 강압적인 아버지 밑에서 늘 주눅 들었고, 아버지는 "너 그렇게 해서 뭐가 되겠냐?", "하는 일마다 왜 그러냐?", "사내자식이 밥값을 해야지" 같은 말을 일삼았다. 화가 나면 허리띠를 풀어 때리기도 했다. 어머니도 그런 아버지가 무서워 종현 씨를 보호하지 못했고, 오히려 아버지의 기대를 충족시키지 못하는 종현 씨를 탓하곤 했다.

성인이 된 후 집을 벗어나 새롭게 가정을 꾸렸지만, 기대를 채워야 한다는 책임감은 늘 무겁게 느껴졌다. 그러다 결국 다니던 직장에서 권고사직을 당하고, 퇴직금으로 시작한 사업마저 실패하면서 삶은 한없이 무너져 내렸다. 이제는 그저 죽는 것 외에는 방법이 없다는 생각뿐이었다. 그러다 보니 수시로 죽음을 생각하고, 실제로 자살을 시도하기에 이른 것이다.

자살이란 무엇인가

자살이란 고의로 스스로를 죽이는 행위를 말한다. 삶이 너무 고통스럽고 힘들 때, 그 고통을 멈추는 방법으로 죽음을 선택하는 것이다. 자살을 선택하는 이들은 대개 심각한 스트레스 사건을 겪은 경험이 있다. 청소년기 가정불화, 이별, 사별, 학교폭력, 따돌림, 재산 손실, 범죄 연루 등 다양한 사건들이 강렬한 감정과 심리적 붕괴를 일으킨다. 이로 인해 분노, 불안, 수치심, 죄책감, 절망, 무력감 등 다양한 불쾌한 감정이 교차되며 삶의 평형이 깨지고, 회복이 어려워진다. 이렇게 감당하기 어려운 고통에서 벗어나기 위한 방법으로 사람들은 종종 죽음을 떠올린다.

자살을 앞둔 사람들은 부정적인 사고가 급격히 증가한다. 특히 평소 부정적 사고 성향이 강한 사람일수록 더 그렇다. '다 나 때문이야', '내가 잘못해서, 내가 무능해서' 같은 자기 비하가 심해지고, 자기에 대한 혐오와 절망이 커진다. 이것이 심해지면 인지 능력까지 저해되며, 멍하고 판단력마저 흐려진다. 결국 자살 시도라는 극단적 선택에 이르게 되는 것이다.

심리상담에서도 가장 먼저 확인하는 것이 내담자의 자살 가능성이다. 생명을 지키는 것이 가장 우선적인 목표이기 때문이다.

자살은 타인도 괴롭게 한다

한 생명이 사라지는 일은 그 자체로 충격이며, 남겨진 사람들에게는 깊은 외상으로 남는다. 그 사람과 함께 했던 관계가 끝나고, 남은 사람들은 돌이킬 수 없는 상실 앞에서 슬픔과 죄책감을 겪는다.

남겨진 이들의 머릿속에선 "내가 좀 더 잘했더라면…", "조금만 더 신경 썼다면…" 하는 생각들이 계속 떠오른다. 충격적인 사건을 겪은 사람은, 이를 자기 나름의 방식으로 이해하고 받아들일 수 있어야 극복하고 떠나보낼 수 있다. 그런데 가까운 이의 자살은 쉽게 설명되지 않고, 오히려 '뭔가 다른 이유가 있을 거야' 같은 생각이 들게 하여 더 큰 혼란을 불러일으킨다. 결국 무리하게 자신을 탓하거나 주변을 탓하며 분노 등 불쾌한 감정을 강화하고, 끝내 갈등과 고립으로 자신을 내던지기도 한다.

이런 식으로, 가까운 사람의 자살은 남겨진 사람들 또한 자살의 늪으로 끌어들인다. 자살한 사람의 마음과 감정을 파고들다 보면 그에 공감하게 되고, 결과적으로 자살을 더 가깝고 현실적인 선택지로 인식하게 된다. 즉 '타인의 자살'이라는 모델을 학습하여, 본인의 자살 가능성 역시 높이는 것이다.

진짜 고민은 다른 데 있다

물론 극심한 심리적 고통을 겪는 사람들이 모두 자살을 택하는 건 아니다. 그중 극소수만이 자살을 시도하고, 또 그중 극소수만이 실제 자살에 이른다. 그렇다면 극심한 심리적 고통을 겪으면서도 자살하는 사람과 그렇지 않은 사람은 무엇이 다를까? 그 차이를 만드는 것은 바로 '절망감'이다.

인간의 기본적 욕구 중 두 가지가 자살과 깊은 관련이 있다. 첫째는 소속감이다. 공동체에 소속되고 유대감을 느끼고자 하는 욕구가 좌절되었을 때, 사람은 자신이 고립되어 있다는 깊은 외로움을 느낀다. 유대를 맺거나 보살핌을 받지 못해 소속감의 욕구가 좌절되었을 때, 우리 뇌는 극심한 신체적 고통을 느꼈을 때와 흡사한 반응을 보인다고 한다.

둘째는 효능감이다. 이는 다른 사람들과의 관계에서 인정받고 영향력을 발휘하고 싶은 욕구이다. 내가 쓸모 있는 존재라는 느낌, 인정받고 영향력을 미칠 수 있다는 느낌이 사라질 때, 사람은 "나는 무가치하다", "나는 짐이다"라는 생각에 빠진다. '나 같은 건 죽는 게 낫겠어'라는 생각의 밑바닥에는, 그편이 사람들에게 더 도움이 되겠다는 생각이 깔려 있다. 그런 식으로라도 인정받고 싶어지는 것이다.

이 중 하나라도 충족된 사람은 자살할 생각을 하지 않는다. 소속감과 효능감이라는 두 가지 욕구가 모두 좌절될 때 극단적인 절망감에 빠져 죽음을 떠올리게 된다.

그런데 이것만으로 자살이 단순한 생각을 넘어 행동으로 옮겨지지는 않는다. 죽음의 공포를 넘어서기란 말처럼 쉬운 일이 아니기 때문이다. 죽음에 대한 공포는 사람의 본능에 각인된 수준이다. 나 역시 몇 번 심각하게 자살을 생각한 적이 있는데, 사는 게 고통스럽고 무섭다고 생각했지만 역시 죽는 게 더 무서웠다. 그나마 삶의 고통을 덜 느끼면서, 죽음보다는 덜 무서운 방법을 찾다 보니 심리학자가 된 것이다. 이처럼 죽음의 공포는 결코 쉽게 극복할 수 있는 게 아니며, 이로써 사람들은 삶을 이어갈 동기를 얻고 방향을 찾기도 한다.

그런데도 어떤 경우, 사람들은 그 공포를 비켜 간다. 이렇게 본능적인 공포마저 잊게 하는 요인은 무엇일까?

첫째, 충동성이 높아진 경우이다. 욕구의 좌절은 분노를 낳고,

그 분노는 어디로 튈지 모르는 공격성을 낳는다. 이것이 자신에게 향할 때 자해나 자살로 이어질 수 있다. 특히 조울증처럼 에너지가 급격히 오르내리는 경우, 오히려 우울증보다 자살 위험이 높아진다. 조울증을 가진 사람은 기분과 에너지가 한껏 높아지기도 하는데, 이때 현실과의 괴리가 느껴지면 비참함이 더 커지고, 활성화된 에너지 때문에 자살을 더 쉽게 시도할 수도 있다.

둘째, 문제 해결 능력이 부족한 경우 자살 가능성이 높아진다. 쉽게 말하면 자신이 해결하기 어려울 정도로 크고 심각한 문제에 처하거나, 문제 자체가 심각하지 않더라도 자신에게 역량이 부족할 때 자살에 관한 생각이 들 수 있다. 이럴 때 필요한 정보나 도움을 받을 기회가 부족한 상황이라면 위험은 더욱 커진다. 실제로 최소한의 생계를 위한 복지 제도가 마련되어 있는데도, 이에 대한 정보가 부족해 생활고에 시달리다 극단적인 선택을 하는 경우가 종종 뉴스에 나오곤 한다.

셋째, 완벽주의도 자살 가능성을 높일 수 있다. 자신과 타인에게 비현실적으로 높은 기준을 요구하는 경우, 그 기준에 미치지 못할 때 강한 자괴감과 수치심을 느끼기 쉽다. 그 결과 작은 실패에 집중한 나머지 다른 성과가 전부 무가치하게 느껴져 극단적인 결론에 이르게 된다.

넷째, 감정 조절 능력이 부족할수록 자살 가능성이 높아진다. 죽음은 고통스러울 때 고통을 끝내고자 떠올리는 최후의 방안이다. 그런데 고통을 유발하는 스트레스와 그로 인한 불쾌한 감정을 다루고 조절할 수 있는 능력이 부족한 사람은 자신을 해치는 방식으로 화풀이를 하곤 한다. 이것이 계속될 경우 감정을 조절하기 위해 자해를 하는 습관이 생기고, 자살로까지 이어질 수 있다.

다섯째, 자해나 자살 시도 경험이 있는 경우, 그렇지 않은 경우에 비해 자살 가능성이 현저히 높아진다. 비록 실패했더라도, 그 경험을 통해 심리적 저항감이 낮아져 재시도 가능성이 커진다.

자살을 막기 위한 해법

자살은 한순간의 선택이 아니라 오랜 고통의 결과다. 따라서 이를 막기 위해선 단호한 개입보다, 지속적이고 다면적인 접근이 필요하다.

첫째, 소속감을 회복하는 관계를 형성해야 한다. 자살 위험이 있는 사람과는 무엇보다 신뢰와 공감의 관계가 중요하다. "왜 죽으려고 해?", "열심히 살아야지" 같은 말은 위로보다는 정서적 단절을 일으킨다. 대신 "그럴 만큼 힘들었겠구나", "죽고 싶을 만큼 아팠구나"처럼 감정에 공감하고 그 고통의 정당성을 인정해주는 반응이 필요하다. 이런 태도는 고립감을 줄이고 관계 안에서 이해받고 있다는 느낌을 회복시킨다.

둘째, 삶의 의미를 경험할 수 있는 활동을 독려해야 한다. 특히 창조적 행위일수록 효과가 좋다. 사람은 무언가를 '만드는' 존재일 때 삶의 의미를 느낄 수 있기 때문이다. 소일거리나 취미, 봉사, 가사일 같은 창조적인 활동은 자신의 존재 가치와 효능감을 높인다. 또한 음악, 미술, 문학, 운동처럼 감각을 자극하고 감정을 회복하는 활동은 삶의 경험적 가치를 자극한다. 상황을 받아들이는 태도, 다시 말해 "이 삶을 어떻게 대할 것인가"를 고민하는 과정 자체가 삶의 태도적 가치를 회복하는 데 큰 역할을 한다.

셋째, 자기 자신과의 관계를 긍정적으로 회복하는 작업이 필요하다. 자살을 생각하는 사람 대부분은 자신을 원망하고 증오한다. 자살은 결국 자신이 자신을 버리는 행위가 아닌가. 따라서 스스로를 지켜주려는 태도를 회복하는 것이 핵심이다. 자신을 미워하고 원망하는 감정을 억누르지 말고, 글이나 말, 행동으로 충분히 표현해 보자. 역설적으로 그 미움에 충분히 머무를 때, 사람은 서서히 자신에 대한 연민을 느끼게 된다. 그 연민의 감정에 집중하며 이를 밖으로 표현하다 보면, 그것이 자기를 돌보는 힘으로 바뀌고, 다시 살아가야 할 이유로 작용한다.

넷째, 죽음에 관한 대화를 두려워해선 안 된다. 자살을 생각하는 사람과 대화할 때는 회피하지 말고 구체적으로 물어보는 것이 중요하다. "죽고 싶다는 생각이 든다고 했는데, 어떻게 죽을 생각을 했어?", "실제로 시도한 적이 있어?" 등을 묻는 것이 필요하다. 물론 이러한 대화를 나누며 감정적으로 흥분하거나, 상대를 탓해서는 안 된다. 특히 혼자 살고 있거나 우울증 등 심리적 장애를 겪고 있는 사람에겐 더 세심한 관심이 필요하다.

다섯째, 자존감을 외부가 아닌 내면에서 찾아야 한다. 자신의 존재감을 남의 인정이나 평가에서 찾으려 할수록 삶은 점점 더 불안정해진다. 삶은 누구의 기대에 부응하기 위해 사는 것이 아니다. 타인의 평가가 아닌, 자신의 선택과 가치관으로 삶을 살아가는 것이 중요하다. 타인에게 평가받지 않아도, 세상이 인정하지 않아도 우리는 살아갈 자격이 충분하다.

한 사람의 인생은 오직 그 사람만의 것이다. 우리 각자의 인생에 다른 사람의 지분은 없다. 심지어 낳아 주고 길러 준 부모라 해도 말이다. 타인의 기대와 평가에 좌우될 필요가 없다. 어디에서 어떻게 살아가든, 살아 있다면 그걸로 됐다.

자신이 쓸모없고 형편없게 느껴진다면, 그건 그동안 받아왔던 평가가 자신도 모르게 내 안에 스며들었기 때문이다. 그런 건 벗어던지자. 우리 자신이 남의 인생에 감 놔라 배 놔라 하지 않듯, 다른 사람들도 우리에게 깊은 관심을 가지지 않는다. 어쩌면 '타인의 기대와 평가'라고 생각했던 건, 내 마음속의 그림자였을지도 모른다.

마지막으로, 만약 내 주변의 누군가 안타깝게 죽음을 선택했다면, 전문가를 대동한 자살 유가족 모임 등에 참여하는 것을 권한다. 자살은 커다란 트라우마를 남기므로, 그로 인한 죄책감, 두려움, 슬픔, 분노 등의 감정을 안전하게 해소할 기회가 필요하다. 비슷한 경험을 가진 사람들과 이야기를 나누다 보면, 소중한 사람의 죽음을 나의 삶 안에서 통합하고 나아갈 수 있을 것이다.

3장

나를 지킬 줄 알아야 관계도 지킬 수 있다

내 인생의 고삐를
남에게 넘겨주지 마라

동조와 다름

남의 의견에 무작정 따라가는 사람들

조용한 성격인 정현 씨는 평소 앞에 나서는 대신 남들이 하는 대로 따라 하는 것이 낫다고 생각하는 편이다. 학창 시절 학급 회의에서는 다수의 의견에 따라 투표했고, 친구들과 식당에 가면 다른 사람들이 주문한 음식을 그대로 따라 주문했다. 대학을 졸업할 즈음에도 주변 친구들이 지원하는 회사에 함께 원서를 넣었다. 자신이 무엇을 원하는지, 무엇을 하고 싶은지보다 '사람들이 주로 선택하는 것'을 따르는 것이 안전하다고 여겼기 때문이다.

직장에서도 마찬가지였다. 무언가를 결정해야 할 상황이 생기면 정현 씨는 자신의 의사보다 동료들의 의견을 조용히 수긍했다. 그런데 그런 정현 씨에게 어느 날 낯선 상황이 닥쳤다. 선배들이

신입사원들에게 노조 가입을 권했고, 정현 씨 역시 동료들을 따라 별생각 없이 가입했다. 그런데 회사와의 갈등이 심해지면서 노조는 시위를 결의했고, 정현 씨는 동의하지 않는 주장에도 불구하고 빨간 머리띠를 두른 채 시위에 나서야 했던 것이다.

동조란 무엇인가

동조란, 집단 내 다수의 기대에 맞춰 자신의 생각이나 행동을 바꾸는 심리적 반응이다. 이를 잘 보여주는 고전적인 심리학 실험이 있다. 연구진은 실험에 참여한 대상자들에게 두 직선의 길이를 비교하게 했는데, 이들의 차이는 누가 봐도 분명했다. 그러나 참가자로 위장한 연기자들이 모두 일부러 틀린 답을 말하자, 진짜 대상자 역시 그들과 같은 대답을 했다. 이처럼 개인은 때로 명확한 사실보다 '다수가 믿는 것'을 따르려는 경향을 보인다.

물론 사람마다 동조의 정도는 다르다. 어떤 이는 소신 있게 자신의 판단을 따르고, 또 어떤 이는 쉽게 동조하며 살아간다. 이들의 차이는 대체로 성격에서 유래한다. 권위를 존중하거나 의존성이 높은 사람일수록 동조 경향이 높으며, 타인의 소신 표현을 불편해하기도 쉽다. 반면 지능과 자존감이 높은 사람, 독립적인 성향을 가진 사람일수록 자신의 의견을 더 강하게 주장하며 동조 경향이 낮다.

그러나 성격이 전부는 아니다. 같은 사람이더라도 상황에 따라 결과는 달라질 수 있다. 예컨대 자신이 잘 모르는 사안이라거나, 잘 보이고 싶은 사람과 함께 있을 경우 동조를 택하기 쉬워진다. 즉, 우리는 각자의 성격과 상황에 따라 그때그때 다른 수준으로 동조의 유혹에 휩싸인다.

남의 의견에 쉽게 동조하는 이유

그렇다면, 우리에게 동조의 유혹이 생기는 근본적인 이유는 무엇일까? 그 이유는 단순하다. 불안하기 때문이다. 특히 '보호받지 못할까 봐' 느끼는 불안은 강력한 동기를 제공한다. 우리는 집단 속에서 소속감을 느낄 때 심리적 안전을 확보할 수 있다고 믿는다. 반대로 집단에서 이탈하면 배척이나 공격을 받을 수 있다는 불안이 고개를 든다.

즉 동조의 유혹은 배척에 대한 두려움에서 시작한다. 이는 동전의 앞뒷면 같은 것이다. 이것을 잘 뜯어보면 동조를 하고 싶어지는 이유뿐만 아니라, 동조하지 않는 사람들에 대한 불편함까지도 이해할 수 있다. 이 석연찮은 불편함의 이유를 정리하면 다음과 같다.

첫째, 사람들은 자신과 유사한 사람을 선호한다. 유사성이 높을수록 상대의 반응을 예측하기 쉬워져 안전하다고 느끼기 때문이다. 무슨 짓을 할지 모르는 사람을 곁에 두면 불안하지 않은가. 이처럼 행동이나 사고방식이 다르면 이해하는 데 에너지가 들고, 예측이 어려우며, 심리적으로 불편해진다. 대부분의 사람은 이 때 생기는 에너지 소모가 불편하고, 불편하니 피하려 한다.

둘째, 인간은 기본적으로 자신과 다르거나 튀는 사람에게 공격성을 보인다. 다름으로 인한 불편함이 짜증이나 화를 유발하고, 때론 질투를 불러일으키기 때문이다. 앞서 설명한 직선 길이 비교 실험에서처럼, 집단에 동조하는 모두가 그 의견에 100% 동의하는 것은 아니다. 오히려 대부분은 소신껏 표현하고 싶은 욕구를 억누르고 집단에 동조한다. 이때 자신과 달리 마음껏 소신을 표현하는 사람을 접하게 되면, 은근히 시기하고 질투하면서 자신의 억눌림을 보상받고자 한다. 마치 함께 점심을 먹으러 간 중국집에서 비싼 메뉴를 주문한 막내 직원을 눈치 없다며 나무라는 선배 직원처럼 말이다. 어쩌면 그는 막내 직원 때문에 화가 난 게 아니라, 눈치를 보느라 원하는 메뉴를 먹지 못한 자신에게 화가 났던 것일지도 모른다.

셋째, 이렇게 타인을 배척함으로써 우월감이나 안전함을 느끼려는 심리도 작용한다. 다른 누군가가 배척당한다는 것은, 달리 말하면 나는 배척당하지 않는다는 뜻이다. 간혹 사람은 이런 식으로 안도감을 느끼기도 한다. 다수 그룹 안에 속해 있는 자신과 따돌림당하는 사람을 비교하면서, 그와 달리 자신은 다른 사람들에게 인정받는다는 사실을 확인하는 것이다.

다른 한편으로, 동조는 종종 생존을 위한 전략으로 활용되기도 한다. 희귀하고 유익한 정보는 주로 집단 내에서만 공유되는 경우가 많다. 이러한 정보에 접근하기 위해서는 집단 내에 안전하게 소속되어야 하는데, 이러한 소속감을 강화하는 가장 효과적인 수

단이 바로 동조다. 만약 그렇지 않으면 혼자서 판단하고 결정해야 하는데, 이는 매우 부담스러운 일이다. 사람들은 이 부담을 피하기 위해서라도 동조를 선택한다. 특히 현대 사회처럼 정보가 곧 힘이 되는 세상에서는, 이런 식의 동조가 더 자주, 더 강하게 일어난다.

왜 다름을 인정하지 못할까

이처럼 동조와 배척은 결국 '다름'을 피하고자 하는 심리에서 시작된다. 그런데, 잘 생각해 보면 이건 굉장히 이상한 일이다. 사람이 각자 다른 건 당연하지 않은가? 실제로 우리가 인생에서 만나는 모든 사람은 전부 가지각색으로 다르다. 한 명의 사람이 자라나는 데에는 유전, 성격, 경험, 가치관 등 수많은 요인이 얽히고설켜 있기 때문이다. 어쩌면 세상에서 가장 평범한 사람이야말로 가장 이상한 사람일지도 모른다. 그런데도 우리가 다름을 피하려고 하는 이유는 무엇일까?

첫째, 다름을 무한정 받아들이다 보면 생존에 불리해지기 때문이다. 인간은 알기 쉬운 단순한 구조와 분명한 기준을 선호한다. 정보를 단순하게 처리하려는 본능 때문이다. 만약 당신이 카페 직원이라고 해 보자. 10명의 손님이 각자 다른 음료를 주문하는 것과 모두 같은 음료를 주문하는 것, 어느 쪽이 당신에게 불리할까? 전자일 것이다. 다양한 메뉴를 준비할수록 머리는 복잡해지고 실수할 확률은 커지기 때문이다. 이처럼 복잡한 정보를 처리할수록 뇌는 더 많은 에너지를 소모한다. 생물에게, 더 많은 에너지를 소모한다는 건 그만큼 생존이 어려워진다는 뜻이다. 따라서 본능적인 거부감을 느끼는 것이다.

둘째, 따돌림을 감수하는 것보다는 다름을 포기하는 것이 더 안정적인 선택이기 때문이다. 동조의 유혹 앞에서 사람들은 딜레마에 빠진다. 집단에 동조하자니, 자신의 소신을 굽혀야 하는 억울함이 있다. 그러나 다름을 포기하지 않으면 배척당할 가능성이 있다. 결국 사람은 두 가지 아픔 중 하나를 선택해야 한다. 그렇다면 아무래도 작은 고통을 고르는 편이 낫다. 그런데 대체로, 소신을 굽히는 것보다는 외로움에서 오는 고통이 더 크다. 동조는 의견에 대한 부정이지만, 배척은 존재 자체에 대한 부정이기 때문이다. 그렇기에 사람들은 다름을 인정하기보다 피하기를 선호하는 것이다.

내 삶에 나만의 기둥을 세우는 법

하지만 타인의 의견에 고분고분 이끌려 다니기만 한다고 자동으로 행복해지는 것은 아니다. 칼 로저스, 칼 융 등 다양한 심리학자들은 학파를 막론하고 한결같이 말한다. 인간은 각기 다르게 태어나고, 자신만의 개성을 실현할 때 가장 행복하다고 말이다. 떠오르는 생각과 감정을 억누르기보다는, 진정한 자기 모습으로 자연스럽게 살아갈 때 에너지가 덜 소모되고, 그 남는 에너지를 더 창의적이고 건강한 방식으로 사용할 수 있기 때문이다.

그러나 현실은 녹록치 않다. 사회적 요구와 집단의 기대 속에서 우리는 늘 타협해야 한다. 좋은 성적과 취업을 위해서는 공부를 해야 하고, 얼굴 붉히기 싫다면 상사의 요구에도 미소를 지을 줄 알아야 한다. 그럼에도 불구하고 그 속에서 중심을 잡으며 나답게 살아가고 싶은 사람에겐, 몇 가지 태도가 필요하다.

첫째, 불편하더라도 다름을 더 많이 받아들이려는 연습이 필요하다. 연구에 의하면, 소수 의견이 많이 표출되고 보장되는 사회일수록 주류에 따르라는 압력이 분산되어, 개개인이 더 자유로운 생활을 누릴 수 있다. 결국 타인의 다름을 존중할 수 있어야, 자신의 다름도 존중받을 수 있는 것이다. 그러니 불편한 마음이 들더라도, 그것을 일단 받아들여 보자. 다른 것은 틀린 것이 아니다. 말그대로 다를 뿐이다. 어쩌면 그 색다름은 생각보다 나쁘지 않을 수도 있다. 이렇게 서로의 다름을 포용하는 사회는, 다름을 인정하지 못하고 사사건건 갈등을 빚는 사회보다 불필요하게 소모되는 에너지가 적고 생산적이다.

둘째, 자아정체성을 찾아보라. 진정으로 자신 있게 나답게 살아가려면, 내가 어떤 생각을 하고 무엇을 느끼고 어떤 태도를 가지고 있는지 알아봐야 한다. 자아정체성이 제대로 확립되지 않은 사람은 외부의 기준에 휘둘려 동조하기 쉽다. 자신이 어떤 사람인지, 무엇을 좋아하고 원하는지 알아야 그것을 지키고 표현할 수도 있다. 마치 미운 오리 새끼가 자신이 백조임을 깨닫고 나서야 비로소 행복을 찾아 훨훨 날아갈 수 있었던 것처럼 말이다.

셋째, 자존감을 키워야 한다. 자존감은 타인의 시선이나 압력에 흔들리지 않고 자신을 지킬 수 있는, 이른바 마음의 체력이다. 이러한 마음의 체력을 기르고 싶다면, 나의 크고 작은 장점을 찾아서 목록을 만들고 스스로 칭찬하며 지지해 주자.

많은 이들이 "왜 난 남들과 다를까?"라고 자책한다. 하지만 우리는 모두 다르다. 다르지 않은 사람은 없다. 달라도 괜찮다. 그것이 바로 '당신'이기 때문이다. 우리가 서로의 다름을 인정하는 아름다운 세상이 되기를 진심으로 바란다.

남의 떡이 크든 작든
내 떡을 즐겨라

시기심

나보다 잘난 네가 싫어

다현 씨는 어릴 때부터 피아노에 두각을 보였다. 학생부 대회에서 좋은 성적을 거두었고, 선생님들도 그녀의 실력을 높이 평가했다. 하지만 그녀보다 앞서는 사람이 있었다. '하윤'이라는 이름의 다른 학교 학생이었다. 다현 씨는 매번 하윤 씨에게 밀려 대상을 놓치곤 했다.

둘은 대학에서 다시 만났다. 하윤 씨는 다현 씨가 다니는 음악과의 수석 입학생이었다. 둘은 가까워졌고, 서로 좋은 자극을 주고받는 친구가 되었다. 다현 씨는 하윤 씨의 천재적인 재능을 인정했고, 부러워했다. 심지어 존경스럽기까지 했다. 그래서 더 친해지고 싶었다. 하지만 어느 날, 다현 씨는 하윤 씨가 다른 친구들과의 술자리에서 자신을 평가절하하는 뒷담화를 하는 것을 우연히 듣게 됐다.

"다현이? 걔는 노력파지, 뛰어나진 않아. 그냥 열심히 할 뿐이야. 연주회라도 제대로 하겠어? 몇 번 하다가 결국 포기하고 피아노 학원이나 차리겠지."

그 순간, 다현 씨는 깊은 배신감을 느꼈다. 존경심은 분노로 바뀌었고, 부러움은 시기심이 되었다. 하윤 씨가 가진 모든 것이 못마땅해졌고, 그를 이기고 싶다는 강한 욕망이 솟구쳐 더욱 피아노 연습에 매달렸다. 그러나 그것만으로 다현 씨의 시기심은 잦아들지 않았다. 결국 다현 씨는 하윤 씨에 대해 안 좋은 말을 퍼뜨리고, 상대에게 일부러 잘못된 정보를 제공하기도 했다. 다현 씨는 하윤 씨가 가진 모든 것을 빼앗고 싶었다. 실력도, 성적도, 웃음까지도.

시기심이란 무엇인가

시기심은 '자기보다 잘나거나 뛰어난 사람' 혹은 '내가 갖고 싶은 무언가를 가진 사람'을 미워하는 감정이다. 상대가 가진 능력, 외모, 지위, 인간관계, 심지어 행복한 표정까지, 무엇이든 시기심의 불씨가 될 수 있다. 이는 단순한 불쾌함을 뛰어넘는 수준의 감정이다. 시기심은 타오르는 불꽃처럼 강한 에너지를 품으며, 이를 동력 삼아 상대를 집요하게 관찰하고 견제한다. 때론 그 감정이 너무 강렬해, 심하면 시기하는 대상을 해치고 싶다는 충동으로 이어지기도 한다. 시기심을 가장 자극하는 것은 시기하는 사람의 행복이다. 상대가 행복해하는 모습에 화가 치밀어 오르고 심한 고통을 느끼기 때문이다. 시기심을 느끼는 사람은 상대가 잘못되기를 바라거나, 상대가 가지고 있는 것을 손상시키는 방식으로 목표를 달성하기도 한다.

시기심은 상대가 가진 것을 나는 가지지 못했다는 사실을 인정하고 싶지 않은 마음과 맞닿아 있다. 그럴 때 우리는 상대가 가진 것이 '정당하지 않다'라는 의심을 품는다. "운이었겠지", "배경이 좋았던 거야" 같은 말을 하면서 말이다. 자신이 갖지 못한 것을 상대가 가졌다는 사실을 받아들일 수 있도록, 나름의 이유를 만들어내는 것이다.

또한 시기심에 휩싸인 사람은 자신의 부족함이나 불행한 상황을 상대방 때문이라고 합리화하는 모습을 보이기도 한다. '저 사람만 없었더라면, 내가 1등을 했을 텐데', '지금 내가 이 모양인 이유는 다 저 사람 때문이야'처럼 피해의식을 불태우는 것이다.

결국 시기심이 깊어지면, 상대를 고통스럽게 만들고자 하는 마음이 강해지며 그것을 실제로 행동에 옮기기도 한다. 뒷담화, 따돌림, 무시, 괴롭힘 등이 그 예다. 이는 물론 당하는 입장에선 억울한 일이지만, 괴롭히는 사람 본인은 부당한 것을 누리는 상대방에 대한 정당한 처벌이라고 합리화한다.

영화 〈아마데우스〉 속 살리에리는 이런 시기심의 특징을 상징적으로 보여준다. 그는 모차르트의 천재성을 누구보다 정확히 알아봤다. 하지만 모차르트의 자유분방한 성격과 경솔한 태도를 보면서 점점 분노에 사로잡힌다. 그 감정은 단순한 부러움을 넘어, "왜 저런 인간이 저런 재능을 가졌는가?"라는 깊은 분노로 번져간다. 그 결과 살리에리는 모차르트의 방탕한 사생활을 캐며 그를 죽일 음모를 꾸미기도 한다.

시기심을 자주 느끼는 사람의 특징

시기심은 누구에게나 생길 수 있는 감정이다. 그러나 그 강도와 빈도는 사람마다 다르다. 유독 시기심이 많은 사람들에게는 몇 가지 공통적인 특징이 있다.

첫째, 경쟁심이 강하다. 이들은 비교를 통해 자신을 평가한다. 자신의 존재 가치를 스스로의 기준으로 보지 않고, 타인과의 비교를 통해 확인하려 한다. 그래서 항상 누군가보다 '더 나은 나'가 되기 위해 애쓴다.

둘째, 열등감을 자주 느끼며, 자신이 부족하다고 생각하는 마음이 늘 바닥에 깔려 있다. 이 열등감은 곧 공격성으로 바뀌기도 한다. 자기보다 잘난 사람을 폄하하고, 업신여기며, 심지어 괴롭히기도 한다. 타인을 끌어내림으로써 자신을 끌어올리려는 것이다.

그런데 중요한 건 경쟁심이나 열등감 그 자체가 아니라, 그 감정에 대처하는 태도다. 어떤 사람은 열등감을 통해 자신을 돌아보고 발전의 계기로 삼지만, 어떤 사람은 그 감정을 외면하고 타인을 공격하는 방식으로 반응한다. "난 무능해, 그래서 날 무시하는 거야", "저 사람만 없었으면, 난 더 나았을 거야" 같은 식으로 말이다.

이런 사고방식은 결국 시기심이라는 감정의 늪을 더욱 깊게 만든다. 그 늪에 빠지면, 사람은 자꾸만 상대를 향한 경계심과 공격성 속에 머무르게 된다. 그 안에서는 어느 누구도 건강한 관계를 맺기 어렵다. 그저 끊임없이 자신의 우월성을 만족하려고만 할 뿐이다.

부럽다고 해서 다 시기심은 아니다

우리가 흔히 느끼는 감정 중, 시기심과 부러워 보이는 감정이 있다. 바로 부러움이다. 부러움과 시기심은 비슷해 보이지만, 그 결은 분명히 다르다. 두 감정 모두 '내가 갖지 못한 무언가를 가진 사람'을 마주할 때 생긴다. 하지만 부러움은 상대의 가치를 인정하며, 자신도 그에 닿고 싶다는 소망을 담은 감정이다. 반면, 시기심은 상대의 존재 자체가 불편하고, 그 사람이 가진 것을 빼앗고 싶다는 파괴적 충동이 동반된다.

쉽게 말해, 부러움은 "나도 저렇게 되고 싶다"는 감정이고, 시기심은 "왜 쟤가 저걸 가지고 있지?"라는 반발이다. 부러움은 타인을 향한 존중과 긍정의 가능성을 남기지만, 시기심은 비교와 불만, 그리고 관계를 해치는 공격성을 낳는다.

그렇다면 어떤 사람에게는 부러움을 느끼고, 또 어떤 사람에게는 시기심을 느끼게 될까? 보통은 자신과 재능이나 관심사가 어느 정도 유사한 사람에게 시기심을 느끼게 될 가능성이 크다. 반대로 나와 동떨어진 사람에게는 시기심을 느낄 가능성이 적다. 예를 들면, 재벌이나 전교 1등처럼 너무 뛰어나 나와는 비교 자체가 어렵다고 여기는 사람에게는 주로 부러움을 느낀다. 반면, 나와 실력이 비슷하거나 사회적 위치가 비슷한 사람에게는 쉽게 시기심을 느낀다.

부러움이 시기심으로 바뀌는 과정

그런데 부러움의 대상이었던 사람이 어느 순간 시기심의 대상으로 바뀌는 경우도 있다. 바로 상대가 자신의 열등감을 건드렸을 때이다. 다시 영화 〈아마데우스〉를 보자. 살리에리는 모차르트를 처음엔 진심으로 부러워하고 존경했다. 그의 재능을 누구보다 정확히 알아봤고 인정해 주었다. 하지만 모차르트가 자신의 작품을 무시하고, 연인을 빼앗는 사건을 겪으며 그 감정은 급격히 뒤틀린다. 처음엔 "저 사람처럼 되고 싶다"였지만, 나중엔 "왜 저런 사람이 그 자리에 있는 거야?"라는 분노로 변한 것이다.

또한 누군가가 자신이 간절히 원하는 것을 갖고 있음에도, 그것을 소중히 여기지 않고 당연한 듯 여긴다면 시기심이 커진다. 살리에리는 겸손 따위는 모른다는 듯 오만방자한 모차르트를 보며, 점차 그의 사생활을 폭로하거나 죽이려는 유혹에 휩싸였다. 그가 받는 세간의 인정이 정당하지 않다고 생각하면서 말이다.

혹은 상대에게 인격적으로 결함이 있거나, 불쾌한 모습을 보일 경우 부러움은 시기심과 분노로 번진다. 예를 들면 톱스타가 음주운전, 갑질, 막말 등으로 논란이 되면, 사람들은 더 이상 그를 부러워하지 않는다. 오히려 추락하길 바란다. 저런 부도덕한 사람이 그동안 호사를 누렸다니 부당하다면서 말이다. 이처럼 그가 가진 것을 '정당하지 않은 것'으로 느끼는 순간, 부러움은 시기심으로 이어진다.

특히 살리에리가 모차르트에게 보이는 시기심과 같이, 구체적으로는 뛰어난 1인자를 향해 느끼는 2인자의 열등감과 무기력을 두고 '살리에리 증후군'이라 부른다. 평범한 자신은 아무리 성실하게 노력해도 결코 1인자가 될 수 없다는 열등감, 해도 안 된다는 무기력에 공감해본 적 없는 사람은 드물 것이다. 살리에리는 영화 마지막에 이렇게 말한다. "난 평범한 사람들의 대변인이야!"

시기심을 극복하는 방법

시기심은 인간의 자연스러운 감정 중 하나지만, 그것에 휘둘릴 경우 스스로를 갉아먹게 된다. 몸과 마음의 에너지가 고갈되고, 사람과의 관계도 악화된다. 하지만 시기심은 잘 다룰 수만 있다면 오히려 자신을 성장시키는 원동력이 되기도 한다. 다만 이를 위해서는 몇 가지 구체적인 태도 전환이 필요하다.

첫째, 비교를 멈춰야 한다. 비교가 시기심의 시작점이기 때문이다. "나는 나고, 너는 너다"라는 단순한 진리를 자주 되새겨야 한다. 사람은 저마다 다른 시간표와 목적지를 가진 존재다. 지금은 같은 길을 가는 것처럼 보여도, 결국 각자 다른 삶을 살아간다. 잠시 지나가는 길이 겹쳤을 뿐, 서로가 걸어야 하는 전체 코스는 다른 것이다.

둘째, 자신의 부족함을 수용해야 한다. 사람은 누구나 불완전하다. 시기심은 내가 가진 것 대신 갖지 못한 것에만 시선을 둘 때 생긴다. 살리에리를 보라. 그는 성실함, 뛰어난 실력, 훌륭한 말솜씨 등 좋은 자질을 가지고 있었고, 동시대 가장 인정받는 음악가였으며 높은 권위와 권력을 쥐었다. 많은 사람들에게 존경받고 있었지만 그것을 깨닫지 못한 것이다. 결국 자신이 이미 갖고 있는 것을 들여다보고, 그것에 감사할 줄 아는 사람만이 시기심에서 자유로워질 수 있다.

부족한 면이 없는 사람은 없다. 거기에 골몰하는 대신 자신이 가진 것, 잘하는 것이 무엇인지 보고 인정하라. 그것에 만족감과 감사를 느껴 보라. 그리고 그 점을 더욱 키워 나가면 된다. 마음의 평화는 그렇게 온다.

시기심을 불러일으키지 않으려면

시기심을 느끼지 않는 것도 중요하지만, 다른 사람에게 시기심을 유발하지 않는 태도 역시 중요하다. 누군가가 나를 시기하게 되면, 그 감정은 때로 예상하지 못한 공격으로 되돌아올 수 있기 때문이다.

이를 위해서는 첫째, 상대방의 장점을 칭찬하라. 상대의 자존감을 채워주는 태도는 시기심을 누그러뜨린다. 인정받고 싶은 욕구는 누구에게나 있다. 그래서 칭찬을 받은 사람은 감사와 호감을 느끼고, 우호적인 관계를 유지하기 위해 공격성을 자제한다.

둘째, 자신의 부족함을 적절히 드러내라. 완벽한 사람처럼 보이면, 주변 사람들은 불편을 느낀다. 이럴 때 스스로 약점을 보여주면 오히려 인간적이라고 느껴 친밀감을 형성하고, 마음의 벽을 허물 수 있다. 다만 '연약함의 전략'은 진정성 있게 사용해야 한다. 억지스러운 자기비하는 오히려 역효과를 낳을 수 있다.

셋째, 시기하는 사람의 마음을 이해하려 노력하라. 시기심은 그 사람 내면의 열등감과 고통에서 비롯된다. 게다가 시기심은 매우 집요한 감정이기에, 이에 불타는 사람은 자신의 열등감과 고통을 계속해서 후벼파게 된다. 이런 관점에서 보면 타인의 시기심이 곧 '그 사람이 얼마나 아픈지'에 대한 신호일 수도 있다. 그렇다고 모든 비방을 감내하라는 뜻은 아니다. 다만, 상대의 고통을 조금 더 넓은 시선으로 바라보고 알아주며 살피는 여유가 상대의 공격성을 완화시킬 수 있다.

넷째, 위의 방법이 모두 통하지 않는다면, 차라리 만남을 줄이거나 거리를 두라. 모든 관계가 회복 가능한 것은 아니다. 상대의 공격과 괴롭힘이 반복되고 있다면, 물리적·심리적 거리 두기가 필요하다. 시기심은 자극이 있을 때 커진다. 내 존재 자체가 상대의 시기심을 일으킨다면, 만남을 줄이는 것도 하나의 방법이다. 꼭 만날 수밖에 없다면, 대화와 행동을 최소화하는 것도 좋다.

내가 남을 믿어야
남도 나를 믿어준다

불신

의심은 전염병처럼 번진다

영화 〈더 헌트〉는 불신이 어떻게 퍼지고 관계를 파괴하는지를 극적으로 보여준다. 주인공 루카스는 덴마크 시골 마을의 유치원 교사다. 조용하고 내성적인 성격의 그는, 이혼 후 아들과의 양육권 문제로 고민하며 평범한 인생을 보내고 있었다. 같은 마을에서 자라온 친구들과는 여전히 교류를 이어 가고 있었고, 그중 특히 절친한 친구인 테오의 딸 클라라를 귀여워하며 부족할 것 없는 삶을 살고 있었다.

하지만 파국은 소리 없이 찾아왔다. 클라라가 교사인 루카스에게 호감을 느껴 갑작스레 뽀뽀를 시도한 것이다. 루카스가 이를 부드럽게 제지하자, 화가 난 클라라는 유치원 원장에게 충격적인 거짓말을 했다. "선생님이 제게 이상한 행동을 했어요." 이 한마디로 인해 루카스는 아동 성추행범으로 몰리게 되었다.

사람들의 의심은 결백을 가릴 여유도 주지 않고 순식간에 마을 전체로 번져갔다. 그는 친구들과 이웃들로부터 외면당하고 폭행을 당하며, 심지어 가게 출입을 금지당하고 사랑하는 개마저 죽임을 당했다. 루카스의 결백이 밝혀진 후에도 괴롭힘은 끝나지 않는다. 영화는 1년 뒤에도 여전히 누군가의 괴롭힘을 당하는 루카스를 보여주며 끝난다. 불신은 그렇게 끈덕지게 남는다.

불신이 생기는 이유

불신은 우리 누구나 가지고 있는 '안전에 대한 갈망'에서 비롯된다. 사람은 본능적으로 자신을 지키기 위해 신뢰할 수 있는 관계를 찾고, 그 안에서 안심을 얻는다. 하지만 이것이 언제나 성공하는 건 아니다. 우린 관계 속에서 종종 배신, 실망, 외면, 폭력, 무시를 당한다. 이런 수많은 상처가 신뢰의 뿌리를 흔든다. 자라 보고 놀란 가슴, 솥뚜껑 보고 놀라는 격이다. 그런 경험들이 반복될수록 사람은 다시 마음을 다칠까 봐 먼저 경계한다. 그것이 바로 불신이다.

이때 문제가 되는 건, 상처가 제대로 소화되지 않은 채 남아 있을 때다. 그 사건이 어떻게 일어났고, 어떤 사람에게 왜 그러한 감정을 느꼈는지 스스로 이해하고 정리하지 못한 채 방치하면, 그 고통은 그대로 남아 마음의 상처를 곪고 썩게 한다. 그리고 또 그런 일이 일어날까 봐 두려워하며 경계하게 된다. 그 결과, 작은 거짓말 하나에도 "이번에도 그런 일이 벌어질 거야"라는 해석의 오류를 범하게 된다. 사람들 모두 위험을 피하고 안전해지고자 하니, 일단 불신하고 보는 것이다. 그래서 우리는 사실이 제대로 밝혀지기 전부터, 마치 자신의 불신이 곧 진실인 것처럼 의심하고 피하려 든다.

타인을 불신하게 된 사람들은 저마다 다양한 방식으로 해석의 오류를 범한다. 그중 가장 대표적인 몇 가지 오류를 꼽아 보자. 예컨대 '내 편 아니면 남의 편'이라는 생각은 이분법적 사고의 전형적인 예다. 중립적인 입장일 수도 있지 않은가? 한편 '저번에도 한번 그랬으니, 앞으로 계속 그럴 거야'라는 생각은 과잉 일반화에 해당한다. 물론 일반화 자체는 자연스러운 사고방식이지만, 한두 번 일어난 일을 무조건적인 법칙처럼 받아들인다면 문제가 된다. 또 '내가 싫어서 일부러 그러는 거야'와 같이 정확한 이유를 모르면서 자신과 결부지어 해석하는 오류를 개인화라고 부른다. 그밖에도 '네가 날 무시하고 있다는 걸 내가 모를 것 같아?'라고 생각하는 독심술적 오류, '오늘 느낌이 안 좋은 걸 보니 진짜 그럴 거야'라고 생각하는 감정적 추리 등도 있다. 이런 오류는 세상을 부정적으로 해석하게 만들고, 불신을 키운다. 결국 상처를 피하려는 마음이 또 다른 상처를 만들고 마는 것이다.

불신이 불러오는 문제점

이렇게 불신은 과거의 상처를 현재에 투사하게 만든다. 이전에 나를 아프게 한 사람의 그림자를, 지금 내 앞에 있는 사람에게서 보는 것이다. 상대가 실제로 무엇을 했는지는 별로 중요하지 않다. 이미 내 마음속에서 그는 '상처를 줄 사람'으로 부풀려 규정되기 때문이다.

그 결과, 해소되지 않은 분노가 엉뚱한 사람에게 전가되는 문제가 생긴다. 지금까지의 아픔과 분노가 모두 상대방의 탓인 양, 비난하고 따돌리고 괴롭히면서 마땅히 이래도 된다고 합리화해 버린다. 이것이 심해지면 마치 사냥감을 찾듯 억눌린 감정을 풀 대상을 찾아다닐 수 있다.

불안과 분노의 감정에 빠져 있으면 위험에 지나치게 예민해지면서 불신의 함정에도 더 쉽게 빠진다. 〈더 헌트〉 속 테오는 루카스의 절친이었지만, 딸의 말 한마디에 망설임 없이 루카스를 의심한다. 자식이 성폭력을 당했다는 생각 앞에서 극렬한 분노에 휩싸여 이성을 잃은 것이다. 극심한 스트레스가 찾아왔을 때 뇌는 생존을 위해 감정 반응을 우선시하고, 사고 능력을 억제한다. 그래서 테오는 자초지종을 듣거나 따져보지도 않고 오랜 친구인 루카스를 의심하고 만다.

이는 한편으로 테오의 이분법적 사고 때문이기도 하다. 딸과 친구가 서로 모순된 주장을 하고 있을 때, 누구의 편을 들 것인가? 딸이냐, 친구냐? 정답은 '꼭 둘 중 하나를 골라야 할 필요는 없다'

이다. 한 발짝 물러서서 사실관계를 파악하고, 친구의 말을 믿는 한편 어린아이인 딸의 감정적 혼란을 다독여줄 수도 있었다. 그러나 "우리 딸은 한 번도 거짓말한 적이 없어"라고 공공연하게 얘기해왔기에, 그에겐 이 일이 잘못이어야만 했던 거다.

불신으로 인해 생기는 또 다른 문제는, 그로 인한 피해를 바로잡기가 굉장히 어렵다는 것이다. 사람은 자신의 판단이 잘못됐음을 잘 인정하기 어렵기 때문이다. 그것을 인정하면 그동안의 행동이 수치심과 죄책감을 유발하는데, 이를 받아들이기란 사실 굉장히 고통스럽다. 그래서 사람들은 종종 자신의 오류를 인정하는 대신, 기존의 불신을 합리화하며 수치심과 죄책감을 모면하고자 한다. 실제로 영화에서 루카스의 결백이 밝혀졌음에도 불구하고, 여전히 마을 사람들에게 따돌림과 괴롭힘을 당하지 않았는가.

불신을 해소하는 방법

인간은 모두 안전을 갈망한다. 그래서 다른 사람과의 친밀한 관계를 통해 유대감을 형성하고 소속감을 느끼려 한다. 그러나 불신은 오히려 이를 무너뜨리고 결속을 무너뜨린다. 이러한 파국을 막기 위해서는 어떻게 해야 할까?

첫째, 평소 폭넓은 신뢰 관계를 쌓아 두어야 한다. 오랜 시간 꾸준히 소통하며 서로의 진심을 공유한 관계 말이다. 이런 관계는 잘못된 소문이 퍼질 때, 나 대신 나서서 "그건 사실이 아니야"라고 말해줄 수 있다. 혹은 나에게 그러한 사실을 알려주고 대처하라고 권해줄 수도 있다. 이는 불신이 퍼지는 것을 막거나 최소한 더디게 할 수 있다.

둘째, 자신이 불신의 대상이 되었다는 조짐이 보이면 가능한 빠르게 사실을 바로잡아야 한다. 소극적인 침묵보단 적극적인 해명이 낫다. 이를 위해서는 소문을 들은 사람에게 접촉해 사실을 알려야 하고, 가능하다면 소문을 퍼뜨린 사람에게 당신의 행동이 잘못되었으며 내가 불쾌감을 느끼고 있다는 사실을 단도직입적으로 말해야 한다. 만약 내가 직접 해명하지 않는다면, 소문은 익명성 속에서 날개 돋친 듯 퍼질 것이다.

불신은 조용히 사라지지 않는다. 말하지 않으면, 오해는 진실처럼 굳어지고, 공격은 계속된다. 구차해 보일 수 있어도, 잘못된 말을 바로잡는 것이야말로 스스로를 지키는 가장 효과적인 방법이다.

셋째로, 만약 자신의 잘못된 소문을 들었다면, 익명성을 깨뜨려야 한다. 소문을 퍼뜨리는 당사자나 동조자에게 나 역시 그 소문을 알고 있음을 알리는 것이다. 또 타인의 악의적인 소문을 들었다면 내 마음 편하자고 거기서 눈을 돌려서는 안된다. 제때 정정하고 바로잡자. 그것이 상대와 공동체가 모두 신뢰를 회복하는 가장 좋은 방법이다.

아무도 믿지 않고 살아갈 수는 없다

불신은 때로 우리를 보호해준다. 다만 그것이 합리적일 때만 그렇다. 그 보호가 지나치거나 불합리하면, 오히려 사회는 더 위험해지게 된다. 습관화된 불신으로 인해 관계는 점점 불편해지고, 사람들이 서로를 믿지 못해 방어만 일삼기 때문이다. 그렇게 우리는 상처를 피하려다, 더 깊은 고립 속으로 들어간다.

그러니 누군가는 먼저 믿어야 한다. "네가 신뢰를 보여주면, 나도 믿을게"라는 마음가짐이 아니라, 한 번쯤은 조건 없이 상대를 믿어 보는 마음이 필요하다. 조금 두렵더라도 말이다. 그 믿음이 진심일 때, 상대도 조금씩 방어를 풀고 다가올 수 있다.

그리고 무엇보다, 해석의 오류에서 벗어나야 한다. 세상은 생각보다 복잡하고, 사람의 행동에는 다양한 사정이 있다. 그 상황을 이해하려 해 보자. "그럴 수도 있겠네"라는 그 한마디가, 불신의 전염을 멈추는 첫걸음이 될 수 있다.

마음이 통하려면
약간의 거리를 두어라

소통 부재

말하지 않으면 오해만 커진다

도준 씨는 얼마 전, 오랫동안 찾아뵙지 못했던 아버지의 부고를 듣고 고향으로 내려갔다. 아버지는 수년간 위암으로 투병하다가 결국 다른 부위까지 전이되며 세상을 떠났다.

평소 도준 씨와 아버지는 별로 살가운 사이가 아니었다. 그가 초등학교에 들어갈 즈음, 부모님은 이혼했고 이후 아버지가 홀로 그를 키워왔다. 평소 과묵했던 아버지는 아무 설명도 하지 않았고, 어린 도준 씨는 어머니가 왜 떠났는지조차 알지 못했다.

도준 씨는 평소 과묵하고 다정하지 않은 아버지 때문에 어머니가 못 견디고 떠난 거라고 짐작했다. 아버지는 충분히 그럴 만한 사람이었다. 그러자 자연스레 원망이 쌓였고, 사춘기에는 거칠게 반항하며 아버지와의 갈등을 키워갔다. 결국 서울의 대학에 진학하며 고향을 떠나 독립했고, 그 후로 고향엔 좀처럼 내려가지 않았다.

명절이면 고향을 찾는 친구들을 보며 때때로 외로워지기도 했다. 그러나 도준 씨는 외로움의 원인을 아버지 탓으로 돌렸다. 어머니가 찾아오지 않는 것도, 모두 아버지의 방해 때문이라고 믿었다. 그런 원망을 쏟아내도, 아버지는 늘 묵묵할 뿐이었다.

하지만 장례를 치르며 작은아버지에게 듣게 된 진실은 도준 씨의 생각과 많이 달랐다. 사실 도준 씨가 어릴 적, 어머니는 아버지의 친구와 외도를 했고, 그 사람과 재혼해 새로운 가정을 꾸렸다는 것이다. 하지만 아버지는 이 사실을 도준 씨가 감당하지 못할까 봐 끝내 말하지 않았다. 위암 판정 후에도 아들이 걱정할까 봐 병을 숨기고 홀로 치료를 견뎠다. 도준 씨는 홀로 외롭게 살다 가신 아버지가 불쌍해서 눈물이 멈추지 않았다.

소통이란 무엇인가

소통이란 서로 마음이 통하는 것을 말한다. 말에 담긴 의미와 전하고자 하는 진심이 왜곡 없이 전달될 때, 우리는 비로소 통했다고 느낀다. 이런 순간은 살아가는 데 큰 힘이 된다. 그렇기에 누구나 자신의 마음이 이해받기를 원한다.

그러나 이처럼 깊은 연결은 생각보다 드물다. 오히려 소통은 자주 어그러지고, 그로 인해 마음의 문을 닫아버리는 경우가 많이 생긴다. 이런 불통은 오해를 낳고, 오해는 곧 갈등으로 이어진다. 그로 인해 불안, 분노, 억울함, 답답함이 쌓이고, 마음의 병으로 번지기도 한다.

소통이 제대로 되지 않으면 아무리 사람들에 둘러싸여 있어도 외로움을 느낄 수밖에 없다. 가족이 있어도, 친구가 있어도, 동료가 많아도, 마찬가지다. 실제로 우리는 SNS의 홍수 속에서도 소통이 되지 않아 답답하고, 외롭고, 불안하고, 우울한 경우가 많지 않은가. 이러한 심리적 고통이 심해지면 자해나 자살에까지 이를 수 있다.

이것이 전부가 아니다. 소통 부재는 개인과 사회의 에너지를 낭비하게 되는 원인이기도 하다. 내 말이 제대로 전해진 건지 알 수 없어 불안해지고, 그로 인해 계속 신경을 쓰기 때문이다. 이는 회사와 같은 공적 조직에서도 마찬가지다. 말이 통하지 않으면 협업은 깨지고, 불필요한 비용과 감정 소모가 발생한다.

소통은 이 모든 문제를 치유할 수 있는 가장 강력한 열쇠다. 공황 장애, 불안, 강박, 우울, 자살 충동조차도 '들어주는 누군가'가 있다면, 진짜 마음을 전할 수 있다면 멈출 수 있다. 마음을 전하고, 마음을 받아주는 단순하지만 절실한 행위가 우리를 비로소 살아 있게 해준다.

소통이 마음처럼 잘되지 않는 이유

하지만 이런 소통은 마음처럼 잘되지 않는다. 그 이유는 사람이라면 누구나 자기가 듣고 싶은 것만 들으려는 경향이 있기 때문이다.

인간은 세상을 해석하기 위한 자신만의 '이해의 틀'을 가지고 살아간다. 이 틀은 나는 누구인지, 타인은 어떤 사람인지, 세상은 어떤 곳인지에 대한 믿음을 쌓으며 만들어진 것이다. 이 믿음은 세상을 효율적으로 해석하고 버틸 수 있게 해준다. 그래서 이 틀이 흔들릴 때 두려움을 느낀다.

이러한 이해의 틀을 구성하는 믿음들은 곧 '내가 평소에 느끼는 세상의 모습'이다. 이것이 흔들린다는 건 곧 자신의 세상이 흔들린다는 것과 마찬가지다. 그래서 우리는 그 틀을 지키고자 새로운 정보나 다른 관점을 배제하려 든다. 낯선 관점에 마음을 열기보다, 익숙한 해석을 고집하며 자신을 방어하는 것이다. 그 예로 우리는 상대가 하는 말이 이해되지 않거나 마음에 들지 않는 경우 눈을 피한다. 자신의 내적 세계가 위험해질 것 같으면 슬쩍 피하는 것이다.

이런 식의 대화 단절은 우리 주변에서 쉽게 볼 수 있다. 피로 이어진 부모 자식 관계에서도 그렇다. 마음을 나누려다 오히려 갈등이 커지는 경우가 많다. 왜 그런 일이 벌어지는 걸까?

대부분의 경우는 과도한 조언을 해서다. 자녀가 힘들다고 말하면, 부모는 그 문제를 해결해 주고자 대책을 제시한다. "시험이 불안해"라는 말에 "그럼 빨리 공부해"라고 반응하고, "친구 때문에 힘들어"라는 말에 "그럼 걔랑 놀지 마"라고 말한다. 그러나 당장 문제부터 해결하려는 태도는, 자녀가 토로하는 힘든 감정을 지나치기 십상이다. 사실 자녀는 바로 그런 아픔을 공감받고자 이야기를 꺼낸 것일 텐데 말이다. 이럴 때 해결보다 필요한 건 마음을 알아주는 일이다.

많은 아버지들이 이런 실수를 범할 것이다. 하지만 조언은 때로 마음의 경계를 침범하는 일임을 알아두어야 한다. 누군가의 내면에 허락 없이 들어가 방향을 제시하려 하면, 당연히 불편하게 느껴지고 화도 난다. 조언에서 더 나아가 설득이나 강요가 되는 경우도 많다. "이렇게 해야지", "지금이라도 바꿔"라면서 말이다. 그러나 사람은 바꾸기 어렵다. 나 자신조차 쉽게 바뀌지 않는다. 그래서 강요받는 사람은 점점 부담을 느끼고 대화를 피한다. 이럴 땐 차라리 침묵하는 게 도움이 된다. 실제로 어느 강의에서 만난 50대 아버지는 이렇게 말했다.

"저는 아들을 생각해서 조언을 아끼지 않았습니다. 모든 일을 고민하고 가장 좋은 방법을 말해줬죠. 그런데 어느 날부터 아들이 제 말을 무시하고 얼굴조차 보여주지 않더라고요. 처음엔 화가 났습니다. '다 너 잘되라고 이러는 줄도 모르고!' 하고요. 그런데 아니었어요. 결국 좋은 아빠가 되고 싶다는 자기만족에 불과했죠. 그래서 차라리 입을 다물었습니다. 그랬더니, 아들이 먼저 말을 걸어오더라고요."

그밖에, 지적이나 비교 때문이기도 하다. "너는 이게 문제야", "그렇게 하니까 안 되지" 같은 말은 상대방을 변화시키고 싶다는 마음에서 시작되지만, 결국 자존심을 건드리며 깊은 상처를 남긴다. 그래서 반항하거나, 아예 대화 자체를 거부하게 된다. "다 너를 위해서야"라는 말조차, 상처를 더 깊게 만들 수 있다.

또한 내 말만 하는 것도 소통을 가로막는다. 말수가 적은 사람조차 자기 이야기를 하고 싶은 법이다. 그런데 우리는 상대의 이야기는 궁금해하지 않은 채, 자기 이야기만 한다. 가끔 침묵이 불편해서 말로 채우는 사람도 있지만, 결국 중요한 건 '서로의 마음이 오가는 대화'다. 함께한 시간이 따뜻하게 느껴지는 건, 서로가 순서를 주고받으며 충분히 말했을 때다.

이를 위해서는 내가 한 말이 상대방에게 어떻게 이해되었는지 확인하는 과정이 필요하다. 하지만 이를 소홀히 하는 사람들이 많다. 왜일까? 두렵기 때문이다. 상대가 내 의견과 다르지 않을까, 내 진심이 왜곡되진 않았을까, 하고 말이다. 그래서 우리는 "몰라, 난 내 할 말만 하지 뭐"라는 태도를 취하곤 한다. 이렇게 상처받은 경험이 차곡차곡 쌓이면, 그로 인해 쌓인 불편한 감정으로 인해 더 이상 대화에 참여하지 않으려 하는 것이다.

대화를 소통으로 이끄는 법

지금까지 설명한 소통이 잘 되지 않는 이유를 한마디로 요약해 보자. 그것은 바로, 대화가 안전하지 않기 때문이다. 상대가 지적과 비난을 통해 내 마음을 침범하고 상처를 줄까 봐 방어적인 태도를 취하는 것이다. 상대가 내 말을 진심으로 들어 줄 것이라는 확신이 서지 않을 때, 사람은 쉽게 마음을 닫는다.

그렇기에 진정한 소통을 위해서는, 가장 먼저 안전한 대화 환경을 만들어야 한다. 그 시작은 '하지 말아야 할 것들'을 멈추는 데 있다. 일방적으로 조언하지 말고, 설득하거나 강요하지 말아야 하며, 지적하거나 비난하지 말아야 한다. 또 남들과 비교하지도 말아야 한다. 안전하지 않은 말은 상대의 마음을 닫게 만들고, 대화를 가로막는다.

그보다는 우선, 상대방의 이야기를 있는 그대로 들어 보자. 그리고 내가 잘 이해한 건지 물어 보자. 틀려도 괜찮다. 정확한 해석이 목적이 아니다. "당신의 이야기에 관심이 있고, 이해하려 노력하고 있어요"라는 메시지만으로도 상대는 마음을 연다. 그 다음으로는, 상대의 의견이 내 생각과 달라도 우선 "그렇구나", "그럴 수 있겠네"라고 얘기해 보자. 그리고 나서 내 의견을 전하면, 상대방도 더 잘 받아들인다.

두 번째, 감정이 쌓인 상태에선 대화를 멈추자. 소통의 부재는 '마음이 막힌 상태'다. 그 막힘은 대부분 감정 때문이다. 억눌린 감정은 대화를 왜곡하고, 소리를 높이게 만들고, 결국 상처를 남긴다. 그러니 날선 말을 던지기 전에 우선 감정을 해소하자. 발생한 감정은 느끼고 밖으로 충분히 표현하여 해소하면 사라진다. 먼지 그 쌓인 감정을 안전하게 해소한 후 대화를 시도해 보는 거다. 소통은 막혀 있는 것을 뚫는 것이고, 감정의 해소가 이를 가능하게 한다. 이처럼 '선 해소, 후 대화'가 대화의 기본이다. 해소하기 어렵다면, 화를 내기 전 15초 정도만 침묵을 유지해도 치밀었던 분노가 진정된다.

세 번째, 해결부터 하려 들지 말자. 상대가 힘들어하는 이야기를 들으면 사람들은 본능적으로 해결하려 든다. 하지만 문제를 해결하는 것보다 감정에 공감해주는 것이 먼저다. 그렇지 않고 해결책을 먼저 던져 주다간 상대에게 전해지지 않고 화만 돋굴 뿐이다. 상대의 감정에 공감만 잘해줘도 감정을 누그러뜨리고 해소를 도울 수 있다. 공감을 잘하기 위해선 경청부터 시작해 보라. 우선 조용히 하고 듣기만 해 보자. 그것만으로도 상대는 위로받는다. 여기에 "아, 그렇구나", "정말 그렇겠다" 같은 짧은 추임새를 더하면, 상대는 더 공감받는다고 느낄 것이다.

결국 소통은 마음의 전달이다. 그리고 마음의 중심엔 욕구가 있다. 상대의 욕구에, 그리고 내 욕구에 관심을 가져보라. 그게 대화의 출발점이다. 왜 얘기를 하겠는가? 이해받고자 하는 욕구 때문에 하는 거다. 그것이 무엇인지 파악해서 가능하다면 충족시켜 주는 것이 소통이다. 이를 위해 나는 무엇을 원하는지 솔직하게 상대에게 표현하고 전달해 보는 것도 중요하다. 서로의 욕구를 살피고 이해하려는 태도에서 진짜 대화는 시작된다. 그때 비로소 우리는, 더 가까이 다가갈 수 있다.

사람은 누구나
타인이 어렵다

사회불안

사소한 말 한마디가 마음의 벽을 쌓는다

나은 씨는 어릴 적부터 부모 대신 할머니 손에 자랐다. 맞벌이로 바쁜 부모는 주말에만 얼굴을 비췄고, 평일엔 늘 할머니와 지냈다. 할머니 댁에는 근처에 사는 사촌들까지 함께 맡겨졌는데, 나이가 많았던 사촌들은 나은 씨를 자주 괴롭히고 무시했다. 그런 아이들을 돌보느라 지친 할머니는 종종 짜증을 내며 말했다.

"내가 왜 이것들까지 돌봐야 해. 아이고, 내 팔자야"

나은 씨는 스스로가 짐이 된 것만 같았다. 그러다 보니 늘 눈치를 보며 조심스럽게 행동했고, 작은 숨소리마저 줄이려 애썼다.

중학생이 된 나은 씨는 드디어 부모와 함께 살게 되었다. 그러나 오랜 시간 떨어져 있던 부모는 낯설기만 했다. 사춘기와 맞물리며 나은 씨는 점점 말이 없어졌고, 학교에서도 존재감 없는 아이가 되었다. 결정적인 상처는 어느 날 아버지와의 말다툼 끝에 찾아왔다. 화를 삭이고 돌아온 아버지는 단호한 말투로 말했다.

"너 같은 애 밖에 나가면 버르장머리 없다고 해. 알아?"

그 말이 귀에 꽂힌 순간, 나은 씨는 가슴이 답답해지는 압박감을 느꼈다. '사람들이 나를 버릇없고 못된 아이로 본다'는 생각은 집 밖 어디에서도 그녀를 편히 두지 않았다. 학교에서는 친구들이 수군거리는 것만 같았고, 선생님과 어른들의 눈빛조차 날카롭게 느껴졌다. 점차 사람들과 함께 있는 것 자체가 불안해졌고, 누군가가 자신을 본다는 사실이 괴로워졌다. 누군가와 대화를 나눌 때면 눈을 제대로 마주치지 못했다. 눈을 보면, 불안한 속마음까지 들킬 것 같았기 때문이다.

사회불안이란 무엇인가

'대인기피'라는 말이 다소 극단적으로 들릴 수 있다. 이 말은 '사람을 피하는 것'을 뜻한다. 사람들과 어울리는 걸 불편해하고, 낯선 사람과의 자리를 긴장하며 피하는 건 생각보다 흔한 일이다. 누구나 조금씩은 사람이 어렵다. 다만 그 정도와 빈도, 그리고 일상생활에 미치는 영향이 심하다면 '대인기피', 임상적으로는 '사회불안'이라고 판단할 수 있다.

사회불안은 낯선 사람 앞에 서거나, 누군가의 시선을 받는 상황에서 과도한 두려움을 느껴 일상적인 활동이 어려워지는 경우를 의미한다. 사회불안을 불러일으키는 상황은 다양한데, 크게 세 가지 유형으로 나눌 수 있다. 첫째는 일상적인 상호작용 상황이다. 다른 사람과 대화하거나 만나는 일을 할 때처럼 다른 사람들과 자연스럽게 어울리는 경우를 말한다. 둘째는 타인에 의해 관찰당하는 상황이다. 예를 들어 누군가가 지켜보는 앞에서 식사를 하거나 음료를 마실 때처럼, 타인에게 관찰당하는 상황이 해당된다. 셋째는 공식적인 발표나 연설을 수행하는 자리가 있다.

이런 두려움은 몸에도 영향을 미친다. 얼굴이 화끈 달아오르고, 손이 떨리거나 호흡이 가빠진다. 혹은 심장이 두근거리고 땀이 난다. 이처럼 불안이 신체 반응으로 이어지면 사람들은 더욱 당황하고, 결국 회피를 선택하게 된다. 사회적 관계로부터 단절을 택하는 것이다.

그렇다면 사회불안에 시달리는 사람은 무엇이 두려운 걸까? 가장 큰 원인은 부정적 평가에 대한 두려움이다. 자신이 실수하거나 이상하게 보일까 봐, 그래서 타인에게 거절당하거나 비난받을까 봐 두려운 것이다. 더 나아가 자신의 불안한 상태가 드러나는 것조차 무서워한다. '내가 불안해하는 걸 남들이 눈치채면 어쩌지?'라는 생각이 끝없이 이어진다.

그러나 회피는 일시적인 안정을 줄 수는 있어도, 문제를 해결해주지는 않는다. 결국 사람들과의 관계는 점점 줄어들고, 고립감은 더 깊어져만 간다. 이런 과정을 거치며 회피는 불안이나 두려움을 더욱 증폭시킨다.

사회불안을 느끼는 이유

사회불안은 단지 '낯가림'이나 '수줍음'으로 치부할 수 없다. 그 이면에는 기질, 심리적 갈등, 양육 경험 등 복합적인 원인이 얽혀 있다.

우선, 타고난 기질이 영향을 줄 수 있다. 어릴 적부터 수줍음이 많고 내성적인 아이들은 청소년기에 들어서며 사회적 상황을 더욱 불편하게 느끼는 경향이 있다. 특히 낯선 사람과의 만남이나 눈에 띄는 상황에서는 위축되고 회피하려는 모습이 두드러진다.

또한 무의식적인 갈등도 한몫을 거든다. 아직 자아가 성숙되지 않은 어린이나 청소년들은 종종 자기 자신의 심리를 이해하는 데 어려움을 겪는다. 특히 분노 같은 공격적 충동은 더욱 그렇다. 예컨대, 부모에게 간섭을 받거나 친구에게 장난을 당한 경우 당연히 화가 날 수 있다. 그러나 '화내면 나쁜 아이가 된다'는 생각은 이 감정을 받아들이지 못하게 만든다. 결국 아이는 자신이 분노를 느낀다는 사실을 받아들이지 못하고, 오히려 남들이 자신에게 화를 내고 있다며 불안을 느낄 수 있다. 요컨대 자기가 느낀 불쾌한 감정을 상대방의 것으로 돌리며 마음의 벽을 쌓고 자신의 안전을 도모하는 것이다. 이러한 과정을 심리학에서는 '투사'라고 하는데, 관계를 거부하게 되는 대표적인 원인 중 하나다.

나은 씨의 경우도 그랬을 것이다. 할머니와 사촌들로부터 받은 상처, 부모로부터의 방치 속에서 생긴 분노가 마음 깊이 눌려 있었을 것이다. 그러나 그것을 밖으로 표현하지 못했기에, 세상 사람들이 '내 마음 속의 분노'를 눈치채고 자신을 공격하고 무시할 것이라는 불안으로 바뀌어 그녀를 지배한 것이다.

특히 부모로부터 안정된 애정을 받지 못했을 때, 사회불안은 더 깊어지는 모습을 보인다. "나는 부족하다", "나는 못난 사람이다"라는 자기 인식은, "타인은 날 싫어하고 비난할 거야"라는 타인에 대한 믿음으로 연결된다. 그 결과, 성인이 되어 맺은 관계에서도 긴장과 회피가 반복되는 것이다.

이렇게 사회불안이 심한 사람들에겐 몇 가지 공통된 특징이 있다. 첫째, 비현실적인 믿음이다. "나는 모두에게 인정과 칭찬을 받아야만 해", "약한 모습은 절대 보여선 안 돼"처럼 자기 자신에 대해 과도하게 높은 기준을 세우거나, "난 열등해", "내겐 매력이 없어"처럼 스스로에 대해 과도하게 부정적인 평가를 내리는 경우다. 나아가 "내가 불안해하는 걸 들키면 끝장이다", "내 진짜 모습을 알면 사람들은 날 떠날 거야"처럼 타인에 대한 믿음이 조건적이고 파국적인 경우도 많다.

둘째, 언제나 초점을 자신에게 맞추는 경향이 있다. 쉽게 말해 이런 사람들은 관계 속에서 타인이나 주변을 파악하기보다, 자신에게 주의를 빼앗기며 '내가 어떻게 보일까'를 계속 관찰하고 검열한다. 이로 인해 실제 상황에 집중하지 못하고, 조그만 신체 반응 하나에도 과도한 의미를 부여한다. 예를 들이, 손이 조금 떨리기만 해도 "사람들이 나를 불안한 사람으로 볼 거야"라고 생각하며 위축된다. 이처럼 주의가 '부정적 단서'에 쏠리면 정작 정말 중요한 사회적 정보는 놓치게 되고, 오히려 더 부자연스러운 반응을 하게 된다.

셋째는 주의 편향과 해석 오류다. 다른 사람의 부정적 평가나 자신의 불안이 드러날 수 있는 손 떨림, 땀, 호흡 등 생리적 반응과 같이 위협이 되는 자극에 주의가 과도하게 꽂히는 것이다. 그 결과 작은 부정적 단서나 피드백을 커다랗게 해석하고, 심지어 모호한 반응조차 부정적으로 해석하게 된다. 예컨대 누군가 나를 힐끗 쳐다본 것 같기만 해도, '내가 이상해서 쳐다봤을 거야'라고 생각하는 식이다. 이렇게 '싫어할 거야', '비난할 거야'라는 해석이 반복되면 불안은 더욱 심화된다.

결국 사회불안을 겪는 사람들은 이러한 불안을 줄이거나 감추기 위해 자기 마음을 안정시키는 강박적 행동인 '안전행동'을 하게 된다. 말을 빠르게 하거나, 손의 떨림을 감추기 위해 물건을 꽉 쥐거나, 시선을 회피하는 행동 등이 그것이다. 하지만 아이러니하게도 이런 행동은 오히려 주목을 끌고 부정적인 인상을 남긴다. 그 결과 사회불안이 더 자극되는 역효과가 생길 수 있다.

사회불안을 극복하는 방법

이처럼 사회불안 속에는 부정적으로 평가받고 상처받을까 두려운 마음, 나를 드러내는 것을 두려워하는 마음이 숨어 있다. 이 두려움에서 벗어나기 위해, 우리는 조금씩 다른 방식으로 자신을 훈련시킬 수 있다.

첫째, 불안을 일으키는 부정적 믿음을 찾아보고 수정하는 일이다. 이때 다른 사람이 나처럼 행동하는 걸 봤을 때, 나라면 어떻게 느낄지 생각해 보면 큰 도움이 된다. 예를 들어, "약한 모습을 보이면 남들이 비웃을 거야"라는 믿음을 가지고 있다면, 이렇게 되물어보자. "나라면 그럴까? 비웃긴커녕 더욱 친근감이 느껴지고 좋아할 것 같은데?"

그밖에도, 불안을 드러내는 게 오히려 친밀감을 높일 수 있음을 기억해 두자. 많은 사람이 불안을 덮어놓고 숨기려 하지만, 의외로 "떨리네요, 긴장돼요"라고 솔직히 고백했을 때 분위기가 부드러워지고, 오히려 사람들이 웃으며 공감해주는 경우가 많다. 약함은 부끄러운 것이 아니라, 때로는 사람과 사람을 연결하는 가장 진실한 언어다.

둘째, 두려운 상황에 조금씩 몸과 마음을 노출시켜보자. 이를 노출 훈련이라 부른다. 사람은 나쁜 일이 일어났을 때보다, 무슨 일이 일어날지 모를 때를 더욱 두려워한다. 두려우니 피하고, 피할수록 두려움은 더 커지는 악순환이다. 이럴 때 두려워하던 상황을 직접 마주하면 생각보다 별일 아니라는 걸 체감하게 된다. 이처럼 노출은 불안을 감소시키는 가장 효과적인 치료법이다.

이를 위해 처음엔 가족이나 친구와 같이 안전하다 싶은 사람과 함께 두려워하는 상황에 있는 것처럼 여기해 보는 것도 좋다. 발표가 너무 두렵다면, 친구 앞에서 리허설을 하는 것이다. 전문가를 대동한 집단 상담에 참가하여 두려운 사회적 상황을 다른 사람들과 함께 연출하는 것도 좋은 선택이다. 그러다 익숙해지면 점차 실제 상황으로 확장해가는 것이다.

셋째, 평가를 의식적으로 멈추는 훈련이 필요하다. 사회불안의 뿌리는 "사람들이 날 어떻게 볼까?"라는 끊임없는 자기검열에서 시작된다. 그 순간, "잠깐, 스톱!"이라고 외쳐 보자. 마음속으로 외쳐도 좋지만, 소리 내어 말하면 더 좋다. 간단한 신호만으로도 생각을 끊는 전환점을 마련할 수 있다.

사실 타인의 평가에 민감한 근본적인 이유는, 내가 나 자신에게 부정적 평가를 내리고 있기 때문이다. 내가 나를 인정하지 않고 좋아하지 않기 때문이다. 그것이 바로 자존감이다. 자존감을 채우기 위해서 끊임없이 다른 사람들의 평가에 매달리는 거다. 그렇기에 타인의 평가가 신경쓰일수록, 지금 이대로의 자신을 스스로 인정하고 수용하는 훈련이 필요하다. 그러니 "스톱!"이라고 외친 뒤엔 지금 이대로도 괜찮다고 자신을 다독여 주자. 평가로부터 자유로워질 때 불안에서도 벗어날 수 있다.

넷째, 주의를 전환하고 몸을 이완시키는 방법을 익혀 보자. 부정적인 자기 검열에 빼앗긴 주의를 다시 되찾아오는 것이다. 이를 위해서는 몸에 들어간 힘을 빼고 감각에 집중해야 한다. 이때 가장 간단한 방법은 호흡 동작에 집중하는 것이다. 숨을 천천히 들이쉬고, 내쉬며, '지금 여기에 있는 나'로 돌아오는 연습을 하자. 근육을 수축했다가 천천히 풀어주는 긴장이완법도 도움이 된다. 이렇게 주의를 유연하게 전환하는 법을 익히면, 내 안의 '불안한

나'보다 '관찰하고 반응하는 나'가 전면에 나서게 된다. 우리 모두 주의만 자유로워지면, 자연스럽고 적절히 반응할 수 있는 거다. 그러니 있는 그대로의 나를 믿어보라. 있는 그대로의 내가 가장 자연스러운 것이다.

사람은 모두 사람에 서툴다. 그래서 서툰 당신은 인간적이다. 어색함도, 불안도, 실수도 그 자체로 자연스러운 내 모습이다. 그런 나를 내가 먼저 인정해줄 때, 타인도 나를, 나도 타인을, 비로소 인정하고 이해할 수 있다.

남보다 잘하지
않아도 괜찮다

비교

나보다 잘난 사람에게 위축될 때

수현 씨는 어릴 적부터 잘난 형과 누나의 그늘 아래서 위축되어 자랐다. 일류대를 졸업한 부모는 공부도 잘하는 데다 외모까지 준수한 형과 누나를 늘 자랑스러워했다. 반면 막내인 수현 씨는 그들과 비교당하며 자랐다. "형은 조금만 공부해도 성적이 좋은데, 넌 도대체 왜 안 되니?", "누나는 조용하고 차분한데, 넌 왜 그렇게 부산스러워?" 할아버지와 할머니까지 말을 보탰다. "형과 누나는 잘생겼는데, 넌 누구를 닮은 거니?" 수현 씨는 자연스럽게 자신이 부족한 존재라 여겼다.

그 결과 수현 씨는 늘 누군가가 자신을 평가하고 비교할 거라는 불안에 시달렸다. 잘난 사람이 주변에 있으면 저도 모르게 자신과 비교했고, 자연스레 마음이 불편해졌다. 학교 시절 친해진 친구들과도 얼마 지나지 않아 거리를 두기 일쑤였다. '저 친구는 나보다 잘났어, 내가 너무 초라해 보여'라는 생각이 들면, 마음이 불편해지고 상대가 싫어졌다. 대학에 가서도, 직장에 가서도, 결혼 후에도 상황은 마찬가지였다. 누군가의 장점이 눈에 들어오는 순간 자신이 부족하게 느껴졌고, 결국 상대와의 관계를 피하게 되었다. 당황스러운 건 그 주변인들이었다. 그들은 어느 날부터 아무 이유 없이 거리를 두는 수현 씨를 이해할 수 없어 당혹스러워했고, 이내 그를 떠나 버리곤 했다.

우리는 어째서 비교를 할까

사람은 누구나 자신을 타인과 비교하며 살아간다. 그런데 그 비교가 지나칠 때 고통이 생긴다. 우린 왜 그토록 스스로를 고통에 밀어넣으려 하는 걸까? 그 안에는 몇 가지 공통된 심리가 숨어 있다.

첫째, 자존감이 낮을 때 자존감을 확인하기 위해서다. 스스로를 있는 그대로 괜찮은 사람이라고 느끼지 못하면, 외부의 기준을 빌려 자신을 증명하려 한다. 별일 아닌 일에도 과도하게 경쟁심을 불태우는 사람도 이런 경우에 속한다.

둘째, 자아정체감이 뚜렷하지 않은 경우다. 나는 누구인가? 어떤 사람인가? 그 물음에 대한 답을 찾기 위해 사람들은 타인을 거울 삼아 자신을 확인하려 한다. "저 사람은 조용한 편인데, 나는 좀 활발하네" "저 사람은 계획적인데, 나는 즉흥적이야" 이런 비교를 통해 자신을 규정하고 정체성을 세우려 하는 것이다. 실제로 이를 통해 자신이 무엇을 잘하는 사람인지, 무엇을 못하는지, 무엇을 좋아하고 싫어하는지, 다양한 상황에서 어떻게 반응하는지 등 자신을 알아갈 수 있다.

셋째, 열등감 때문이다. 비교를 자주 하는 사람일수록 내면에는 자신이 부족하다는 믿음이 뿌리 깊게 자리 잡고 있다. 그래서 비교를 통해 열등감을 줄이고, 스스로를 조금 더 괜찮은 존재로 느끼고자 한다. 그러나 이 시도는 종종 실패로 돌아간다. 나보다 나은 사람은 항상 존재하기 때문이다. 이처럼 비교의 끝은 열등감을 부추기는 경우가 대부분이고, 그로 인해 또 다른 비교를 시작하게 된다. 이는 결국 끝없는 열등감의 굴레에 빠지게 만든다.

실은 우월감도 다르지 않다. 우월감과 열등감은 동전의 양면이다. "나는 잘났어"라는 생각 역시 비교를 전제로 하기 때문이다. 겉으로 우월감을 내세우는 사람일수록, 내면에는 누군가보다 못할까 봐 두려워하는 마음이 숨어 있다. 이들은 끊임없이 자신이 우위에 있다는 걸 확인받아야 안심한다. 이들 중에는 정말로 잘난 사람도 있겠지만, 대부분은 자신이 더 뛰어나다는 자기합리화의 달인들이다.

이런 사람들은 대부분 성장 과정에서 부모나 주변 어른들로부터 끊임없이 비교당해온 이력이 있다. "형은 이랬는데, 너는 왜 이러니?"라는 말에 익숙해진 아이는, 성인이 되어도 비교하지 않고는 스스로를 평가할 수 없게 된다. 그렇게 비교는 습관이 되고, 자신을 괴롭히는 방식으로 굳어져 간다.

비교가 내 삶에 미치는 영향

사람은 누구나 즐거움을 느끼길 원한다. 또한 자신과 친하고 가까운 사람 또한 즐겁게 만들어주고 싶어한다. 하지만 우리가 익히 알고 있듯, 사람의 기분을 좋게 만들기란 까다로운 일이다.

반면, 기분을 나쁘게 만드는 방법은 놀라울 정도로 쉽고 간단하다. 그중 가장 빠르고 강력한 방법이 바로 비교다. 비교는 단 한 순간에 사람을 열등감으로 끌어내리거나, 반대로 우월감에 휩싸이게 만든다. 물론 비교를 통해 자신의 부족함을 인식하고, 더 나은 방향으로 나아가려는 노력은 분명 긍정적인 동력이 될 수 있다. 하지만 그 비교가 일시적인 우월감이나 깊은 열등감으로만 귀결된다면, 우리는 끝없는 불안과 자기비하의 굴레에 갇히게 된다.

비교를 통해 우월감을 느끼면 기분이 좋아지지 않느냐고 물을 수도 있다. 하지만 문제는 그런 우월감은 오래가지 않는다는 점이다. '나는 괜찮은 사람이야'라고 자신을 다독여보아도, 또 다른 더 잘난 사람을 마주하는 순간 그 감정은 무너진다. 비교를 멈추지 않는 한, 우월감은 언젠가 열등감으로 이어지고, 내면에는 끊임없는 불안이 쌓인다. 나를 증명하려 애쓸수록, 남과 비교하며 인정받으려 할수록, 그 갈증은 더욱 깊어지는 것이다. 결국 이들은 자신에 대한 확신이 부족한 탓에 타인의 인정에 의존하고, 그 인정이 충족되지 않으면 좌절하고 스스로를 미워하게 된다.

무엇보다 비교는 인간관계를 어렵게 만든다. 타인을 있는 그대로 받아들이지 못하고, 끊임없이 판단하고 저울질하려는 마음이 관계를 가로막기 때문이다. 그리하여 자신 또한 타인에 의해 수용될 수 있을 거라 믿지 못한다. 상대가 더 나아 보이면 자신이 위축되고, 반대로 자신이 더 낫다고 느끼면 교만해진다. 이런 관계 안에서는 진정한 친밀감이 자라기 어렵다. 결국 비교는 소속감과 유대감을 가로막고, 사람을 점점 더 고독하고 외롭게 만든다.

오늘날 미디어 환경도 이런 비교 심리를 자극한다. 수많은 SNS 콘텐츠와 유튜브 영상은 비교를 부추긴다. 유명인들의 빛나는 외모, 성공한 삶, 화려한 일상들이 끊임없이 화면 속에 등장하면서 우리는 그들과 자신을 무의식적으로 비교한다. 그렇게 타인에게 뒤처진다는 느낌은 또다시 열등감과 자기혐오로 이어진다.

나아가 이러한 비교 습관은 타인을 판단하는 방식으로 확장되기도 한다. 자신과 타인을 비교하는 데서 그치지 않고, 타인과 타인을 비교하는 습관이 생기는 것이다. 그 결과 "쟤는 못생긴 게 왜 저래?", "그 사람은 별로 볼 것도 없어" 같은 평가가 일상화된다. 그러다 보면 결국 자기 자신이 무시당하더라도 어쩔 수 없다고 여기는 '자기 멸시'의 감정이 스며들기도 한다.

물론 이는 정신 건강과 인간 관계를 매우 악화시키는 사고 방식이다. 이것이 지속되면, 수현 씨의 경우처럼 상처받지 않기 위해 멀쩡한 인간관계를 포기해 버리기도 한다. 심한 경우, 자신이 상처받지 않고자 먼저 타인의 열등감을 자극하고 다니는 사람이 되기도 한다.

비교의 굴레에서 벗어나는 법

그렇다면 이렇게나 유독한 비교의 굴레에서 어떻게 벗어날 수 있을까? 그 첫걸음은, '있는 그대로의 나'를 인정하는 데 있다. 누구나 부족한 면이 있고, 실수하며 살아간다. 그건 잘못이 아니라 자연스러운 일이다. 그러니 자신에게 이렇게 말해 주자. "지금 이 모습 그대로도 괜찮아" 두 손을 포개어 가슴에 얹고 스스로를 토닥이며 말이다. 나의 단점과 아픔마저 껴안는 연습은, 비교로부터 자유로워지는 가장 강력한 연습이 된다.

다음으로는 비교하려는 순간 스스로에게 '스톱'을 외쳐 보자. 마음속으로, 혹은 소리 내어 말하는 것도 좋다. 이 간단한 동작 하나가 무의식적인 비교 회로를 끊는 전환점이 될 수 있다. 그리고 그 순간, 비교하느라 소진된 감정 에너지를 다시 나 자신에게 돌려 보자. 비교의 외부 시선이 사라질 때, 우리는 비로소 내면을 들여다볼 수 있다. 나는 무엇을 좋아하고, 언제 즐겁고, 무엇에 열정이 생기는 사람인가? 내 삶의 중심을 다시 찾는 것이다.

이것에 익숙해졌다면, 마음을 열고 타인과 관계를 맺어 보자. 비교는 결국, 자신의 존재를 있는 그대로 수용받지 못한 경험에서 비롯된다. 따라서 회복 역시 '있는 그대로 수용되는 관계' 안에서 시작된다. 누군가와 깊은 교감을 나누고, 비교 없이 서로의 존재를 인정받는 경험은 우리를 치유한다. 그 속에서 우리는 더 이상 '누구보다 나은 사람'이 아니라, '그저 나로서 괜찮은 사람'으로 살아갈 수 있게 된다.

진실과 사실은 다르다

오해

작은 오해가 큰 갈등을 낳는다

영화 〈어톤먼트〉는 작은 오해가 눈덩이처럼 커져 생기는 비극을 보여 준다. 주인공 브라이오니는 10대 초반의 소녀로, 언니인 세실리아와 의대생 로비 사이에 흐르는 사랑의 기류를 어렴풋이 눈치 채고 있었다. 그런데 문제가 있었다. 브라이오니 역시 로비에게 동경심 섞인 연심을 품고 있었다는 것이다.

언니를 질투한 브라이오니는, 어느 날, 세실리아 앞으로 온 로비의 편지를 몰래 열어 본다. 그런데 그속엔 혈기왕성한 청년이 사랑을 말하는 노골적인 표현들이 담겨 있었다. 이를 읽은 브라이오니는 충격에 사로잡혀 로비를 변태라고 오해한다. 마침 동네에서 발생한 성폭력 사건의 현장을 목격한 브라이오니는, 아무런 근거

없이 로비가 범인이라고 확신하고 그를 지목하기까지 한다.

그 결과 로비는 누명을 쓴 채 전쟁터로 보내지고, 결국 그곳에서 숨을 거둔다. 언니 세실리아 역시 로비를 찾아 전쟁터로 향했다가 비극적인 죽음을 맞는다. 성인이 된 브라이오니는 그제서야 자신이 얼마나 무서운 착각을 했는지 깨닫고, 어릴 적 자신이 확신했던 믿음이, 얼마나 왜곡된 이해였는지를 되짚으며 참회의 글을 남긴다. 이 이야기를 보고 있노라면, 우리는 알지 못하면서 안다고 믿고, 이해하지 못하면서도 이해했다고 착각하는 경우가 얼마나 많은지를 실감하게 된다.

오해를 하게 되는 이유

오해란, 타인의 말이나 행동, 혹은 어떤 상황을 잘못 해석하는 것이다. 사람들은 매일 수없이 많은 자극과 정보를 접하며 살아가므로, 그 모든 것을 객관적이고 정확하게 처리하기란 불가능하다. 결국 우리는 자신만의 렌즈, 즉 경험과 신념, 기질과 감정이 반영된 '개인적 해석의 틀'을 통해 세상을 바라보게 된다.

이 오해의 렌즈는 여러 요인으로 구성된다. 첫째, 성별 차이다. 남성과 여성은 타고난 성향이나 학습된 사회적 역할이 다르기 때문에 동일한 상황에서도 해석이 엇갈릴 수 있다. 예를 들어 직장에서의 힘든 일을 털어놓고 위로받고자 하는 여자친구에게, 남성은 해결 방법을 요청하고 있다고 해석하여 업무적인 조언을 해주기 쉽다. 반대로 직장에서 힘든 일을 겪은 남자친구가 이를 표현하지 않으면, 여성은 힘든 감정을 자신과 나누지 않는 것이 서운하게 느껴질 수 있다.

둘째는 기질과 성격 유형이다. 예를 들어, 내향적인 사람은 힘든 일이 있을 때 혼자 시간을 보내며 정리하는 반면, 외향적인 사람은 타인과 이야기하며 감정을 풀려고 한다. 이처럼 문제를 인식하고 처리하는 방식이 다르면, 상대의 반응을 '이상하다'거나 '날 무시하는 것 같다'고 오해하기 쉽다.

셋째, 경험 차이로 인한 사고방식의 차이다. 우리는 과거의 경험을 통해 형성된 '핵심 믿음'이라는 렌즈를 통해 세상을 본다. 이를테면 "나는 무능하다", "사람들은 날 좋아하지 않는다" 같은 신념은, 타인의 말이나 행동을 왜곡된 방식으로 해석하게 만든다. 상사의 조언도 '날 싫어하나 보다'로 받아들이고, 단순한 관심 표현도 '나를 좋아하는 게 분명해'라는 오해로 이어진다.

넷째, 인지 부조화 때문이다. 인간은 잘 이해되지 않거나 모순되는 정보 앞에서 불편함을 느낀다. 우리 뇌는 이러한 불편함을 줄이고자 무리하게 의미를 끼워 맞추는 성향이 있다. 자신이 알고 있는 범위 안에서 어떻게든 이해하려 애쓰는 것이다. 이것이 바로 '인지부조화'를 해소하려는 심리적 메커니즘인 '합리화'이다. 〈어톤먼트〉의 브라이오니가 로비를 '좋은 사람인 줄 알았는데 나쁜 사람'이라고 오해한 것처럼, 자신이 이해할 수 없는 정보를 가지고 어떻게든 스스로 납득할 수 있는 해석을 만들어내는 것이다. 그러다 보면 오해가 생기는 게 당연지사다.

다섯째, 정보의 부족 때문이다. 충분한 정보가 없을 때, 사람들은 불확실성을 견디지 못하고 자의적인 해석으로 공백을 채우려 한다. 말이 없는 사람을 두고 "부끄러운가 봐", "자기 잘못을 인정하는 거야", 혹은 "음흉한 사람 아닐까?"라는 식으로 넘겨짚는 것처럼 말이다. 우리는 종종 상대의 설명도 듣지 않은 채, 자신이 이해할 수 있는 틀 안에서 무언가를 해석해버린다. 그렇게 오해는 설명되지 않은 부분을 상상으로 채우며 자라난다.

그밖에도 오해를 낳는 요소들은 수도 없이 많다. 어쩌면 우리는 아직 깨닫지 못했을 뿐, 하루에도 수 차례 누군가를 오해하며 살아가고 있는지도 모른다.

오해가 낳는 악영향

우리는 누구나 이해받고 싶어 한다. 누군가가 나를 있는 그대로 알아주고, 내 진심을 온전히 받아들여줄 때 깊은 위로를 느낀다. 반면, 오해를 받는 순간 마음은 금세 얼어붙는다. 내가 아닌 모습으로 규정되고, 사람들이 나를 나쁘게 볼까 봐 두려워진다. 설령 그것이 좋은 이미지일지라도, 사실이 아니라면 마음 한구석이 불편해진다.

그러다 오해에 부정적인 낙인이 더해지기라도 한다면, 그 불편은 즉시 고통으로 번져 버린다. 잘못된 해석으로 인해 비난을 받거나 불이익을 당하면, 억울함은 깊은 분노로 자라난다. 그리고 이렇게 커진 분노는 대부분 밖으로 표출되지 못하고 안으로 향한다. "그게 아니야", "왜 그렇게 생각해?"라는 말도 못한 채 고스란히 감정을 삼키는 것이다. 그 결과 자기비난과 자책이 시작되고, 자존감은 빠르게 무너진다. 결국 우울과 무기력에 빠지기 쉽다.

더 나아가 오해는 사람에 대한 믿음을 부정적으로 만든다. 나를 함부로 판단하는 사람들을 향한 실망, 그리고 타인은 결국 나를 오해할 수밖에 없다는 회의감은 인간관계의 갈등을 부추기고 고립으로 이어진다. 이처럼 오해는 우리가 생각하는 것보다 훨씬 복잡하고 무거운 문제다. 누군가의 단순한 오해가 눈덩이처럼 커져 마음을 병들게 하고 관계를 잃게 만들며, 나아가 한 사람의 삶 전체를 짓누를 수 있기 때문이다.

오해가 생기는 과정

우리가 타인을 오해하게 되는 데는 일정한 심리적 패턴이 있다. 그중 가장 흔한 것은 '흑백논리'다. 이는 세상을 '좋거나 나쁘거나', '맞거나 틀리거나'처럼 극단적으로 나누어 보는 방식이다. "나를 좋아하지 않는다는 건, 날 싫어한다는 뜻이야"처럼 중간의 여지를 인정하지 않는 사고방식은, 관계에서 많은 왜곡을 만든다. 상대방의 침묵이나 거리 두기가 꼭 부정적인 감정의 표현은 아닐 수 있음에도, 우리는 자주 그렇게 단정짓고 오해한다.

또한 '과잉 일반화'도 오해를 부추긴다. 한두 번의 경험으로 전체를 판단하는 오류다. 예컨대, 소개팅에서 한 사람에게서 거절을 당했을 뿐인데 "여자들은 나 같은 사람 안 좋아해"라고 결론짓는

식이다. 이처럼 개인적인 사건을 특정 집단 전체의 성향으로 확대 해석하면, 새로운 관계를 시작하기도 전에 이미 벽이 생긴다.

자의적으로 의미를 과장하거나 축소하는 것도 오해를 만드는 요인이다. 누군가 "오늘 발표 잘했어"라고 말했을 때, "그냥 형식적인 인사겠지"라며 스스로 그 의미를 축소해버리는 경우처럼 말이다. 반대로, 상대의 무심한 말 한마디에 깊은 의미를 부여하며 불필요한 상처를 받는 일도 많다.

이외에도 '개인화 오류'를 범하는 경우가 있다. 개인화 오류란 타인의 말이나 행동을 무조건 자기와 관련지어 해석하는 습관을 말한다. 예를 들어, 사람들이 수군거리고 있으면, '내 얘기 하는 것 같아', 표정이 안 좋으면 '나한테 기분 나쁜 것 같아'라고 오해하는 경우 말이다.

그리고 잘못된 명명이 불필요한 오해를 낳기도 한다. 요즘은 진단명과 꼬리표가 일상적으로 오남용되는 시대다. 누군가에게 '루저', '실패자' 같은 부정적인 꼬리표를 붙이는 한편, '사이코패스', '지적 장애' 등 전문가의 진단과 치료가 필요한 정신적 문제를 개인의 성품이나 행동을 악의적으로 비난하기 위해 쓰기도 한다. 이렇게 잘못된 꼬리표가 오남용되면, 인간 행동의 맥락과 복잡성을 단순화시켜 바라보게 만든다. 그리고 결국 그런 틀 안에 갇힌 채 왜곡된 시선으로 타인을 바라보게 된다.

오해를 극복하는 방법

오해를 줄이는 가장 좋은 방법은, 결국 나를 잘 알고 타인을 잘 아는 것이다.

먼저 나를 잘 아는 것부터 시작해 보자. 자신에 대한 이해가 부족할수록, 타인의 반응에 불안을 느끼고 그 의미를 왜곡하기 쉽다. 예를 들어, 내가 스스로 '나는 무능해'라는 믿음을 가지고 있다면, 선의의 조언 한마디조차 비난처럼 들릴 수 있다. 그래서 먼저 필요한 건, 내 안에 어떤 핵심 믿음이 자리 잡고 있는지를 알아차리는 일이다. 내가 특히 어떤 상황에서 쉽게 상처받고, 이를 어떤 방식으로 해석하려 드는지 이해하면, 무의식적으로 반복하던 오해에서 벗어날 수 있다.

타인을 이해하는 일 역시 중요하다. 상대방은 왜 그렇게 반응했는지, 어떤 기질이나 성향이 영향을 미쳤는지 있는 그대로 돌아보면, 오해의 여지가 줄어든다. 예를 들어, 연인이 말이 없다고 해서 '나한테 관심이 식었나?'라고 단정 짓기보다, 내향적인 성격이거나 감정을 말로 표현하기 어려운 사람일 수도 있겠다는 열린 시선이 필요하다. 특히 상대방의 성격적 유형을 알아보는 것도 큰 도움이 된다. 애착 유형이나 기질을 이해하면, 왜 저런 반응을 보이는지 객관적으로 알게 되어 조금은 덜 서운하게 받아들일 수 있다.

또한, 다름을 인정하는 연습이 중요하다. 사람은 각자 다른 세계를 살아간다. 똑같은 상황에서도 전혀 다른 생각과 감정을 느끼며, 각자 고유한 해석 틀을 갖고 있다. 그 다름을 불편해하지 않고, "그럴 수도 있지, 내가 몰랐나 보네"라고 스스로에게 말해 보자. 억지로 해석하고 판단하려 하지 말고, 모를 수 있음을 받아들이는 것. 그것이 오해를 줄이는 어른의 지혜다.

그리고 마지막으로, 소통이다. 대화야말로 오해를 푸는 가장 단순하지만 가장 효과적인 해법이다. "혹시 그 말은 무슨 뜻이었어?", "표정이 안 좋은데 무슨 일 있어?"라고 조심스럽게 물어보자. 그리고 내 말과 행동에 담긴 의도도 먼저 표현해 주자. 말 안 해도 알 거라고 생각하지 마라. 말 안 하면 모른다. 추측 대신 확인하고, 넘겨짚기보다 말로 표현하면 오해는 줄어든다.

물론 살면서 생기는 모든 오해를 다 해명하고 풀 수는 없다. 세상엔 설명이 통하지 않는 사람도 있고, 상황도 있다. 그럴 땐 그냥 이렇게 받아들이자. "사람이라면 누구나 모두를 오해하며 산다!" 그렇기에 우리는 더 많이 물어야 하고, 더 늦게 판단해야 하며, 더 관대하게 이해하려 노력해야 한다. 내가 틀릴 수 있다는 걸 인정할 때, 우리는 비로소 덜 틀릴 수 있다.

4장

내가 나를 아껴야 남도 나를 아낀다

인생을 다스리려면
감정부터 다스려라

분노

분노는 대물림된다

성민 씨의 어린 시절은 두려움과 불안의 연속이었다. 급하고 거친 성격의 아버지는 종종 사소한 이유로 화를 내며 성민 씨를 때렸다. 부모 사이의 잦은 싸움은 집안의 공기를 더욱 얼어붙게 만들었고, 폭언과 물건을 부수는 소리는 늘 그 곁을 맴돌았다. 성민 씨는 늘 눈치를 보며 위축된 채 살아야 했다.

그런 성민 씨도 초등학생이 되면서는 조금씩 활발해졌다. 그때까지만 해도 성민 씨의 활발함은 곧 장난으로, 때로는 친구들을 놀리는 짓궂은 행동으로 표출되곤 했다. 그러다 사춘기가 오자 마음속 분노는 더욱 거세졌다. 아버지에 대한 분노, 반복되는 부모의 갈등, 안정 없는 가정에 대한 반항심이 그를 질이 좋지 않은 친구들과의 관계로 이끌었다. 그들과의 관계가 깊어질수록 성민 씨는 집에 들어가기 싫어서 거리를 떠돌았고, 술과 담배, 절도에 손을 대기까지 했다. 비행과 기행에 익숙해지는 동안 점차 사소한 일에도 화를 참지 못했고, 싸움은 일상이 되었다.

성인이 된 뒤에도 분노는 그를 따라다녔다. 연인과의 사소한 다툼에도 물건을 부수거나 손이 올라갔고, 친구들과도 폭력적인 충돌이 끊이지 않았다. 결국 고소까지 당하며 그는 자신의 분노로 인해 삶이 점점 망가져가는 걸 똑똑히 보게 되었다.

분노의 메커니즘

분노는 '나'라는 경계가 허락없이 침범당했을 때 작동하는 감정이다. 타인의 손길이 물리적으로 내 몸을 건드릴 때뿐 아니라, 무심코 던진 말 한마디도 나의 심리적 경계를 건드릴 수 있다. "너 잘되라고 하는 말이야"라는 조언, "도움을 주고 싶었어"라는 간섭, "그건 네가 잘못했어"라는 지적 등도 마찬가지다. 아무리 의도가 좋았다 하더라도, 이런 사례가 허락 없이 마음의 경계를 침범하는 것임은 분명하다. 그럴 때 우리는 자신을 지키기 위한 방어책으로 자연스레 분노를 느낀다.

문제는 분노가 복수심을 유발한다는 것이다. 분노에는 강한 에너지가 따라붙는다. 침범한 상대에게 앙갚음하고 싶고, 공격하고 싶은 충동이 인다. 이처럼 공격성을 띤 에너지가 밖으로 향하면서 공격할 대상을 찾는다. 그런데 이 분노는 종종 다른 감정을 대신하여 나타나기도 한다. 대표적인 예로, 사람은 두려울 때 분노를 느끼기도 한다. 사실은 무섭고 불안한데, 그 감정을 인정할 수 없어 강한 감정인 분노로 위장하는 것이다. 예를 들어 자녀가 밤늦게까지 귀가하지 않으면, 부모는 불안과 걱정으로 잠 못 이룬다. 그런데 정작 아이가 집에 들어오면, 먼저 터지는 건 안도보다 분노다. "왜 이렇게 늦었어? 얼마나 걱정했는지 알아?" 이럴 때 불안은 분노의 탈을 쓴다.

슬픔이 분노가 되어 나타나는 경우도 있다. 직장, 재산, 가족 등 삶에서 중요한 것을 잃었을 때의 허무와 절망에서 느껴지는 고통은 누군가를 탓하고 싶은 감정으로 바뀌기 쉽다. "왜 나한테 이런 일이!", "내가 도대체 뭘 잘못했길래!" 질투도 마찬가지다. "나는 이렇게 힘든데, 저 사람은 왜 저렇게 행복해 보여?"라며, 미소 짓는 사람마저 미워질 때가 있다.

성민 씨의 분노도 그랬다. 폭력적인 아버지에게 제대로 사랑받지 못한 상처, 매번 맞을까 두려웠던 공포, 가족 안에서조차 자신의 경계가 지켜지지 않았던 무력감은 오랜 세월 그의 마음을 뒤덮었다. 그리고 그 감정들은 분노라는 이름으로 자라났다. 때로는 두려움이, 때로는 수치심과 슬픔이 분노라는 가면을 쓰고 세상 밖으로 흘러나왔던 것이다.

하지만 이처럼 다른 감정이 위장한 분노는, 아무리 거세게 분출한다고 해서 사라지지 않는다. 그런 분노는 껍데기에 불과하기 때문이다. 정말로 분노를 다스리기 위해서는, 분노 대신 그 안에 감춰진 '오리지널 감정'을 마주하고 들여다보아야 한다. 분노라는 가면 아래 숨겨진 불안, 슬픔, 무력감 말이다. 그것을 충분히 느끼고 표현해야 한다. 그래야 비로소 마음이 가라앉고, 감정은 해소될 수 있다.

분노를 다루는 해법

감정을 느끼는 것과, 느낀 감정을 어떻게 조절하고 표현하느냐는 별개의 문제다. 감정을 느끼는 것 자체는 모두 그럴 만하다. 분노도 그러하다. 화가 나는 건 자연스러운 일이다. 내 입장에서 부당한 일을 당했다면 당연히 화가 날 수 있다. 그건 '감정의 느낌' 차원에서는 100% 타당하다. 하지만 그 화를 어떻게 조절하고 표현하고 전달할 지는 전적으로 선택의 문제다. 감정은 자연스럽게 일어나지만, 그걸 어떻게 표현하고 전달할지는 수많은 가능성 중에서 우리가 선택하는 것이다.

예를 들어 보자. 운전 중에 내 차 앞에 무리하게 끼어드는 차량을 보면 쉽게 화가 날 수 있다. 이것 자체는 자연스러운 반응이다. 그러나 평정심을 되찾고 다시 안전하게 운전을 이어갈지, 시끄럽게 경적을 울리며 상대방 차를 위협하는 보복운전을 할지는 우리가 선택할 수 있는 일이다. 이처럼 분노를 어떻게 조절하고 표현하느냐에 따라, 우리는 매우 위험한 상황에 처할 수도 있고, 안전하고 슬기롭게 그 상황을 빠져나갈 수도 있다.

그렇다면 분노를 슬기롭게 조절하기 위해서는 무엇에 신경을 써야 할까? 먼저, 분노 해소의 전제는 '안전'이다. 아무도 다치지 않게 분노를 푸는 것이 최선인 셈이다. 안전을 확보하는 방법에는 대표적으로 세 가지 방법이 있다. '안전한 상황' 만들기, '안전한 대상' 찾기, '안전한 방식' 취하기가 그것이다.

 안전한 상황은 내가 감정을 표현하느라 잠시 취약해지거나 판단력이 흐려져도 괜찮은 공간을 말한다. 혼자 있을 수 있는 자기만의 공간이 대표적인 예다. 한편 안전한 대상은 내 분노를 수용하고 들어줄 수 있도록 합의된 대상을 말한다. 예를 들면 친구나 가족, 혹은 상담사 등이다. 마지막으로 안전한 방식은, 행동에 옮기더라도 위험해지지 않는 표현법을 말한다. 글쓰기가 가장 대표적이다.

 안전이 잘 확보되었다면, 감정을 해소하기 위한 필수 조건이 있다. 바로 '화나', '억울해'와 같이 감정 단어를 붙이는 것이다. 마음속에서 올라오는 감정에 주의를 기울이고, 그 감정을 그대로 따라가며 말로, 글로, 또는 몸의 움직임으로 표현해 보는 것이다. 예를 들어 "화나. 화나. 정말 화가 나"라고 소리 내어 말로 표현하며 감정을 따라가 보라. 손이 근질거릴 만큼 화가 난다면, 쿠션을 때려도 좋고, 소리를 질러도 좋다.

 말로 어렵다면 글로 써도 된다. 아무렇게나 써도 괜찮다. 펜으로 마구 휘갈겨 써도 좋고, 오디를 신경쓰지 않고 키보드를 되는 대로 두드려도 좋다. 이 때 반드시 해야 하는 것이 있다. 다 쓴 뒤에는 조용히 찢거나 불태우거나, 아무도 보지 못하게 치워버리자. 그것을 타인이 접하게 될 경우, 의도치 않은 침범이 되어 새로운 분노의 불씨가 될지도 모른다.

그 외에도 분노 해소를 위한 다양하면서도 안전한 방법이 있다. 특히 권투나 검도 같은 격렬한 운동은 몸속 공격성을 바깥으로 끌어내기에 적합하다. 혹은 그림을 그리거나 음악을 틀고 춤을 추는 식으로 감정을 분출하는 방식도 있다. 중요한 건, 어떤 방식이든 지금 이 순간의 분노에 집중하면서 그것을 '몸 밖으로 꺼내고 분출하는 의식'처럼 해야 한다. 그래야 감정 해소의 효과가 있다. 그렇지 않으면 단순히 주의를 돌려 일시적으로 화를 가라앉히는 방법일 뿐이다.

그런데 만약, 분노를 안전하게 표현할 수 있는 공간도 사람도 없다면? 그럴 땐 참아야 한다며 감정을 억누르기보다 임시 방편이나마 주의를 전환하는 게 낫다. 호흡 동작에 집중하거나 구구단을 외우는 것도 좋고, 가벼운 산책이나 스트레칭처럼 긴장을 완화시키는 활동도 도움이 된다. 감정은 결국 무엇에 주의를 기울이느냐에 따라 반응하기 때문이다.

화를 그냥 쌓아두면 '화병'이 되어 집중력이 흐트러지고, 기억력이 떨어지며, 불면이나 두통 같은 신체 증상으로 나타난다. 그러니 감정이 쌓이기 전에, 안전하게 분노를 해소하라. 한 번에 안 되면 여러 차례에 걸쳐 조금씩 비워내면 된다. 그렇게 분노를 떠나보내야 그 아래 묻힌 다른 감정을 마주할 수 있다. 분노에게 자리를 양보했던 수용과 사랑의 감정이 제자리로 돌아오는 것이다.

그러지 않고 껍데기 감정인 분노에만 휘둘렸다간, 복수가 더 큰 복수를 낳아 결국엔 내가 위험해질 수 있다. 이와 달리 분노에 슬기롭게 대처하는 사람들은 알고 있다. 자신에게 진짜 필요한 건 복수가 아니라 용서와 연민, 사랑이었다는 사실을 말이다. 분노에서 용서까지 간다는 건 참으로 쉬운 일이 아니다. 그 분노를 안전하게 해소하고, 기저의 슬픔과 죄책감 등의 감정을 마주하는 작업이 이루어져야 비로소 복수가 멈추고 용서가 피어난다.

서로 조금씩
물러나는 관계가 오래간다

결혼 불안

남들 다 하는 결혼이 왜 이리 불안할까

지은 씨는 서른 후반의 미혼 여성이다. 결혼 적령기를 훌쩍 넘긴 탓에, 부모님은 물론 친척과 지인들까지 한목소리로 걱정을 쏟아낸다. "이러다 혼자 늙는다", "이제는 정말 노력해야 한다"는 잔소리는 일상이 됐다. 지은 씨도 좋은 사람을 만나면 결혼할 생각이 있지만, 문제는 그 '좋은 사람'이 도무지 나타나지 않는다는 것이다.

게다가 이미 결혼한 친구들을 만나면 오히려 마음은 더 복잡해진다. 남편에 대한 불만, 시댁과의 갈등, 육아 스트레스, 엄마들 모임에서 생기는 피로감까지. 결혼은 사랑의 완성이 아니라 또 다른 고난의 시작처럼 들린다. 친구들은 지은 씨에게 "너는 결혼하지 마"라고 말한다. 자신들은 모두 결혼했으면서 말이다.

만나는 남성에게 쉽게 마음을 열지 못하는 것도 문제다. 조금 괜찮다 싶으면 곧 단점이 눈에 들어온다. 경제 감각이 부족하거나, 너무 소심하거나, 친구들과 어울리기를 지나치게 좋아하거나, 거짓말을 한다는 느낌이 드는 순간 마음이 식는다. 그렇게 관계는 깊어지지 못한 채 끝나버리곤 한다.

결혼이란 무엇일까

심리학에서는 인간의 일생이 여러 가지 과업을 이룩해 가는 과정이라고 본다. 결혼은 그중 가장 대표적인 과업이다. 특히 발달심리학자들은 결혼을 부모로부터 독립한 뒤 새로운 애착 대상을 통해 정서적 안정을 얻는 과정이라고 표현한다.

이런 관점에서 결혼은 단순한 제도나 의무가 아니라, 삶이라는 바깥세상으로 나아갈 수 있도록 보호해주는 심리적 '안전기지'의 역할을 한다. 든든한 배우자와의 신뢰 관계라는 울타리 안에서 우리는 친밀감과 안정감을 느끼고, 이를 원동력으로 자율성과 유능감을 발휘하며 사회에서의 역할을 감당할 수 있게 된다.

문제는 현실의 결혼 생활은 그리 녹록치 않다는 점이다. 이처럼 중요한 과업이기에, 사람들은 결혼에 큰 기대를 건다. 그러나 기대가 클수록 실망도 커지는 법이다. 배우자가 자신의 정서적 욕구를 충족시켜 주지 못할 때, 외로움은 오히려 더 커진다. "왜 나에게 애정을 표현하지 않지?", "내가 싫어진 걸까?" 같은 작은 의심이 모이다 보면, 작은 불만도 눈덩이처럼 불어난다. 그러다 보면 결국 기대가 서운함과 회의감으로 바뀌며 결혼생활을 잠식하고 마는 것이다.

청년들이 결혼을 꺼리는 이유

이전에는 남성이 생계를 책임지고 여성이 가사와 육아를 맡는 것이 당연하게 여겨졌지만, 이제는 시대가 달라졌다. 여성들 또한 성장 과정에서 남성과 경쟁하며 독립적인 정체성과 직업적 능력을 키워 왔다. 동시에 현대 사회는 개인의 자율성과 자기 실현을 중시한다. 그러다 보니 "같이 일하고 돈도 벌었는데, 왜 육아와 가사는 여전히 여성의 몫이어야 하지?"라는 질문은 이제 더 이상 낯설지 않은 질문이 되었다.

물론 고전적인 성 역할의 틀은 불공평하다는 인식이 확산되며, 남성에게도 육아와 가사에 대한 동등한 참여가 요구되고 있다. 하지만 말처럼 쉬운 일은 아니다. 오래된 습관과 관성은 쉽게 바뀌지 않는다. 결혼 후 가정이 꾸려지고 아이까지 태어나면, 수많은 노동이 뒤따르는데도 말이다. 청소, 빨래, 정리정돈 같은 기본적인 가사노동은 물론이고, 수유, 육아, 학업 관리에 이르기까지 끊임없는 보살핌이 필요하다.

이 모든 일을 외부 인력을 고용해 해결하려면 웬만한 직장인의 월급을 통째로 써야 할 정도로 많은 비용이 든다. 하지만 이 노동을 가족이 맡을 경우, 그 가치는 종종 무시된다. '가족이니까 당연하다'는 말 속에서, 누군가는 자신의 수고와 노력이 마치 당연한 일을 하는 것처럼 취급당하는 것이다.

특히 이 과정에서 가사와 육아를 전담하게 되는 것은 높은 확률로 여성들이다. 이유는 간단하다. 임신과 출산, 수유가 남성에겐 불가능한 일이기 때문이다. 이처럼 육아의 효율화를 위해서, 또 추후의 학부모 모임 등에서 소외되지 않기 위해서, 현실적인 여건상 직장을 그만두고 가사를 전담하게 되는 여성들이 많다.

그러다 보니 이 시기의 여성들은 자주 "나는 집에서 노는 사람일 뿐이야", "하는 일이 없어"라며 스스로를 평가절하하곤 한다. 이전까지 사회에서 능력을 발휘하던 여성들은 더욱 그러기 쉽다. 그러나 자신의 가치를 낮게 여기는 순간, 자존감은 무너지고 마음엔 상처가 남는다. 그렇게 상처 입은 마음은 억울함과 분노로 이어지고, 그 감정은 곧 파트너를 향한 날 선 비난이 된다. "당신 참 이기적이다" "넌 날 존중하지 않잖아"라는 말은 결국 비난의 악순환을 부른다. 서로가 서로를 몰아세우는 싸움 끝에 남는 건, 고통스러운 감정뿐이다.

일하는 아내들이여, 당당해져라

이처럼 오늘날 많은 여성들이 일과 가사를 병행하며 치열하게 살아가고 있다. 하지만 이들을 향한 시선은 여전히 편견에 갇혀 있다. 누군가는 말한다. "남편을 잡는다", "기가 세다", "이기적이다" 심지어 "독하다"고까지 말이다. 하지만 이런 비난은 부당하다. 열심히 가족을 부양하며 가정을 돌보고, 끊임없이 자기 삶도 일구려 애쓰는데도 돌아오는 건 칭찬이 아닌 비난이라니, 억울하지 않을 수 없다.

이런 비난은 어디서 비롯된 걸까? 하나는 여전히 남성 중심의 관점을 유지하고 있는 사회 분위기 때문이다. 여성은 '남편을 보조하는 역할'에 머물러야 한다는 고정관념이 여전히 존재한다. 다른 하나는 시기심과 질투심이 뒤섞인 감정이다. 과거의 여성들은 선택지가 없던 시대를 살아왔다. 그들은 스스로 독립하지 못하고 희생을 당연히 여기며 살아야 했다. 그런 삶과는 다른 방식으로 살아가는 여성들에게, 때로는 감춰진 질투가 공격적인 말로 나타나기도 한다. "나는 참고 희생했는데 왜 너는 그러지 않느냐"는 억눌린 감정이 말이 되어 튀어나오는 것이다.

그렇다면 어떻게 대응해야 할까? 첫째, 불필요한 자극을 피하는 전략이 필요하다. 내 선택이나 생활 방식이 누군가에게 불편함을 줄 수 있다는 사실을 인정하고, 불필요한 정보를 굳이 공유하지 않는 것도 방법이다. 시부모나 친척, 주변 지인 등 자칫 민감해질 수 있는 사람들에게는 사생활을 어느 정도 감추는 것이 좋다.

둘째, 상대의 기대에 지나치게 반발하기보다는, 적당히 존중하는 태도도 필요하다. 무조건 부정하고 반박하기보다는, 균형 잡힌 반응으로 상황을 관리하는 것이 갈등을 줄이는 데 도움이 된다.

셋째, 그럼에도 반복적인 개입과 비난을 일삼는 이들과는 일정 거리를 두는 것이 바람직하다. 이러한 비난은 사실 감정 문제인 경우가 많기에, 논리적 설득만으로는 해결되지 않는 경우가 많다. 차라리 "우리는 함께 벌고 함께 살림을 해요. 혹시 부러우신가요?"라고 웃으며 넘기는 편이 낫다.

결국 결혼생활에서 가장 필요한 건 '싸움의 기술'이다. 적절히 피하고, 균형을 유지하며, 갈등을 에너지로 전환하는 기술. 그리고 그 바탕에는 항상 '존중'과 '배려'가 깔려 있어야 한다. 특히 비난이 오가는 방식의 대화는 곧장 상처로 이어진다. 사실 우리는 이미 알고 있다. 누군가의 말 한마디가 평생 가슴에 남을 수 있다는 사실을 말이다. 그렇기에 갈등이 생겼을 때야말로, 서로를 가장 조심스럽게 대해야 할 순간이다.

또 하나의 관점을 덧붙이자면, '가사를 남편이 돕는 것'이라는 인식 자체도 바꿔야 한다. 그것은 '돕는 일'이 아니라, '함께 책임지는 일'이다. 가정은 공동의 삶이고, 가사는 그 삶을 유지하는 데 필요한 필수적인 활동이기 때문이다.

결혼이 너무 두려운 사람을 위한 해법

결혼을 생각할 때 많은 사람들이 가장 먼저 떠올리는 단어 중 하나는 '희생'이다. 결국 우리는 이 희생이 내게 손해가 될까 봐 두려워하는 것이다. 하지만 곰곰이 따져보면, 우리의 삶 전체가 크고 작은 희생으로 이루어져 있다. 직장에서 일하고, 친구들과 관계를 유지하고, 사회에 참여하는 모든 행위에는 나의 시간과 에너지를 내어놓는 선택이 포함된다. 그러나 우리는 그것을 전부 '희생'이라 부르지 않는다. 왜냐하면 그 안에 분명한 '보상'이 있기 때문이다. 경제적 수입, 정서적 친밀감, 삶의 의미와 만족감 같은 것들 말이다.

그렇다면 결혼이 주는 보상은 무엇일까? 다름 아닌 애착과 정서적 안정감, 그리고 친밀한 유대감이다. 결혼은 이 세 가지를 나누고 지켜내기 위한 여정이며, 그 과정에서 우리는 서로의 삶을 공유하고 각자의 몫을 조금씩 내어주는 것이다. 다만 이 '대가'는 수치로 잴 수 있는 종류가 아니기 때문에, 서로 간에 이를 제대로 인정해 주지 않으면 어느 순간부터 결혼이 '일방적인 희생'처럼 느껴지기 쉽다.

결혼이 억울하게 느껴지지 않기 위해 필요한 건 두 가지다. 첫째는, 애착을 돌보고 표현하는 일이다. "이 사람이 나를 정말 아끼는 걸까?", "예전 같지 않아" 결혼생활이 소원해질수록 이런 의심은 커진다. 그래서 더욱 애정 표현이 필요하다. "사랑해", "고마워", "미안해"라는 말은 뻔해 보여도, 관계를 회복시키는 놀라운 힘을 지녔다. 말로, 몸짓으로, 눈빛으로 서로를 향한 애착을 표현하자. 그 애정이 분명히 전달될 때, 우리는 '내가 혼자가 아니다'라는 안정감을 느낀다.

둘째는, 공동의 몫을 향한 협력이다. 가사와 육아는 어느 한 사람이 돕는 일이 아니라, 두 사람이 함께 책임지는 일이다. 이를 위해선 자연스럽고 일상적인 대화가 필요하다. "요즘 나 좀 힘들어", "우리 이 일은 나눠서 해볼까?"와 같은 말들이야말로 건강한 결혼

생활의 기본이다. 이러한 대화는 일방적 요구가 아니라, 서로의 욕구를 표현하고 타협점을 찾아가는 협상의 과정이다.

무엇보다 중요한 건, 갈등이 생겼을 때 비난을 멈추는 것이다. 비난은 마음을 닫게 만들고, 대화를 끊어버린다. 그러니 감정적 비난만큼은 저지르지 않도록 상호 간에 합의하고, 만약 이를 지키기 어려울 때는 차라리 대화를 잠시 멈추자. 시간이 지나 진정이 되면 상대를 향한 진짜 감정을 말로 꺼내 보자. 속상함, 외로움, 기대를 허심탄회하게, 다만 날카롭지 않게 건네는 것이다. 진심을 담은 말은 비난보다 훨씬 더 큰 힘을 지닌다. 그리고 그 진심을 상대가 알아주는 순간, 두 사람 사이엔 다시 대화가 흐르기 시작할 것이다.

결혼이란 결국, 두 사람이 같은 배를 타고 바다를 건너는 일이다. 파도도 치고 비도 내릴 것이다. 하지만 서로의 손을 놓지 않고, 같은 방향을 바라보며, 함께 노를 저을 수 있다면, 그 여정은 분명 아름답고 의미 있을 것이다.

나를 사랑할 줄 알아야
남도 사랑할 수 있다

사랑 불안

사랑이 이렇게 불안한 건가요

　능력도 외모도 준수한 직장인 소영 씨는 최근 연애를 시작했다. 상대는 지인의 소개로 만난 남자로, 마음이 잘 맞아 조금씩 관계가 깊어지고 있었다. 만남을 거듭하며 함께 즐거운 시간을 보내자, 서서히 정이 쌓이는 게 느껴졌다. 하지만 그럴수록 이상하게 소영 씨의 마음은 점점 불안해졌다. 이 감정이 오래가지 않을 것 같고, 머잖아 실망스럽게 끝날 것 같은 예감 때문이었다.

　그런 생각에는 나름의 이유가 있었다. 과거 연인들과도 비슷한 과정을 겪었기 때문이다. 그들도 처음엔 다정하고 자상했지만, 어느 순간부터 이유 없이 연락이 뜸해지고 말투가 퉁명스러워지는 게 느껴졌다. 사랑하던 사람이 점점 멀어지는 순간은 끔찍할 정도로 쓸쓸했고, 결국 큰 상처로 남았다.

소영 씨는 이번 연애에서도 또다시 그런 일이 반복될까 두려웠다. 지금은 다정한 상대방이 자신의 단점을 알게 되면 실망하고 떠날까 봐, 그리고 자신 역시 준수 씨의 단점을 발견하고 마음이 멀어질까 봐 걱정스러웠다. 관계가 깊어질수록 두려움도 커졌다. 좋아하는 만큼 잃을까 봐 겁이 났다. 그렇게 소영 씨는 다시금 사랑 앞에서 불안해졌다.

사랑 불안이란 무엇인가

사랑은 누군가를 아끼고 소중히 여기는 감정이다. 특히 심리학자들은 연인 사이에서의 사랑을 '낭만적 사랑'이라고 부른다. 낭만적 사랑에 빠진 연인들의 마음속엔 설렘과 기쁨, 충만함이 어우러진다. 가슴이 두근거리고, 구름 위를 걷는 듯 들뜨며, 나라는 존재가 조금 더 빛나 보이기도 한다. 또한 사랑이 커질수록 상대에 대한 기대도 커진다. 상대가 나를 가장 소중히 여겨주길 바라고, 상대가 더 나아지는 모습을 보여 주길 바란다.

하지만 아이러니하게도, 사랑이 깊어질수록 불안도 함께 커진다. 이 벅찬 감정이 언제 무너질까 두렵고, 상대가 자신을 떠날까 봐 마음이 조마조마해지는 것이다. 이것이 바로 '사랑 불안'이다.

사랑 불안은 단순한 걱정을 넘어 존재감 자체를 뒤흔드는 감정이다. 사랑을 받는 동안엔 자신이 충분히 괜찮은 사람처럼 느껴진다. 내가 누군가에게 특별한 사람이라는 사실은 자존감을 높이고, 삶의 활력이 되며, 자신감도 끌어올린다. 그래서 더더욱 그 사랑을 잃을까 봐 두려워지는 것이다. 좋아질수록 불안해지고, 가까워질수록 멀어질까 봐 요동치는 마음은 역설적으로, 사랑이 주는 힘이 얼마나 큰지를 보여주는 반증이기도 하다.

하지만 이 불안감은 어느 정도 진실이다. 사랑은 결코 영원할 수 없다. 특히 연인 간의 낭만적 사랑은 더욱 그렇다. 왜냐하면, 낭만적 사랑은 화학적 반응에 의해 이루어지기 때문이다. 연인과 사랑에 빠지면 우리 뇌에서는 페닐에틸아민이라는 신경전달물질이 분비된다. 이 호르몬은 행복감과 흥분을 유도하는데, 그 효과는 보통 2년을 넘기기 어렵다고 한다. 그 기한이 지나면 시간이 흐르면서 '콩깍지'는 벗겨지고, 그제야 비로소 서로의 진짜 모습이 보이기 시작한다. 사랑에 기대했던 환상이 깨지고, 그 자리를 현실과 실망이 채우는 것이다.

이러한 이유로 헤어짐과 만남을 반복하다 보면, 학습효과에 의해 새롭게 깊은 관계를 맺는 것 자체가 어렵거나 불안해질 수 있다. 사랑 불안은 바로 이렇게 찾아온다.

사랑을 잃을지도 모른다는 불안은 점점 생각을 왜곡시키고, 사소한 행동 하나에도 과도한 의미를 부여하게 만든다. "지금 무슨 뜻으로 저런 말을 한 걸까?", "이제 날 예전처럼 좋아하지 않는 건 아닐까?" 이런 의심이 거듭되면 관계가 제대로 유지될 리 없다. 의심을 당하는 쪽은 물론이고 의심을 하는 쪽도 피곤해진다.

이러한 불안에는 대개 열등감과 콤플렉스가 깃들어 있다. 자신의 외모, 나이, 학력, 직업 같은 것이 마음에 걸릴수록, 사랑 앞에 작아지고 움츠러든다. "지금은 날 좋아하지만, 내 부족한 면을 알게 되면 실망할 거야" 같은 생각이 스스로의 상처를 건드리고, 불안을 증폭시키는 것이다. 그리고 그 불안은 결국, 상대를 향한 날 선 감정으로 변해 곪아 터진다.

이러한 열등감을 해소하는 가장 바람직한 방법은 바로 대화지만, 열등감이 이런 대화를 지레 막아버리기도 한다. 상대가 무엇을 느끼고 원하는지 듣지 않고, 오직 '내 부족함 때문에 벌어진 일'이라고 해석하는 것이다. 그러니 상대가 무슨 말을 해도 비난처럼 들리고, 결국 갈등은 쌓여간다. 불안은 점점 더 많은 것을 의심하게 만들고, 심하게는 폭력적인 갈등까지 빚을 수도 있다.

이런 식으로 자존감이 무너지게 되면, 곧잘 우울과 무력감으로 이어진다. 그 감정은 때때로 다른 중독이나 자기파괴적인 방식으로 해소되기도 한다. 사랑에서 소외된 마음이 다른 쾌락을 향해 방황하게 되는 것이다. 그렇게 상처만 남긴 채 관계가 끝나면, 사랑 불안은 더 강해지게 된다.

사랑 불안의 유형은 각자 다르다

사랑 불안은 누구나 느낀다. 하지만 모두가 같은 방식, 같은 정도로 느끼지는 않는다. 사랑 불안은 누군가에게 사랑의 기회를 마다하고 도망갈 이유가 되지만, 누군가에게는 상대를 붙잡으려 안간힘을 쓸 동기가 된다. 사랑 불안이 이렇게 갈리는 이유는 저마다 다르지만, 그 뿌리를 따라가 보면 대부분 '결핍'과 '상처'라는 두 단어에 닿는다.

두 가지 사례를 보자. 형중 씨는 사랑이 불안하다 못해 위험하다고 여긴다. 그래서 누군가에게 마음이 가기 시작하면 상대의 단점을 빠르게 찾아낸다. 마치 도망갈 구실을 미리 만들어두는 사람처럼 말이다. 그 결과 연애는 시작만 하고, 제대로 깊어지지 못한 채 끝나버리기 일쑤다. 형중 씨가 이렇게 된 데는 어린 시절 경험이 큰 영향을 주었다. 아버지의 외도로 인한 어머니의 우울증, 늘 싸우고 무너지는 부모의 관계를 보며 그는 "사랑한다는 말처럼 믿기 어려운 말도 없다"고 결론내렸다. 그 믿음은 어른이 된 후에도 마음 한켠에 뿌리처럼 박혀 있었다.

반면 영식 씨는 정반대의 이유로 사랑에 불안하다. 아주 어릴 때 부모를 잃고, 누구의 품에서도 충분히 안겨본 기억이 없다. 그래서 사랑을 받을 때마다 아이처럼 매달리게 된다. "나 사랑해?", "왜 오늘은 표현 안 해?" 같은 말을 반복하며 상대의 애정을 확인받으려 하는 것이다. 이는 사실 상대의 마음을 의심해서가 아니다. 그냥 너무 배고픈 것이다. 사랑이 고픈 사람은, 아무리 받아도 부족하다. 마치 밑 빠진 독처럼 사랑은 계속 흘러나가고, 불안은 계속해서 차오른다. 그래도 언젠가는 채워질 거라는 믿음 하나로 애써 버틴다.

형중 씨는 '사랑이 상처를 줄까 봐' 무서워서 도망치고, 영식 씨는 '사랑을 잃을까 봐' 불안해서 매달린다. 방식은 다르지만, 두 사람 모두 결국 같은 마음을 품고 있다. 사랑하는 사람에게 사랑받지 못할지도 모른다는 두려움 말이다.

하지만 기억해야 한다. 이는 학습에 의해 굳어진 믿음이다. 과거 가족 등 친밀한 관계에서 보고 들었던 믿음과 태도, 행동을 보고 학습된 결과다. 이 믿음이 바뀌지 않는 한, 그 어떤 사랑도 안전할 수 없다. 불안한 사랑은 결국, 사랑 그 자체가 아니라 '나 자신을 믿지 못하는 마음'에서 비롯되는 것이다.

불안으로부터 사랑을 지키고 싶다면

사랑 앞에서 불안해지는 이유는, 결국 내가 나를 믿지 못하기 때문이다. "나는 사랑받을 만한 사람인가?", "이 모습 그대로 괜찮은가?"라는 질문 앞에서 망설일수록 우리는 더 쉽게 흔들린다. 그래서 사랑 불안을 해소하기 위해 가장 먼저 필요한 건, 타인의 시선이 아니라 스스로의 시선으로 자신을 소중히 여기는 일이다.

내가 나를 사랑하지 않으면, 누군가의 사랑도 온전히 받아들일 수 없다. 자기 자신에게 먼저 "나는 이 모습 그대로 괜찮아", "있는 그대로의 나로도 사랑받을 수 있어"라고 말해주자. 자신의 장점을 떠올리며 스스로를 다독여주는 것이다. 단점도 함께 수용할 수 있다면 금상첨화다. 완벽하지 않아도 괜찮다고, 부족한 나도 괜찮다고 스스로를 안아주는 것이다. 그러면 상대에게 인정받기 위해 거짓 반응을 꾸며낼 필요도 없고, 불안에 자연스럽게 대처하며 자존감을 유지할 수 있다.

다른 한편으로 사랑에 대한 기대도 조율할 필요가 있다. 우리는 동화처럼 완벽한 사랑을 기대한다. "영원히 함께" 같은 말은 듣기만 해도 설레지만, 현실의 사랑은 그렇게 단순하지 않다. 갈등은 생길 수밖에 없다. 그렇다면 생각을 바꾸어야 한다. 갈등을 피하려 하지 말고, 이용하는 것이다. 갈등은 관계를 파괴하는 위험요소가 아니라, 더 단단하게 만드는 기회가 될 수도 있다.

이를 위해 상대방과 갈등이 생겼을 때, 솔직한 속마음을 털어놓는 용기를 가져 보라. 이를 감추고자 할 때 오히려 더 불신과 공격성이 도드라진다. 반대로 그 갈등을 솔직하게 말하고 함께 풀어나갈 수 있다면, 두 사람은 서로의 내면을 더 깊이 이해하게 된다. 서로에게라면 털어놓아도 괜찮다는 안정감이 생기기 때문이다. 여기서 중요한 건, 상대를 그냥 믿어보는 용기다. 조건 없이, 계산 없이, "이 사람은 나를 아껴줄 거야"라고 믿어보는 것이다.

물론 그 믿음이 항상 옳지는 않을 수 있다. 어떤 관계는 좋지 않게 끝나며 상처를 남기기도 한다. 하지만 누군가가 떠나는 것이 곧 나의 부족함 때문만은 아니다. 서로 맞지 않았거나, 상황이 달랐을 수도 있다. 그 모든 걸 자신의 부족 탓으로만 돌리지 말자.

사랑은 결핍을 채우는 도구가 아니라, 함께 성장하고 나누는 여정이다. 나의 가치를 내가 먼저 인정하고, 스스로를 사랑할 수 있을 때, 우리는 더 이상 불안에 휘둘리지 않는다. "나는 사랑받을 만한 사람이다", "이 모습 그대로 충분하다"라고 외쳐 보자. 그렇게 스스로를 믿는 마음에서 진짜 사랑이 시작된다.

사람은 붙잡으려 할수록 멀어진다

질투

좋아하는 마음이 커질수록 질투도 커진다

종현 씨는 직장 동료 소영 씨에게 호감을 가지고 있다. 소영 씨 역시 종현 씨와 함께 있을 때 편안해 보이고, 종종 먼저 말을 건네며 웃음을 보여준다. 하지만 혹시라도 거절당할까 두려운 마음에, 종현 씨는 고백할 용기를 내지 못하고 있었다.

그러던 어느 날, 종현 씨네 부서에 인사이동으로 새로운 상사가 부임했다. 종현 씨는 그가 소영 씨에게 말을 걸고, 차를 마시며 함께 시간을 보내는 모습을 자주 목격하게 되었다. 사적인 관계는 아니라 할지라도, 둘이 함께 있는 장면이 자꾸만 눈에 밟혔다. 종현 씨는 이유 없이 상사에게 불쾌함을 느꼈고, 마음속에서 알 수 없는 화가 치밀어 올랐다.

회식 자리나 단합 대회에서도 상사인 민수 씨는 어김없이 소영 씨 옆에 앉았다. 종현 씨는 두 사람이 나누는 대화를 멀찍이서 지켜보며 점점 더 심술이 났다. 그 마음은 민수 씨를 향한 퉁명스러운 말투로, 소영 씨를 향한 서운함의 감정으로 변해 갔다. "언제는 나한테 웃어주더니, 결국 저 사람한테 끌리는 건가?"라는 생각에까지 닿자, 자신도 모르게 상사에 대한 부정적인 이야기를 주변에 늘어놓기도 했다.

질투란 무엇인가

질투는 누군가를 좋아하거나 사랑할 때 자연스럽게 따라오는 감정이다. 사랑은 설렘과 기쁨을 주지만, 동시에 잃을지도 모른다는 불안을 동반한다. 이는 사랑하는 대상을 뺏기고 싶지 않다는 강한 적대감을 불러일으킨다. 이런 감정은 애정이 깊을수록 더 강하게 일어난다. 그래서 질투는 '사랑의 그림자'라 불리기도 한다. 상대가 나 아닌 다른 사람에게 관심을 주는 듯한 순간, 마음속에 서늘함이 스며들고, 불편함과 초조함이 따라오는 것이다.

질투는 시기심과 비슷하지만 다르다. 이를 쉽게 구분하는 방법은 관련된 인물이 몇 명인지를 확인해 보는 것이다. 시기심은 두 사람 사이에서 생기지만, 질투는 세 사람 사이에서 발생하는 감정이다. 조금 더 자세히 말하면, 시기심은 '내가 갖지 못한 것을 상대가 가졌을 때' 느끼는 감정이고, 질투는 '내가 가지고 있는 것을 상대가 빼앗을까 봐' 느끼는 감정이다. 예컨대, 타인이 나에겐 없는 물건을 장만하면 시기심이 생기고, 연인이 다른 이성과 친근하게 지내면 질투가 생긴다.

질투에는 몇 가지 뚜렷한 특징이 있다. 첫째, 독점 욕구다. 상대를 '내 사람'이라 여기며, 누구와도 나누고 싶지 않아 한다. 둘째, 의심이다. 상대를 독점하지 못하게 될까 봐 의심하는 것이다. 그래서 상대의 연락이 뜸해지거나, 함께 있지 않은 시간을 참기 어려워한다. "누구 만났어?", "어디 있었어?" 같은 질문을 반복하며 무슨 일이 있었는지를 끊임없이 묻고, 확인하려 한다. 셋째, 집착이다. 경쟁자처럼 느껴지는 대상에게서 눈을 떼지 못하고, 마음이 온통 그 사람에게 쏠린다. 넷째, 비교와 경쟁이다. 끊임없이 자신과 상대방을 비교하며 사소한 것에서도 이기고자 한다. 마지막으로, 공격성이다. 질투에 휩싸인 사람은 상대로부터 자신의 것을 지키기 위해 공격적인 성향을 보인다. 이것이 심해질 경우, 험담이나 폭력 등으로 번질 가능성도 있다.

이처럼 질투는 사랑으로 인해 생기는 불쾌한 감정이다. 관계를 지키고 싶은 마음에서 시작되지만, 그 감정에 휘둘릴수록 관계는 위태로워진다. 질투를 정확히 이해하고 조절하는 것이야말로, 사랑을 오래 지키는 첫걸음이다.

우리는 왜 질투하게 되는가

질투가 위험한 감정인 이유는, '사랑의 대상을 독점할 수 있다'는 착각에서 비롯되기 때문이다. 우리는 누군가를 사랑하게 되면,

그 사람의 관심과 애정을 오롯이 독점하고 싶어진다. 하지만 그런 독점욕이야말로 사랑하는 관계를 망치는 원인이다. 사람은 물건이 아니다. 아무리 마음을 주고받는 사이라도, 상대의 생각과 감정, 관계의 흐름까지 통제할 수는 없다. 그럼에도 불구하고 상대가 나만을 좋아하고 사랑해야 한다는 생각이 질투를 무럭무럭 키운다. 그리고 그 소유욕이 충족되지 않을 때, 마음은 점점 불안해지고 날카로워진다.

사실 질투는 중독과도 닮았다. 사랑을 통해 느꼈던 달콤한 감정이 중독처럼 뇌리에 남아, 그 사람 없이는 삶이 무의미하다고 느끼게 되기 때문이다. 나를 특별하게 만들어준 그 사랑이 사라지면, 나는 다시 별 볼 일 없는 사람이 되는 것 같다. 그래서 그 감정을 절대 놓치고 싶지 않아 집착하게 된다. 마치 게임에 중독된 사람에게서 게임을 떼어놓으면 불안하고 강박적인 금단 현상이 생기는 것처럼 말이다. 질투에 빠진 사람은 사랑을 잃는 게 두려워 강박적으로 상대를 붙잡으려는 마음이 생기며, 상대를 타인과 공유해야만 하는 상황을 견디기 힘들어한다.

이러한 질투의 뿌리는 대부분 과거의 애착 경험에서 비롯된다. 어린 시절 부모의 사랑을 충분히 받지 못하거나, 이랬다저랬다하는 보호자에게서 일관되지 않은 돌봄을 받은 아이는 '사랑하는 상대가 언제든 나를 떠날 수 있다'는 불신을 안고 자란다. 이런 불신이 성장 과정에서 학습되고 강화된 결과, 애정을 주는 사람을 있는 그대로 믿기 어려워한다. 그 결과 상대가 자신을 떠날 거라는 두려움에 사로잡히게 된다. 그 두려움이 질투로, 그리고 집착으로 이어지는 것이다.

또한 질투에는 '상처 받은 자기애'가 숨어 있다. 다른 누군가가 자신보다 더 사랑받는 것처럼 보일 때, 이것이 "내가 부족한 사람이라 덜 사랑받는 건가?"라는 생각으로 전환되어 자존감을 무너뜨린다. 그 감정은 수치심, 모욕감, 무력감으로 이어지며, 결국 내 것을 빼앗는 상대를 향한 적대감과 분노로 표출된다. 그밖에도 기질적으로 경쟁심이 강한 사람들도 질투를 잘 느낄 수 있다.

이처럼 결국 질투는 '내가 충분하지 않다'는 믿음에서 비롯된다. 그 믿음이 강할수록 자신을 낮잡아보고, 타인과 비교하며, 사랑을 증명받고자 한다. 하지만 그 결과 찾아오는 것은 채워도 채워지지 않는 공허감이다. 이것을 받아들이지 않고 상대를 위협하고 닦달하다간 오히려 관계를 해치게 된다. 그러니 질투를 다룬다는 것은 곧, 나 자신을 향한 믿음을 회복하는 일이기도 하다.

질투가 우리에게 미치는 영향

질투는 단순히 사랑싸움에서 그치지 않는다. 질투가 심해지면 사랑의 행복감을 앗아간다. 애초에 사랑은 따뜻하고 설레는 감정이지만, 질투가 스며들면 감정은 점점 어두워진다. 기쁨은 사라지고, 불안과 분노, 집착만이 남는다. 좋아하는 사람과 함께 있는 순간에도 마음은 조마조마하고 긴장된다. 이러다 떠날지도 모른다는 생각에, 관계가 더 이상 편안한 안식처가 되지 못하는 것이다.

질투가 구체적인 문제 상황으로 드러나는 경우를 몇 가지 유형으로 나누어 볼 수 있겠다. 첫 번째 문제는 집착이다. 질투는 쉽게 지나친 소유욕으로 이어지며, 이는 상대에게 부담이 된다. "이 사람은 나를 정말 사랑하긴 하는 걸까?"라는 질문이 "왜 전화 안 받아?", "누구 만났어?" 같은 의심으로 바뀌면, 상대는 점점 숨이 막힌다. 자신을 자유로운 개인으로 존중하지 않고 물건처럼 독점하려는 태도에 불편함을 느끼는 것이다.

두 번째 문제는 책임 전가다. 질투는 근본적으로 자기 마음속에 생긴 혼자만의 감정이다. 하지만 질투에 눈이 먼 사람들은 그 원인을 상대에게 돌리고, 그로 인해 상대가 하지도 않은 행동을 들먹이며 마음을 의심하곤 한다. "네가 연락을 늦게 해서 그래", "너 때문에 내가 이렇게 불안해졌어" 같은 말을 하며 갈등의 책임을 상대에게 떠넘기는 것이다. 이런 취급을 받고 억울해하고 분노하지 않을 사람은 없다. 결국 상대 또한 불쾌해지고, 이로써 관계는 더욱 악화되고 만다.

셋째는 불안감의 전염이다. 질투는 기본적으로 내면의 열등감에서 비롯되는데, 그 불안한 감정이 상대에게도 전해진다. "혹시 내가 뭔가 잘못하고 있나?", "이 사람, 나를 못 믿는 건가?"라는 생각은 결국 상대에게도 불안을 안기고, 두 사람 모두가 초조해진다. 함께 있는 순간에도 편안함보다는 긴장과 경계가 앞서게 되는 것이다.

마지막으로, 공격성의 표출이다. 질투하는 사람은 믿음보다는 감정에 휘둘려 말이 거칠어지고, 상처 주는 말이나 행동이 불쑥 튀어나온다. 심한 경우엔 분노가 폭력적인 방식으로 표출되어 씻을 수 없는 상처를 주기도 한다. 사건이 벌어진 후에 후회하는 경우도 있지만, 정작 그 순간엔 멈추지 못한다. 그렇게 관계는 사랑 대신 비난과 분노로 가득 차고, 결국 서로를 해치는 관계로 변질되고 만다.

질투를 해소하는 방법

질투는 누구에게나 자연스럽게 찾아오는 감정이다. 하지만 사랑을 오래 지키고 싶다면, 이 감정을 건강하게 다루는 방법을 익혀야 한다. 감정을 무작정 억누르기보다는, 질투가 어떤 생각과 욕망에서 비롯되었는지를 이해하고, 조금씩 내려놓는 연습이 필요하다.

첫째, 집착을 줄이자. 아무리 낭만적인 사랑이라도 상대에게 과도하게 의존하거나 감정적으로 매달리면, 그 사랑은 상대에게 부담이 된다. 어떻게 해야 할지 잘 모르겠다면, 관심의 방향을 조금 바꿔보는 것이 좋다. 해 본 적 없는 취미나 친구, 동호회 등 새로운 활동이나 관계로 주의를 돌려 보는 것이다. 이렇게 만난 즐거움을 통해 스스로의 세계를 단단히 세우고, 상대방의 감정과 보폭을 맞춰 보자. 균형 잡힌 관계는 언제나 나로부터 시작된다.

둘째, 사랑도 사람도 소유할 수 없다는 진실을 기억하자. 우리는 '내 사람', '내 사랑'이라는 말에 익숙하다. 하지만 어떤 감정도 관계도 영원하지는 않다. 그 대신 함께 걸어갈 수는 있다. 결국 사랑이란 붙잡으려 할수록 멀어지고, 놓아줄수록 곁에 남는 것이다.

셋째, 질투 속에 숨은 두려움을 정면으로 마주해 보자. 상대가 떠난다면 얼마나 슬플까? 그 상실을 가상으로 떠올리고, 그 아픔을 받아들이는 연습을 하자. 이는 이미지 트레이닝의 원리와 비슷하다. 고통을 상상해 보는 것만으로도 그것에 익숙해질 수 있고, 두려움을 줄이며 받아들일 수 있다. 질투는 상실을 두려워하는 마음이 만든 방어기제라는 사실을 기억하자. 그 두려움을 인정할 때, 비로소 우리는 집착에서 자유로워질 수 있다.

넷째, 상대를 조건 없이 믿어 보자. 모든 관계는 믿음 위에 세워지는 것이다. 믿음은 근육과 같아서, 꾸준히 신뢰하면 관계가 두터워지고 계속해서 의심하면 관계가 얄팍해진다. 특별한 근거 없이 반복되는 의심은 결국 사랑이 아니라, 나의 불안을 투사하는 것임을 기억하자. 만약 불안이 너무 심하고 정 의심이 된다면, 차라리 단도직입적으로 물어보는 것이 좋다. 서로에게 서운한 점을 솔직하게 말할 수 있는 것까지가 신뢰다.

다섯째, 불안감을 내 안에서 견디고 담아내며 해소하려 노력하자. 불안은 내가 만들어낸 것이다. 그러니 사랑이 주는 불안 역시 상대가 아니라 내가 다스려야 할 몫이다. 불안할 때마다 상대에게 끊임없이 확인을 요구하면, 오히려 그 불안이 상대에게 옮겨 붙는다. 별생각 없던 상대도 관계가 위험하고 깨질 수 있다는 생각에 불안해진다. 그럴 땐 자신에게 조용히 속삭여 보자. "괜찮아, 나는 이 마음을 감당할 수 있어." 이 과정에서 믿을 수 있는 친구에게 불안한 마음을 털어놓으며 도움을 받는 것도 좋다. 그렇게 스스로를 달래고 다독일 수 있다면, 불안은 언젠가 편안함으로 바뀐다.

여섯째, 자존감을 키우자. 사실 이것이야말로 질투를 다스리는 가장 근본적인 방법이다. 내 가치를 스스로 인정하고, 사랑받기 이전에 먼저 나 자신을 사랑하는 것이다. "나는 사랑받을 만한 사람이다"라고 되뇌기를 반복하면, 내 안에 흔들림 없는 중심이 만들어질 것이다. 그러면 사랑은 더 이상 나를 불안하게 만드는 대상이 아니라, 함께 걸어갈 수 있는 따뜻한 힘이 된다.

몸이 아프다면
마음부터 살펴라

신체화

마음대로 움직이지 않는 팔다리

현준 씨는 대기업에서 연구직으로 10년째 일해 온 직장인이다. 입사 당시 회사는 구조조정의 여파로 혼란스러웠고, 그는 여러 부서를 오가며 주어진 일을 묵묵히 감당해야 했다. 결혼을 하고 아이가 생긴 이후에는 가정의 생계를 책임져야 한다는 무게감까지 더해졌다. 그는 언제나 성실했고, 피곤함도 느낄 틈 없이 일에 몰두했다. 회사에서는 신뢰받는 동료로, 집에서는 믿음직한 가장으로 하루하루를 버텨냈다.

하지만 야근이 반복되고 새벽같이 출근해 자정이 넘어 돌아오는 날이 계속되자, 아내는 독박육아에 지쳐 불만을 토로하기 시작했다. 부담이 커지기는 회사 생활도 마찬가지였다. 그의 결정 하나에 부서 전체가 영향을 받는 위치에 놓이면서, 책임의 무게가 점점 더 크게 다가온 것이다. 거기에 엎친 데 덮친 격으로 어머니가 갑자기 쓰러져 중환자실에 입원하는 일까지 벌어졌다. 어머니 걱정하랴, 회사 돌보랴 밤잠을 설치는 날이 부지기수였다. 그런 시간이 길어질수록 기운이 없고 무기력한 상태가 이어졌고, 잠들지 못하는 날들이 점점 많아졌다.

그러던 어느 날, 점심시간에 숟가락을 들려던 손이 움직이지 않았다. 손끝에 감각이 사라지고, 팔 전체에 힘이 빠져나갔다. 업무를 위해 키보드를 두드리려 해도 손가락이 마비된 듯 움직이지 않았다. 놀란 마음에 병원을 찾아 MRI를 비롯한 정밀검사를 받았지만, 결과는 '이상 없음'이었다. 분명히 고통은 실재하는데, 원인은 어디에도 없었다.

신체화란 무엇인가

신체화란, 말 그대로 심리적인 고통이 몸을 통해 나타나는 현상이다. 병원에서 각종 검사를 해도 특별한 이상은 발견되지 않지만, 당사자는 분명한 통증과 불편을 호소한다. 이러한 신체화는 두통, 소화불량, 복통, 가슴 답답함, 근육통, 손발 저림 등 다양한 신체 증상으로 나타나며, 심한 경우엔 말 그대로 몸이 움직이지 않거나 숨이 막히는 듯한 공황 증상으로까지 이어진다.

흔히 '화병'이라 불리는 증상이 신체화의 대표적인 예다. 해결되지 않은 울분으로 인해 속이 막힌 듯 가슴을 치며 답답해하는 어른들을 한 번쯤 본 적이 있을 것이다. 물론 신체화가 나이 많은 사람들에게만 생기는 일은 아니다. 젊은 사람들, 특히 군 복무 중 통증을 호소하는 병사 중에도 몸이 아니라 마음이 문제인 경우가 많다. 특히 군대처럼 억압적인 분위기가 강한 곳에서는 이를 꾀병으로 취급하기 일쑤라, 치료 대상으로 여겨지지 않아 더 큰 고통을 겪기도 한다.

하지만 신체화는 거짓이 아니며, 실제로 일상생활에 어려움을 유발하는 고통이다. 또한 현준 씨의 사례처럼, 단순한 통증에 그치지 않고 마비를 겪거나 호흡곤란을 겪는 등, 그 증상 역시 다양하다.

신체화는 왜 발생하는가

살다 보면 누구나 크고 작은 스트레스를 겪는다. 스트레스란 마음속의 평온한 균형 상태를 깨트리는 자극이나 사건을 말한다. 스트레스는 당혹감, 혼란, 불안, 분노, 슬픔, 수치심 같은 감정을 유발한다. 이렇게 동요하는 감정은 우리 뇌에 고통의 신호를 느끼게 한다.

그런데 많은 사람들은 이 감정의 동요를 마주하지 않으려 한다. 마음이 아프다고 말하는 것이 부끄럽거나, 약해 보일까 두려워서다. 그렇게 외면당한 감정은 언젠가 반드시 신호를 보낸다. 그 신호가 바로, 몸의 이상으로 나타나는 신체화다.

다시 말해 신체화는 몸이 대신 아파줌으로써 마음의 고통을 표현하는 방식이다. "지금 너무 힘들다"는 말을 차마 하지 못하니, 몸이 나서서 대신 울음을 터뜨리는 것이다. 이 증상은 때로는 두통으로, 때로는 가슴 통증이나 마비 증상으로 나타나며, 심하면 기억 상실이나 공황 발작, 위궤양이나 암과 같은 질병으로 이어지기도 한다. 겉으로 보기엔 병이지만, 그 안에는 말하지 못한 감정이 응축되어 있다.

이때 주목해야 할 점은, 신체화에는 감정 회피와 부정, 그리고 2차적 이득이 동시에 작용한다는 점이다.

예를 들어보자. 한 여성이 반복적으로 가슴 통증을 호소한다. 병원 검사를 받아도 특별한 이상은 없는데, 그녀는 계속 아프다고 말한다. 겉으로는 "가슴이 아파요"라고 하지만, 그 안에는 "남편 때문에 너무 힘들어요"라는 말 못 할 감정이 숨어 있다. 감정을 말로 표현하긴 어려우니, 몸이 대신 신호를 보내는 것이다. 흥미로운 점은, 그녀의 통증이 남편의 행동을 변화시키기도 한다는 것이다. 아내가 아프니 남편은 술을 줄이고 병원에 동행하는 등 관심을 보이기 시작한다. 즉, 신체 증상을 통해 결과적으로 스트레스 유발자나 제공자를 괴롭히거나 관계를 회복하는 등 여성을 힘들게 하는 요인을 줄이는 효과를 얻게 되는 셈이다.

또 다른 예를 보자. 군 생활이 버거운 병사가 무릎 통증을 호소한다. 실제로 그는 "군 생활이 너무 힘들어요"라고 말하고 싶지만, 그것을 부정하고 회피하다 보니 무릎으로 전이된 통증을 호소하는 것이다. 결국 그는 훈련을 면하거나 조기 전역하게 된다. 다른 예로, 학교에 가기 싫은 학생이 등교 중 기절 증상을 보이는 경우도 있다. 이 역시 신체 자체의 문제가 아니라, 학교생활에서의 따돌림이나 학업 스트레스가 감당되지 않기 때문이다. 이로써 그 학생은 등교를 피하고, 부모의 관심을 얻게 된다.

이처럼 신체화는 단순히 몸이 아픈 것이 아니라, 표현되지 않은 감정이 돌고 돌아 몸으로 나온 결과다. 감정은 억눌러졌지만, 사라지지는 않는다. 다만, 마음 대신 몸을 통해 말하고 있을 뿐이다.

신체화에 대한 해법

신체화 증상을 겪는 사람의 주변인들은 적잖이 혼란스러워한다. 분명 병원 검사에서는 이상이 없다고 나오는데, 당사자는 아프다고 호소하기 때문이다. 이럴 때 가장 중요한 건, 고통을 느끼는 상대의 마음을 먼저 인정해 주는 것이다. 몸이 보내는 신호는 마음의 언어일 수 있다. 겉으로 드러난 통증만 보지 말고, 그 이면에 감춰진 정서적 상처와 말 못 할 사연에 귀를 기울여야 한다.

하지만 많은 경우, 우리는 상대의 진심보다 사실 여부에 집중한다. "어쨌든 병원에선 이상이 없다잖아?"라고 따지기 시작하면, 정작 중요한 고통은 공감받지 못한 채 더 깊이 숨는다. 어쩌면 당사자 또한 본인의 진심을 마주하기가 두려워 무의식적으로 외면하고 있는 것이다. 그럴 때일수록, 진단이 아니라 이해와 수용에 기반한 진짜 위로가 필요하다.

즉 이 통증을 해소하려면, 결국 외면했던 상처 경험을 마주하고 소화하는 과정이 필요하다. 그토록 열심히 살아왔는데 남편으로 인해 자신의 인생이 힘들고 별것 아닌 게 되어버린 설움을 마주해야 한다. 군 생활이 도저히 힘들어 참고 견디기 어려워하는 자신을 마주하고, 학교에 가서 친구들과 만나는 자신의 처지가 너무 수치스럽고 고통스럽게 느껴진다는 사실을 마주할 때, 신체적 증상이 자연스레 사라질 수 있다.

이것은 크게 두 가지 스텝으로 이루어진다. 첫째, 외면했던 감정을 밖으로 표현하고, 그것이 어떤 감정인지 이름을 붙여 보라. "화나", "억울해", "슬퍼", "미안해", "수치스러워"라고 소리 내어 말해 보라. 말로 표현하기 어렵다면 종이에 꺼내어 써보고 머릿속에 맴도는 생각도 모두 써보는 거다. 드는 감정과 생각을 따라가며 적어보라.

둘째, 그러한 감정이 왜 생겼는지 이해해 보라. 누구와 무슨 일이 있었는지, 그것이 자신에게 어떻게 다가왔는지 상세히 따져 보고 돌아보는 것이다. "남편의 폭력으로 결혼생활이 무섭고 절망스러웠구나", "군대 훈련이 너무 고통스러워 적응하기 어려웠구나", "학교 가는 것이 너무나 창피하고 싫었구나"와 같이 마음을 알아주는 거다. 이렇게 자기 안의 부정하던 마음을 정직하게 들여다보면, 신체 증상 또한 조금씩 사그라들기 시작할 것이다.

스트레스를 받는다는 것은 원하는 게 있다는 뜻이다. 그 욕구가 좌절되어 고통스러운 거다. 그러니 먼저 스스로가 무엇을 원하는지 자기 마음의 소리를 들어보길 바란다. 그리고 그것을 받아들이고 충족시켜 주자.

이처럼 감정은 마주하고 그 존재를 인정할 때 비로소 떠나갈 수 있다. 이렇게 보면 신체화란 한 맺힌 귀신과 비슷하지 않을까. 자신의 억울함을 알아주지 못해 사람에게 나타난 옛날 이야기 속 귀신 말이다. 그러니만큼 진정한 회복을 바란다면, 그 내력을 밝혀 한을 풀어주는 것부터 시작해야 할 테다.

모든 치유에는
시간이 필요하다

트라우마

충격적인 경험은 끝없이 반복된다

20대 초반의 대학생 지율 씨는 알고 지내던 남자에게 폭언과 구타, 그리고 성폭행을 당한 적이 있다. 간신히 빠져나와 경찰에 신고했지만, 가해자 쪽 가족은 합의를 종용했고 수사는 매끄럽지 않게 흘러갔다. 그날의 기억은 사건이 끝난 뒤에도 지율 씨를 놓아주지 않았다. 눈을 감으면 당시 그 남자의 섬뜩한 말투, 눈빛, 표정이 생생하게 떠올랐고, 비슷한 장소나 분위기만 보여도 심장이 벌렁거리고 숨이 막혔다. 의지와 상관없이 손이 떨리고, 눈이 깜빡이며 극심한 불안을 호소하는 날이 점점 늘어 갔다.

그러던 어느 날부턴가, 지율 씨의 두려움은 파괴적인 모습으로 번지기 시작했다. 어떤 날은 이유 없이 분노가 솟구쳐서 소리를 지르며 물건을 집어던지고, 욕을 퍼붓기도 했다. 자신과 갈등을 빚은 사람을 죽여버리고 싶다는 생각이 하루에도 몇 번씩 떠올랐다. 그러다 보니 사람 많은 곳을 피해 다녔고, 누가 자신을 향해 손가락질할까 두려워 밖으로 나가는 일조차 힘들어졌다.

머잖아 지율 씨는 자신이 바보 같아서 그런 일을 당했다며 자책까지 하게 되었다. 스스로를 원망하며 울다 지쳐 잠들고, 잠들어도 악몽에 시달렸다. 가해자가 숨어 있다가 집에 돌아온 자신을 죽이려 하는 내용의 꿈이 계속되었다. 그때마다 그 남자가 했던 말과 욕설, 그 소름 끼치던 얼굴이 생생하게 되살아났다. 지율 씨에게 그날의 사건은 과거가 아니라 지금도 계속되는 고통이었다. 마치 그때의 시간에 갇힌 사람처럼, 현재에 살지 못한 채 살아남기 위해 하루하루를 버티고 있었다.

트라우마란 무엇인가

우리는 누구나 삶 속에서 다양한 사건을 겪는다. 때로는 계획에 없던 일이 닥치고, 원치 않던 상황에 휘말리기도 한다. 그중 일부가 마음속에 깊은 상처를 남길 때도 있다. 너무 갑작스럽고 강렬해서 감정적으로 감당하기 어려운 충격, 그것이 바로 흔히 말하는 '트라우마'다. 심리학에서는 극심한 불안과 혼란, 공포, 분노 등의 정서적 고통을 유발하는 경험을 외상, 또는 트라우마라고 부른다. 몸의 상처를 누르면 아프듯, 자극됐을 때 극심한 고통을 낳는 심리적 상처라고 이해하면 쉽다.

사람에게 가장 중요한 욕구는 생존과 적응이다. 화재, 지진, 교통사고 같은 외부적 사건은 물론, 학대, 폭력, 방임 등 인간관계에서의 문제 또한 이러한 기본적인 욕구를 위협하는 대표적인 예다. 그런데 겉보기엔 사소한 일이라 해도 누군가에는 충분히 트라우마가 될 수 있다. 가벼운 접촉 사고, 발표 중 실수, 데이트 신청을 거절당하는 일처럼 말이다. 한두 번이라면 이겨낼 수 있는 작은 충격도, 지속적으로 반복해 이어질 경우 깊은 상처로 남을 수 있다. 예를 들면, 아동학대, 방임, 스토킹 등이 그러하다. 이는 한 사람의 정체성과 삶의 방향을 송두리째 바꾸기도 한다.

트라우마의 대표적인 특징은 '침투 증상'이다. 이는 본인의 의지와 상관없이 외상 사건과 관련된 기억과 감정이 의식에 침투해서 자꾸 재경험되는 것을 뜻한다. 충격적인 장면이 자꾸 떠오르고, 과거의 감정이 아무런 경고 없이 현재를 덮치는 것이다. 그래서 트라우마를 겪은 사람에게 그날의 고통은 이미 지난 일이 아니라 늘 현재진행형이다. 이러다 보니 이들은 늘 과민한 각성 상태에 시달려 작은 자극에도 소스라치게 놀라거나 불면증을 겪는다. 또한 대화 중에 상대방의 말이 제대로 귀에 들어오지 않는 등 주의를 집중하는 데 곤란을 겪는 일도 잦다.

이것을 오랫동안 견딜 수 있는 사람은 드물다. 심하면 유사한 상황만 닥쳐도 당시처럼 숨이 막히고, 몸이 얼어붙고, 기억이 흐려진다. 때로는 기억을 아예 잃어버리기도 한다. 너무 고통스러운 나머지, 뇌가 기억을 일부 도려내 버리는 것이다.

이처럼 우리 내면은 고통을 피하기 위해 무슨 일이든 한다. 타인과 세상의 반응을 왜곡해서 해석하는 것 또한 그러한 이유에서다. 외상을 경험한 사람들은 다시는 그러한 일을 겪지 않기 위해 극도로 경계하고, 그 결과 타인을 믿지 못하며 늘 불안과 두려움에 시달린다. 이것이 심해지면 타인을 향한 공격성으로 이어지는 경우도 있다.

이러한 공격성은 타인뿐만 아니라 자기 자신에게도 향한다. 이 경우 공격성은 "내가 못나서", "내가 잘못해서", "달리 행동했더라면" 등의 자책으로 나타난다. 스스로를 지키지 못했다는 억울함과 분노가 해소되지 못해 수치심이나 죄책감으로 변해 버리는 것이다. 또한 무슨 수를 써도 이전과 같은 일상으로 돌아갈 수 없다는 생각에 우울과 무력감을 느끼기도 한다.

트라우마를 겪기 쉬운 경우

물론 비슷한 사건을 겪은 모든 사람이 동일한 트라우마에 시달리는 것은 아니다. 같은 사건을 겪더라도 누군가는 잘 이겨내는 반면, 누군가는 깊은 상처에 오래 머무르기도 한다. 이런 차이는 어디에서 오는 것일까? 세 가지로 정리하면 개개인의 특성, 사건의 특수성, 그리고 사건에 대처하는 능력이 이에 영향을 미친다.

먼저 개개인의 특성부터 살펴 보자. 트라우마는 각 개인의 유전적 특질과 환경적 요인에 의해 더 잘 생기기도 하고, 더 오래 남기도 한다. 즉, 기질적으로 예민하거나 정서적 불안정성이 높은 사람, 혹은 정신건강 이력이나 가족력이 있는 경우, 트라우마에 더 민감하게 반응할 수 있다. 또한 성장 과정에서 불쾌한 감정을 표현하고 조절하는 방법을 충분히 배우지 못했다면, 갑작스러운 충격을 받아들이고 소화하는 데 더욱 어려움을 겪게 될 가능성이 크다.

두 번째는 트라우마 사건의 특수성이다. 사건의 강도가 높고 반복적일수록, 또 악의적으로 발생했거나 예상하지 못한 방식으로 벌어졌을수록, 외상은 더 깊게 각인된다. 가까운 사람이 피해자거나, 피해를 당한 사람이 스스로에게 책임을 느낄 때도 상처는 더욱 깊어진다.

트라우마 경험의 차이를 낳는 세 번째 요인은 사건에 대처하는 능력의 차이다. 온실 속의 화초처럼 부정적인 충격을 겪어본 적 없는 사람에 비해, 자잘한 상처를 여러 번 겪고 회복하며 일어서는 방법을 배운 사람이 충격을 비교적 쉽게 극복한다. 이 차이를 꼭 가슴속에 새겨두길 바란다. 개개인의 기질이나 트라우마 사건의 특수성은 우리 힘으로 바꿀 수 없는 것이지만, 사건 대처 능력은 지금부터라도 조금씩 기를 수 있기 때문이다. 일상 속에서 경험하고 극복한 작은 좌절들이 오히려 마음의 면역력을 키우는 예방주사 역할을 하기도 한다.

그밖에도 외상 후 회복력에 결정적인 영향을 미치는 요인이 있으니, 바로 '관계'다. 고통스러운 순간에 누가 곁에 있어주었는가, 공감해주고 위로해줄 사람이 있었는가에 따라 회복의 속도는 달라진다. 반대로, 사건 이후에도 외로운 상태로 방치되거나 일상적 스트레스가 가중되면, 트라우마는 더 깊어지고 만성화될 수 있다.

트라우마에 대한 해법

트라우마를 극복하기란 결코 쉽지 않다. 트라우마를 낳은 사건이 작고 사소하더라도 마찬가지다. 제3자라면 무슨 그런 일로 힘들어하냐고 말할 수도 있겠지만, 곁에서 지켜보거나 전해 듣는 것 정도로는 당사자가 겪는 고통을 헤아릴 수 없다. 결국, 직접 겪어보지 않으면 모르는 것이다.

트라우마를 겪은 사람은 마음속 깊은 곳에서 이런 질문과 마주하게 된다. "왜 나에게 이런 일이 일어났을까?" 하지만 그 질문은 곧바로 자책으로 이어진다. "내가 뭔가 잘못했기 때문이야" 이해가 되지 않으면, 사람은 그 원인을 자신에게 돌려서라도 원인을 찾고자 하기 때문이다. 그래서 트라우마는 단지 사건 당시의 상처에서 끝나지 않고, 자기 자신을 향한 끊임없는 비난과 고립으로 반복된다. 이미 충분히 아픈데, 스스로를 탓하며 더 깊은 고통을 만들어내는 것이다.

이러한 트라우마를 극복한다는 것은 그 이전의 나로 돌아가는 일이 아니다. 충격을 없던 일로 만들 수는 없다. 우리가 할 수 있는 일은, 그 기억이 나를 덮치지 않도록 '소화하는 것'이다. 시간이 지나면 저절로 괜찮아질 거라는 말은 틀렸다. 진짜 회복은, 그 감정과 기억을 내 안에 제대로 통합하고 위치시켜 주는 데서 시작된다.

　감정을 소화한다는 것은 두 가지 과정으로 이루어진다. 하나는 해소다. 말이나 글, 혹은 몸의 움직임을 통해 억눌린 감정을 밖으로 꺼내는 것이다. "화나", "억울해", "무서워" 같은 말을 하는 순간, 트라우마는 더 이상 내 안에 갇힌 괴물이 아니라, 인식하고 통제할 수 있는 문제가 된다. 다른 하나는 이해다. 왜 내가 그런 감정을 느꼈는지, 그 사건이 나에게 어떤 의미였는지를 차근히 정리해 나가는 것이다. 이는 혼자 감당하기 어려운 일일 수도 있기에, 믿을 수 있는 사람과 이야기를 나누거나 글을 써 보는 것을 권하는 전문가들이 많다. 반복해서 말하고 쓰다 보면, 처음에는 막막하기만 하던 기억 속에서도 나름의 구조와 의미가 생기기 시작한다.

　트라우마 치료는 이러한 감정의 해소와 이해를 단계적으로 도와주는 과정이다. 여기서 가장 먼저 필요한 건 '안정화'다. 충격 이후의 몸과 마음은 쉽게 흥분하고 흔들리기 때문에, 감정을 진정시키고 안정감을 찾는 것이 우선이다. 이 단계에서는 감정 조절 기법 가운데 주의 분산 기법이 효과적이다. 숨을 고르고, 몸의 긴장을 푸는 간단한 호흡법이나 이완 훈련이 특히 큰 도움이 된다. 현실 감각을 회복하기 위해 손이나 발과 같이 특정 신체부위에 힘을 주었다가 빼는 것, 뛰는 것과 같은 동작을 반복하는 방법도 좋다. 주위 환경을 묘사하거나, 주변에 보이는 물건 이름 대기, 색깔이나 음식, 자동차 등의 범주를 대는 카테고리 게임도 자주 사용하는 기법이다. 그 밖에도 봉인 연습이라는 기법이 있다. 이를 위해서는 약간의 상상력이 필요하다. 우선 고통스러운 기억을 상자에 담는 상상을 해 보자. 그리고 이를 자물쇠로 잠근 후, 다시 커다란 상자에 넣어 도저히 꺼낼 수 없는 바다 깊숙한 곳에 가라앉히는 것이다. 겨우 상상에 불과하다고 생각할 수 있지만, 이는 실제로 자기 마음에 대한 통제감을 회복하는 데 효과적인 기법이다.

트라우마를 너무 빨리 소화하려 무리해서 시도하는 건 좋지 않다. 충격적인 사건을 경험한 직후에는 경험을 소화하는 작업을 할 수 없기 때문이다. 이들은 때때로 기분이 좋은 것처럼 보이기도 하고 담담해 보이기도 하는데, 이것은 모두 자신이 당한 경험을 감당하지 못해서 보이는 반응이다. 트라우마의 본격적인 소화는 어느 정도 시간이 흘러 여유가 생겼을 때, 억눌렸던 고통이 점차 고개를 들 무렵부터 시작하는 것이 좋다.

핵심 작업은 기억을 처리하고 통합하는 일이다. 사건을 객관적인 관점에서 되새겨 보고, 그때의 감정을 다시 들여다보되, 그 기억이 나를 삼키지 않도록 조금씩 조절하며 마주하는 것이다. 이를 위해 나의 이야기를 다시 써 내려가는 '내러티브 작업'이 있다. 이것은 내가 겪은 일을 말로, 글로 풀어내며, 그 경험을 삶의 일부로 받아들이는 과정이다. 그 일은 내게 일어났지만, 그것이 나의 전부는 아니라는 걸 이해해 가는 길이기도 하다.

무엇보다 중요한 건, 트라우마로 인한 고통스런 감정을 안전하게 해소하여 떠나 보내는 작업이다. 감정은 똥과도 같아서, 밖으로 내보내야 비워진다. 회피하면 고이고, 억누르면 곪는다. 감정이 올라올 때 그것을 정확히 알아차리고, 안전한 방식으로 몸 밖에 꺼내어 표현해 보는 것이 필요하다. 한 번으로 되지 않을 수 있다. 여러 번에 걸쳐 말로 꺼내고, 글로 적고, 몸으로 움직이며 표출하는 것이다. 감정은 그렇게 덜어내고 다루어야 제자리를 찾는다. 그 과정을 통해 우리는 점차 자신에게 말할 수 있게 된다. "나는 그 일을 겪었지만, 이제 그 감정에 휘둘리지는 않아." 그럴 때 우리는 다시 삶의 중심을 되찾을 수 있다.

내가 먼저 나를 아껴야
남도 나를 아껴 준다

초판 1쇄 발행   2025년 09월 15일
초판 5쇄 발행   2025년 12월 22일

지은이 이지영
펴낸이 이부연
총괄디렉터 백운호
책임편집 유인엄
표지디자인 스튜디오 글리

펴낸곳 ㈜스몰빅미디어
출판등록 제300-2015-157호(2015년 10월 19일)
주소 서울시 서대문구 충정로 35-17, 인촌빌딩 501호
전화번호 02-722-2260
인쇄·제본 갑우문화사
용지 신광지류유통

ISBN 979-11-91731-83-5 (03190)

한국어출판권 ⓒ ㈜스몰빅미디어, 2025

- 이 책은 저작권법에 따라 보호받는 저작물이므로 무단 전재와 복제를 금지하며, 이 책 내용의 전부 또는 일부를 이용하려면 반드시 저작권자와 ㈜스몰빅미디어의 서면 동의를 받아야 합니다.
- ㈜스몰빅미디어는 여러분의 원고 투고를 기다리고 있습니다. 출판하고 싶은 원고가 있는 분은 smallbig@smallbigmedia.com으로 기획 의도와 간단한 개요를 연락처와 함께 보내주시기 바랍니다.
- 스몰빅라이프는 ㈜스몰빅미디어의 자기계발/실용 브랜드입니다.

"인간관계로 힘들어하던 젊은 날의 나에게
시간 여행을 해서라도 이 책을 선물해 주고 싶다"
_ 50대 직장인 K씨

혼자 잘해주고 상처받는 사람들을 위한 인간관계 수업

【 이런 사람에게 이 책이 필요합니다 】

· 가까운 사람과 매번 같은 문제로 다투는 사람
· 나만 잘해보려 애쓰는 관계에 이제 지친 사람
· 직장 내 인간관계에 피로를 크게 느끼는 사람
· 누군가와 함께 있어도 외로움을 느끼는 사람
· 소중한 사람과의 이별로 아파하고 있는 사람

관계에 휘둘리지 않고 나를 지키는 방법
너를 미워할 시간에 나를 사랑하기로 했다

윤서진 지음

문제가 나를 붙들고 있는 게 아니라, 내가 문제를 놓아주지 않는 것이다!

홀가분한 인생을 만드는 30가지 법칙!

★ 이 책을 꼭 읽어야 하는 사람들 ★

- 몇 년 전의 실수가 가끔 떠올라 얼굴이 화끈거린다
- 무례한 질문에 받아치지 못하고 집에 와서 후회한다
- 남한테 부탁하기가 부담스러워서 혼자 다 떠맡는다
- 오랫동안 연락 없던 친구가 내심 불편하지만 참는다
- 무기력 때문에 미루고 미루다 발등에 불이 떨어진다

나답게 살기 위한 30가지 삶의 태도
스쳐지나갈 것들로 인생을 채우지 마라

고은미 지음

인생의 파도가 부서질 때마다
그대라는 바다는 더욱 깊어진다!

삶의 파도에 휩쓸리는 사람들을 위한 붓다의 가르침

도쿄대학교 불교철학 박사, SBS 〈빅퀘스천〉 출연
20년 동안 붓다만 연구해온 정상교 교수의 역작!

★★★★★

" 이 책은 책장에 꽂을 수 없다.
책상 위에 두고 매일 읽고 싶어질 테니까. "
- 40대 직장인 P씨 -

내 삶을 사랑하게 하는 붓다의 말
천 번을 부서져도 그대는 여전히 바다다

정상교 지음

내 안의 목소리에 귀 기울일 때 비로소 인생은 변화하기 시작한다!

천재 물리학자가 호주의 사막에서 발견한 인생의 법칙

전 세계 44개국에 번역 출간된 충격 실화
'노틸러스 도서상' 'USA 북뉴스 최우수 도서상' 최종 후보작

★★★★★

> 과거의 나를 만날 수 있다면
> 이 책을 읽으라고 말해 줄 것이다.
> _ 아마존 독자 Ar***

혼돈 가득한 삶에서 나를 지켜준 깨달음
내 삶을 가로막은 건 언제나 나였다

게리 홀츠 지음 | 강도은 옮김